# 日本の中国観 III

――比較文化学的研究――

藤田昌志 著

朋友書店

# はじめに

本書は（二〇一五）『日本の中国観Ⅱ─比較文化学的考察─』晃洋書房刊　を継ぐものである。『日本の中国観』の出版はすでに三冊目になる。（二〇一〇）『日本の中国観─最近在日本出版中国関連書籍報告─（04・9─09・8）』朋友書店刊　から、すでに一〇年以上が経つ。（二〇一〇）『日本の中国観─最近在日本出版中国関連書籍報告─（04・9─09・8）』を一冊の本にしたのは、二〇〇五年四月に、〈日本のマスコミ報道によると〉「反日の嵐」が中国で「吹き荒れ」たが、実際にその渦中に、本務校の関係で、南京の近くの鎮江の江蘇大学に行った際、鎮江では全く「反日」の気配がなかったことから、日本のマスコミの中国報道に疑問を持ち、日本の中国観について、日本で出版された本の中から、良質なものや悪質なものを俎上に挙げ、論じるのが続いたことが発端である。厳密には、二〇〇五年四月の「反日」のマスコミ報道と現実中国のギャップは、その後、日本の中国観を日本で出版された本を通して考察する上での大きな動機、要因となったと思う。私は、日本のマスコミのステレオタイプな、根拠をほとんど言わない、情緒的な中国報道を信用していない。

本書でも取り上げた張雲（二〇二〇・一二）『日中相互不信の構造』東京大学出版会刊　は、日・中・米という三カ国関係の視点から、日中関係を日本語・中国語・英語の日中関係文献を通して再検討している。「日中間の相互戦略軽視は、冷戦下に始まったわけではなく、第一回目は、日清戦争の時に、第二回目は第二次世界大戦中に起こり、

第二回目の時、日本は中国を欧米と戦うための経済的後方基地とし、日本の対中認識はほとんど傲慢と軽蔑の念で占められていた。中国の蔣介石も国内に〝攘外必先安内〟を呼びかけており、真の脅威は、日本ではなく共産党として、日中両国は真剣に相手国の研究をしたことがなかった」(二八六頁)。また、米中関係とは異なり、日中関係では、理論・戦略研究と地域研究が著しく乖離している(二九〇頁)と張雲氏は言う。過去のイデオロギー・党派性の対立に起因するのであろうか。張雲(二〇二〇・一二)は「二〇一六年以降、日中関係は急速に改善してきた」(二九八頁)と言うが、私が「一般の意識には、その実感がない。やはり、米中関係の「米側」(勝手に日本が創り出している米側の中国像)につくのが、日本の立ち位置だからであろう。」とまとめたことには、重要な事柄が含まれている。日本のマスコミ中国報道も、アメリカから見た中国観の反映である場合が多いのである。日本と中国は互いに相手を直視したことがないというのは、張雲氏による重要な指摘で、日本の中国観が、日本が望む「アメリカの中国観」の反映であることが多いことも、日本人は「自覚」する必要がある。北朝鮮問題にしても、中国に解決してもらいたいが、現実には、期待できないから、やはりアメリカに頼るしかない、という考えが日本人の中で強いことはすでに本書の中で言及した。(本書所収、日本の中国観(十三)(二〇一六・九―二〇一七・八)参照。)日本の中国観と言っても、日・中・米で考えなければならない時代に我々は生きている。既述のように「日中関係では、理論・戦略研究と地域研究が著しく乖離している」のも問題で、過去のイデオロギー・党派性の対立が影を落としているのは、事実であろう。政府対反政府というだけでは、「連帯」は不可能である。日本の中国研究は六〇年ほど前には、反日本政府の姿勢、反対米依存、反自由主義陣営のエトスの下に行われていた。今は時代が違う。一九八九年の米ソ冷戦終結は、地域紛争を惹起し、強引なアメリカに従う日本は二〇〇三年のイラク戦争では、アメリカに加担するまでになったが、イラクが大量破壊兵器を保有しているという事実は、実際にはなかった。日本では、そのことを「反省」

する言辞はマスコミからも聞かれることはなかった。グローバリゼーションも拝金主義のアメリカナイゼーションだったのかと思いたくなる。中国研究が、天安門事件以後、アメリカ型の実証主義研究が中心になっていることにも注意を払う必要がある。

日本に来る中国人留学生は、日本が好きで来る人が多いのは、大学や大学院で教えていて、実感する。アニメや日本文学、日本文化に興味を持って、日本に来てくれるのだから、日本にいる者としては、日本の中国観について「自覚」的に、その歴史と現在の状況を知るのは、中国語母語話者に対応する際に必要なことである。近代日本の中国認識において、日清戦争の理解は必須の事柄であると、最近、切実に思う。日本の高校生が、日清戦争を「ラーメン戦争」と呼ぶというのを聞いた。ぞっとする話である。日清戦争関連では、勝海舟は日清戦争を、はっきり「名のない戦争」（＝大義のない戦争）と言い、伊藤博文にやめろと言ったのは、立派だったし、陸奥宗光は狡猾だと思う。福沢諭吉はひどいものだ。「文野の戦争」（＝文明と野蛮を分ける戦争）と言っている。道義は全くない。内村鑑三は、'*Justification for the Corean*《ママ》 *War*'（「朝鮮をめぐる戦争の正義」）（一般的には「日清戦争の義」として、知られているが、「朝鮮をめぐる戦争の正義」の方が訳として適している。）を書いて、日本が朝鮮を清国の「属国」の地位から解放する戦争と日清戦争をとらえて支持したが、戦争後、朝鮮での日本人のエコノミックアニマル的な実態を見て、それを深く恥じている。内村鑑三が戦争絶対否定論になるのは、一九〇三年のことである。

日清戦争で、日本は戦争に勝つと儲かることを知った。そうした日本については、本書で取り上げた小森陽一（二〇二〇・九）『読み直し文学講座　夏目漱石『心』を読み直す　病と人間、コロナウイルス禍のもとで』かもがわ出版刊　に詳しい。夏目漱石の『心』という小説を、日清戦争が大日本帝国と日本人の生活をどのように変質させたかという視点から読み解いた（あとがき　一一四頁）書である。小森氏は、「先生」の利子生活を可能にする前提条件として、日清戦争における高額の日清戦争公債の利子を挙げ（八一頁）、日清戦争で莫大な戦争賠償金（三億テール。当時で五億円。日清戦争の時の一円は今の一万円。当時の五億円は、現在では五兆円に相当する。）、及び三国干渉による領土返還の見返りとしての清国からの収入を得た日本人は「戦争をすると儲かる」という考えを持ってしまった（八一―八二頁）。合計五億テール（現在価格で八兆四千億円。）、日清戦争で儲けた大日本帝国はその金で、京都帝国大学を創り（一八九七年）、金本位制に参入し（一八九七年）、夏目漱石は、文教予算が増えたおかげで、第一回官費留学生としてロンドンに留学した（八二―八三頁）。

日清戦争を日本近代の戦争の起点とし、重要視することの必要性は、他の識者からも指摘されつつある。従来は日露戦争の陰に隠れて、重要性が看過されていたきらいがあるが、日清戦争によって、日本の中国観は「頑迷固陋」の中国から、「国家形成能力のない中国」へと内実が変化した。（松本三之介氏（二〇一一）『近代日本の中国認識』以文社刊による。）日清戦争は、日本近代の、日本の中国観の分水嶺である。時代と文学の関係を論ずる小森陽一氏の研究手法は、清水多吉氏や前田愛氏と通じるものがある。文学は総合的に、比較文化学的に社会との関係で論じるべきである。分析的な研究手法だけでは、国際化時代にそぐわない。小森陽一氏の弟子、孫軍悦氏による、（二〇二一・二）『現代中国と日本文学の翻訳』青弓社刊　も、同様の、「日本文学」と「現代中国」の関係を不可分なものとする、新しい文学研究の書である。（本書所収、日本の中国観（一七）（二〇二〇・九―二〇二一・八）参照。）

日本の中国観も政治面からだけではなく、経済・社会・文学・語学・歴史・哲学・文化・芸術・比較文化と多面的に考察する必要がある。テレビ・マスコミの中国報道は、政治面に偏しすぎている。よくないことの報道がほとんどなのは、コリア報道と似ている。もっとも、中国関連書籍は、毎月、多量に出版されている。研究と現実の中国認識の乖離は、大きな問題である。比較文化学的研究によって、その乖離を埋めたい。私も定年退職して、二年となる。大学院や大学で非常勤講師をしながら、研究を続けている。アメリカ型拝金主義社会は、ますます加速化しているが、元凶の国に改善を期待しても無理であろうし、日本の中国観を通して、日本、自らの来し方、現状、行く末を考えたいと思う。我々一人一人が賢くなり、「自覚」的な生き方をしない限り、社会はよくならない。人の批判をしているだけではよくならない。人の批判をしているだけ、それ自体、マスコミの術中に陥っているのである。新たな「自覚」のための研究の日々を続けたい。中国には、「小康」から「大同」へと向かってもらいたい。「大同」は区別、差別のない、道徳が中心となる社会である。

著者識《しる》す

# 目次

## Ⅱ　共時的考察

# 解題（全体）

## 一　比較文化学的考察について

本『日本の中国観Ⅲ─比較文化学的考察─』は、副題にもある通り、比較文化学に基づく比較文化学的考察である。比較文化学とは何か。以下、少しく説明する。

筆者は日中対照表現論を専門の一つとして持つ。それは広くは言語の対照研究、日中対照語学のカテゴリーの中に含まれる。拙著（二〇〇七）『日中対照表現論』白帝社刊　はその具体的書である。また、隣接領域の誤用例研究についても（二〇一二）『日本語と中国語の誤用例研究』朋友書店刊　として上梓している。更に、拙著（二〇〇七）を継ぐ（二〇一七）『日中対照表現論Ⅱ─事例研究を中心として─』朋友書店刊　も出版している。それらに共通するのは日本語と中国語を対照していることである。言語研究において「対照」と「比較」は異なる。言語研究のイロハであるが、「比較」が同じベースを持つのに対して、「対照」は同じベースを持たない。たとえば、言語の「比較」にはロマンス諸語（イタリア語、フランス語、スペイン語等）の比較（研究）がある。しかし、日本語と中国語は対照研究と言う。ベースが異なる（日本語は膠着語、中国語は孤立語の特徴が顕著であるという意味でベースが異なる。）からである。もっとも自らの専門を「日中比較語学」という人もいるから、現実には、そんなに簡単に分けることはできないが、一応、常識に従ってそう分けておく。筆者はそうした意味での日中対照語学を専門の一つとしている。

では比較文化論、比較文化学と対照語学はどういう関係にあるのか。その前に、比較文化論について述べておきたい。比較文化については東京大学に比較文学比較文化という専門があるし、日本比較文化学会という全国組織の学会がある。前者は芳賀徹、平川祐弘、小堀桂一郎（厳密には比較文学）、張競、小谷野敦といった人たちを輩出しているが、比較文化のエリート集団といった感が否めない。それを批判する気はないが、やはり限定的である。後者は各支部が存在し、一年に一回の全国大会と二、三回の支部例会を行い、組織としてしっかりした学会である。筆者も以前、頻繁に口頭発表をさせてもらった。今後さらに内容面で、（英語中心でなく、）「比較文化」を深化し充実していくと、立派な学会になっていくことであろう。比較文化は比較文学と関係が深く、欧米系の研究から派生した比較文学には、影響関係を主とするヨーロッパ型のものと、影響関係に限定しない、より自由なアメリカ型の比較文学がある。アメリカ型は何であれ、文学を「比較」すれば比較文学になるという感がする。言語の対照研究と似たところがある。

比較文化論も比較文学のヨーロッパ型、アメリカ型の相違のように、影響関係を比較するものと、なんであれ制限をつけずに「比較」するものに大きく分かれるようである。比較文化論には一つアポリア（困難点）が存在する。それはその比較文化論の言説が客観的に正しいと言えるのかどうか曖昧なこと、それが言いすぎであるならば、曖昧性を含む危険性を持っていることである。また、比較文化論の著者は研究者でなく、留学経験者や評論家であることが多く、根拠のない印象批評、個別的感想であると思われるものが多いことも、比較文化論の曖昧性を助長している。筆者は（二〇〇九）『日中比較文化論』（私家版）を作成したことがある。次に、比較文化論について、自らの経験に基づいて具体的に私の専門の日中比較文化論について述べてみたい。拙著（二〇〇九）『日中比較文化論』（私家版）はⅠ日中比較文学論　Ⅱ日本論・中国論　Ⅲ書評　に分かれ、Ⅰでは日中比較文学論として「魯迅と厨川白村―厨川の文芸観・社会、文明批評の移入とその展開―」「日中現代文学比較論―日中比較文化論の視点から（Ⅰ）―」「同（Ⅱ）―」を収め、Ⅱ日本論・中国論では「内藤湖南の日本論・中国論（Ⅰ）」「同（Ⅱ）」「周作人の日本論」を収めた。Ⅲ書評では「『小室直樹の中国原論』について―日中比較文化論の視点から―」「（加地伸行）『現代中国学』について―日中比較文化論の視点から―」の二つの書評を収めた。Ⅰの「魯迅と厨川白村―厨川の文芸観・社会、文明批評の移入とその展開―」は修士論文を再録したもの（先に述べた比較文学のヨーロッパ型に類する、影響関係を論じたもの）で、そのころから「比較」に関心があった。いや、大学の専門が中国語・中国文学であり、その後、二十代後半から三十代前半まで日本語教育に従事して、それから、大学院で中国語・中国文学を再度、勉強し直し、大学院後期からは日中対照表現論の論文を徐々に書き始めたのだから、「対照」「比較」に生来的に、無意識に興味があったのだと今、振り返って思う。Ⅱ日本論・中国論は、日本のことを知るには中国のことを知らなければならない、中国文化は日本文化にとって豆腐のにがりのような作用を果たしたと言う内藤湖南に興味を持って、湖南の日本論・中国論について論究したものである。魯迅の弟、周作人の日本論も収めた。以後、日本論・中国論を一組として明治・大正の一級の知識人の言説を調べてきて、その一部は拙著（二〇一一）『明治・大正の日中文化論』三重大学出版会刊　の中に「岡倉天心の中国論・日本論」「志賀重昂・三宅雪嶺の日本論・中国論」「内藤湖南の日本論・中国論」「周作人の日本論」として収めた。（明治・大正のその他の知識人の日本論・中国論関係の言説もまとめて、（二〇一六）『明治・大正の日本論・中国論』勉誠出版刊　として上梓した。）Ⅲ書評では小室直樹氏、加地伸行氏の書籍についての書評を収めた。日本から中国を見る視点、中国から日本を見る視点の両方、双方向を重視する研究の指向性を日中比較文化論と名付け、その関係でこの二書の書評を収めた。

では日中比較文化論と日中比較文化学はどう違うのか。「学」と言う以上、体系性がなければならない。それでは日中比較文化学の体系性とは何か。ここで「比較文化学と対照語学はどういう関係にあるのか。」という問題が浮かび上がってくる。すでに述べたように、日中比較文化論を含む比較文化論には一つアポリア（困難点）が存在し、それはその比較文化論の言説が客観的に正しいと言えるかどうか曖昧なこと、それが言いすぎであるならば、曖昧性を含む危険性を常に持っているのである。また、比較文化論の著者は研究者でなく、留学経験者や評論家であることが多く、根拠のない印象批評、個別的感想であると思われることが多いことも、比較文化論の曖昧性を助長している。この比較文化論の曖昧性、客観性の欠如の危険性を克服するために、私は言語の対照研究、私の場合は日中対照語学、日中対照表現論を基礎に置きたい。なぜ日中対照語学、日中対照表現論を基礎において日中比較文化学を構築するのかと言うと、言語の対照研究が客観的な研究であり、言語の対照研究を基礎に置くことで恣意的な日中比較文化論が展開されることを防ぎ、客観性の高い日中比較文化学が構築されるからである。比喩的に言えば、理系の諸学の基礎に数学があるようなものと考えれば理解しやすいであろう。もっとも英語の研究で言語の対照研究が不当に扱われるか、あまり重視されてこなかった歴史から他の言語においても言語の対照研究は現在、あまり重視されていないのが現状である。しかし、日本語と中国語に関しては日中対照言語学会が存在するし、今後、方法論の模索はあるであろうが、研究はさらに深化していくことが予想される。

日中対照語学を基礎とした日中比較文化学は基礎に言語の対照研究を置き、日本と中国の文化（政治、経済、文学や広義の文化）＝広義の傾向（筆者は文化とは当該言語を話す人たちの持つ、ある種の傾向であると考える。特徴と言ってもいい。）の比較を行い、それを双方向に展開することによって体系を志向し、「学」としての構築が可能になると思量するものである。筆者の場合に即して言うと、既述の対照語学、誤用関係の拙著に基づいて、（二〇一八）『比較文化学―日本・中国・世界―』朋友書店刊　を上梓することによって日中比較文化学の具体例を世に提示した。、（二〇一六）『明治・大正の日本論・中国論』勉誠出版刊　は主として日本から見た日本論・中国論である。更に、それは主として中国から見た日本論・中国論と対となって、体系性を持つこととなる。主として中国から見た日本論・中国論については、中国語を母語とする研究者に将来、論究していただきたい。それによって、日本論・中国論は全き体系性を持つことになる。中国観も、本書のような「日本の中国観」は「中国の日本観」と一組になることによって、全きものとなる。それも比較文化学で、自らのかけている「メガネ」を自覚する意味で有効なのが比較文化学の視点である。異文化理解だけでなく、自文化理解も行わなければ、「相対的」な文化理解は行い得ない。

## 二　本書の内容・構成について

本『日本の中国観Ⅲ―比較文化学的研究―』も日中比較文化学の一環として存在する。対になるものとして『中国の日本観―比較文化学的研究―』が想定される。『中国の日本観―比較文化学的研究―』については中国語を母語とする研究者に将来、論究していただきたい（既述）。もっとも、本『日本の中国観Ⅲ―比較文化学的研究―』もその中心ではないが、「中国の日本観―比較文化学的研究―」に注意を払い、適宜、言及している個所がある。両者は対となって体系を持つのであるから、どちらが主となるかの違いであって、本来、きれいに分けられるものではない。

以上のように本書では「中国の日本観」を含む本も採り上げている。もっとも中心は「日本の中国観」であり、「中国の日本観」を中心としたものは、前記のように、ほかの人（おそらく中国語話者であろう）に書いていただきたい。それによって、双方向の体系的な日中比較文化学としての「中国観」「日本観」が構築される。

本書の構成について述べてみたい。本書『日本の中国観Ⅲ―比較文化学的研究―』は大きく二つに分かれる。Ⅰ　**通時的考察**　Ⅱ　**共時的考察**の二つである。

Ⅰ　**通時的考察**　は次のようなものによって構成されている。

**日本の中国観**　**通時的考察　サマリー**

**日本の中国観**（**原始、古代、中世、近世**）

一　序

二　原始時代（～三世紀まで）の日本の中国観

三　古代（四世紀～一二世紀）の日本の中国観

四　中世（一二世紀末～一六世紀）の日本の中国観

五　近世（一六世紀末～一九世紀半ば過ぎ）の日本の中国観

六　結　語

**〔引用文献・参考文献〕**

### 日本の中国観―近現代一（明治・大正）―

一　序
二　明治・大正時代について
三　明治の日本の中国観
四　大正の日本の中国観
五　結語
〔引用文献・参考文献〕

### 日本の中国観―近現代二（昭和―現在）―

一　序
二　昭和―現在という時代について
三　昭和前期（一九二六年（昭和元）一二月二五日―一九四五年（昭和二〇）九月二日）の日本の中国観
四　昭和中期（一九四五年（昭和二〇）九月二日―一九五二年（昭和二七）四月二八日）、昭和後期（一九五二年（昭和二七）四月二八―～一九八九年（昭和六四）一月七日）、平成（一九八九年（平成元）一月八日―二〇一九年（平成三一）四月三〇日）、令和（二〇一九年（令和元）五月一日―現在））の日本の中国観
五　結語
〔引用文献・参考文献〕

Ⅱ　共時的考察　は、次のようなものによって構成されている。

解　題

第一章　日本の中国観（十一）（二〇一四・九―二〇一五・八）

一　序

二　日本の中国観研究（二〇一四・九―二〇一五・八）

Ⅰ　社会関連書籍（政治・経済を含む）考察

Ⅱ　語学・文学・歴史・哲学関連書籍考察

Ⅲ　文化・比較文化関連書籍考察

Ⅳ　その他の書籍考察

三　結　語

〔引用文献・参考文献〕

第二章　日本の中国観（十二）（二〇一五・九―二〇一六・八）

一　序

二　日本の中国観研究（二〇一五・九―二〇一六・八）

Ⅰ　社会関連書籍（政治・経済を含む）考察

Ⅱ　語学・文学・歴史・哲学関連書籍考察

Ⅲ 文化・比較文化関連書籍考察

Ⅳ その他の書籍考察

三 結語

〔引用文献・参考文献〕

**第三章 日本の中国観（十三）（二〇一六・九―二〇一七・八）**

一 序

二 日本の中国観研究（二〇一六・九―二〇一七・八）

Ⅰ 社会関連書籍（政治・経済を含む）考察

Ⅱ 語学・文学・歴史・哲学関連書籍考察

Ⅲ 文化・比較文化関連書籍考察

Ⅳ その他の書籍考察

三 結語

〔引用文献・参考文献〕

〔引用文献・参考文献〕

この七年間の日本の中国観についての共時的考察である。なお日本の中国観（一）～日本の中国観（六）については拙著（二〇一二）『日本の東アジア観』朋友書店刊（絶版）に、日本の中国観（七）～日本の中国観（十）については拙著（二〇一五）『日本の中国観Ⅱ―比較文化学的研究―』晃洋書房刊　に収めてある。

## 三　結語

学問とは本来、非常に保守的なものである。一部の学生にとって、大学に入って初めに感じる失望は、自分が勉強したいと思っていることを教えてくれるところではないことである。私の場合、それで、一年目は途中で大学へ行かなくなって、家で好きな本を読んでいた。二年目に復学したが、その一年間は山歩きのクラブに入って一年目と同じ轍を踏まないようにした。大学や大学院というのは、今、学問として行われているその分野の（既成の）基本的な常識、お作法を教えてくれるところである。それ以上のことは教えてくれない。私は大学卒業後、一〇年してから、大学院に入り直したが、その考えに間違いはないと思う。そして、私のように日本語や中国語両方に興味のある人間や、日本と中国の両方の関係に興味のある人間はいつも聞かれることになる。「専門はどっちですか」。日本の学問は今まで、狭い分野の、更に狭い一部分のことを「分析的」に、'analysis'を中心に研究するものが主流であったように思われる。私の専門、学問である日中対照表現論や日中比較文化学は日本語と中国語、日本と中国の両方、その関係性を「総合的」に、'synthesis'を中心にして探究する新しい研究分野である。国際交流が進み、互いの顔が見える関係が増大する中で、より良い関係を作る基礎となる研究分野であると考えている。本書がその専門研究、学問の魁《さきがけ》となるなら望外の喜びである。私は国際化時代の新しい専門、学問を構築していると考えている。大方のご理解をいただければ幸いである。

路曼曼其修遠兮，吾将上下而求索
路は曼曼として其れ修遠なり、吾将に上下して求め索めん
（魯迅（一九二六）『彷徨』の冒頭にある『楚辞』「離騒」の句。）

二〇二二年二月八日

著者識《しる》す

# I

# 通時的考察

# 日本の中国観　通時的考察　サマリー

日本の中国観の通時的考察については、すでに拙著（二〇一五）『日本の中国観Ⅱ―比較文化学的考察―』晃洋書房刊の　Ⅰ　通時的考察　で述べた。今回は、そのサマリー（概要・要約）を述べておきたい。**注**　等はつけず、本文の中で、適宜、（　　　）で著者名、出版年（と書名）（必要に応じて該当頁を明記する。）等をつけておく。書名等についての詳しい情報は、最後の**〔引用文献・参考文献〕**をご覧いただきたい。また、詳しい注については拙著（二〇一五）の　Ⅰ　通時的考察　の注をご覧いただきたい。通時的、歴史的な日本の中国観を知っておくことは、共時的日本の中国観を理解するための必須の事柄であるから、日本の中国観の通時的考察のサマリーを付けておく。

# 日本の中国観（原始、古代、中世、近世）

キーワード：日本の中国化　中国の日本化　対面軽視外交　小中華主義

## 一　序

日中関係は良好なときばかりではない。日清戦争以来の日本の中国への軽侮的ムードは、解消されていないし、中国の経済成長以前に、中国が持っていた日本への憧憬の念は減少し、アメリカに伍していくことを中国は意識するようになった。中国の軍事費の増大は、その証左である。日中関係は、中米関係に左右されることが多い。日本の中国観は、九〇％以上がマスコミ、とりわけ、テレビ報道やテレビコメンテーター等によって醸成されているという偏りがあるが、根底には、日本人のムーディーな文化的傾向が存在する。

今一度、通時的、歴史的に日本の中国観を通観し、あるべき両国関係の姿を模索してみたい。以下の本章では原始時代から近世までの日本の中国観を比較文化学的に（＝総合的に）、マクロ的に日本の歴史に即して、考察してみたい。以上、序とする。以下、各論に移る。

## 二　原始時代（〜三世紀まで）の日本の中国観

日本列島には、一万年以上前の旧石器時代から人間が住んでおり、その人々が現在の日本人の祖先である。その後、中国・朝鮮・東南アジアなどから日本に移住した人々が自らの文化を伝え、次第に混血して、現在の日本人になったと考えられる。

一万年前から紀元前三〇〇年頃までの縄文時代は、主として狩猟、漁業、採集などによって生活していた。その後、三世紀までの弥生時代に、稲作を行って、金属器を使用し、日本人の生活の原型が作られた。

紀元一世紀頃、日本各地に一〇余りの小国が分立していたが、後に、これらの小国は、徐々に統一され、四世紀には、関西地方に比較的大きな国ができた。最後にそれを統一したのが、現在の天皇家の先祖である。

原始時代に「日本」の「中国」観というものは、厳密には存在しなかったであろう。もっとも縄文人が中国の長江下流域から照葉樹林文化を携えて渡来した集団などの移住によって形成されたことは、記憶しておいてよいであろう。日本と中国は、昔から関係性の深い近隣である。

## 三　古代（四世紀〜一二世紀）の日本の中国観

原始時代が終わって中世になるまでの時代を古代と言う。大和朝廷の時代から鎌倉時代の開始前までを指して言う。

三世紀末から四世紀初め頃、瀬戸内海から畿内《きない》にかけて古墳が造られるようになった。四世紀から六世紀頃まで盛んに古墳が造られたので、この時期を古墳時代と言う。古墳は、弥生時代の共同墓地とは異なり、特定個人の埋葬のために造られた大きな墳丘墓で、強大な権力を持つ支配者が現れるようになったことを物語っている。前期の古墳は、単独で丘陵上に築かれ、多くは前方後円墳である。仁徳天皇陵はその代表である。中期の古墳は巨大化し、平野の中に小山のような墳丘を盛り上げ、堀をめぐらしたものが多い。

三世紀半ば過ぎに、中国では、三国時代の後、晋《しん》が国内を統一した。晋は四世紀初めに北方諸民族の侵入によって南に移り、南北朝時代が始まる。それによって、中国の周辺諸民族への支配力は弱まり、東アジア諸民族は独自の国家形成の道を歩む。朝鮮（韓）半島では高句麗が楽浪郡を滅ぼし、半島南部では四世紀中頃に百済《くだら》、新羅《しらぎ》が起こり、国家を形成した。

日本でも、そうした東アジア世界の情勢を背景に、巨大な古墳が集中している大和《やまと》を中心とした畿内の豪族たちが集まり大和政権を作り、四世紀半ばすぎには、九州北部から中部にかけての地域に勢力を及ぼしていったと考えられる。四世紀から五世紀にかけて、古墳は巨大化したが、大和政権の最高の首長である大王《おおきみ》の権力が強大化したことによるものと考えられる。

五世紀に入ると、鉄器生産や機織《はた》り、土木などの技術が朝鮮半島から渡来人（＝帰化人）によって伝えられるようになった。大和政権は彼ら渡来人を陶部《すえつくりべ》などの技術集団に組織して、畿内やその周辺に居住させた。中国の文字＝漢字も使用されるようになり、漢字を使用して、朝廷の記録や水納《すいとう》、外交文書を作成するようになったが、その担当者は、最初は渡来人であった。

六世紀に入ると、中国大陸の宗教、学術が体系的にもたらされるようになった。儒教や仏教、医・易・暦などの学術が伝えられた。漢字や学術の移入、伝来を背景として、六世紀半ばには、朝廷で「帝紀」（大王の系譜）と「旧辞」（朝廷の説話・伝承）がまとめられたと考えられる。それは八世紀初めの『古事記』や『日本書紀』の基となった。

六世紀の隋（五八一年—六一八年）は、魏晋南北朝時代の混乱を鎮め、西晋が滅んだ後、分裂していた中国を約三〇〇年ぶりに再統一した。しかし、第二代煬帝《ようだい》の失政により滅亡し、その後、唐が中国を支配することになる。六〇七年、大和政権は東アジアの情勢変化に伴い、小野妹子を遣隋使として隋に送り、隋と国交を開く。「日出づる処の天子、書を日没する処の天子に致す。」との文書を渡し（最近の研究では河上麻由子（二〇一九）のように、「日出処」「日没処」は単に東西を意味する表現に過ぎないとするものもある。本書、第五章　日本の中国観（十五）（二〇一八・九—二〇一九・八）参照。）、隋の煬帝は「蛮夷の書、無礼なる者有らば、復《ま》た以て聞《ぶん》する勿《なか》れ」といって怒ったと言う。（『隋書　倭国伝』。）（河上麻由子（二〇一九）では、「書を致す」という私信に多く用いられた文書形式で「天子」と自称したことが煬帝の怒りを買ったとする。）（中国は、中華思想を持ち化外《けがい》の地を北狄《ほくてき》、東夷、南蛮、西戎《せいじゅう》と呼び、文化果《は》つるところとみなした。朝貢は統治者の正当性を裏付けるために行われた。回賜《かいし》という相当な経済的負担を伴う朝貢関係は単なる支配—被支配の関係ではなく、徳による統治＝徳治主義〈精神的感化力による上下関係の確立〉という中国的特殊性の顕現であった。一六四八年のウエストファリア条約以来の西欧的「国家」観念で中国を測ると、大きなまちがいを犯すことになることもあるのではないだろうか。）日本の送った文書の起草者は、聖徳太子（五七四年二月七日〈敏達天皇三年一月一日〉—六二二年四月八日〈推古天皇三〇年二月二二日〉〈同二九年二月五日説あり〉—『日本書紀』）である。太子は、推古天皇の摂政として、天皇に代わって政務を行い憲法十七条を制定し、仏教を敬い、天皇を国家の中心として、天皇に服従することを説いた。当時の外交は「支那若しくは朝鮮の帰化人」による「通訳外交」であったが、太子は、それが「国家の体面」を重んじていなかったことに意を払い「通訳が独占して居つた外交の権を朝廷に収められ、隋に使者を遣はす時には帰化人の訳官、史《ふひと》の輩ばかりに委任せず、小野妹子の如き皇別の名家を使者としてやつて居る」と内藤湖南は指摘している。（内藤虎次郎（一九二四）「聖徳太子」内藤虎次郎（昭和四十四）『内藤湖南全集』（以下『全集』と略す。）第九巻『日本文化史研究』所収。以下同じ。）前述の「日出処天子云々」は太子「自ら筆を執られた」ものであったらしいと湖南は述べ、日本から隋へ送った国書にも「東天皇敬白西皇帝」とある（『日本紀』）ことから太子が対等外交を目指したのは明らかであるが、歴代の遣唐使が他国と異なり一度も「上表」を持っていかなかったこと、そして「支那」からも他国の如く「勅書」を受け取って帰らず、それでもって「国交」を維持して、其の使者の座席などは恒に外国の主位を占めたらしく、嘗て新羅の次位に置かれた時に、日本の使者が抗議をして其の位置を換へたと謂ふ故事が遺って居る」ことから、太子ぐらい「巧妙に」外交を行った人はいなかったと湖南は考える。そこからは、内藤湖南、在世当時の、日本の中国観の一端がうかがえる。

太子は仏教を盛んにしたが、同時に神祇も重視し、「日本文化と外国文化とを両存する方針」を採った。湖南はそのことを次のように的確にまとめ、それが古代日本人の精神であったとしている。

日本書紀などに見ゆる如く、聖徳太子は憲法を作られて其の内に仏教を尊敬することを書かれて居るかと思ふと、それと間も無き時に於いて、また神祇を尊崇する詔勅を推古天皇に発せしめられた事実があるので、これが真の聖徳太子の日本文化と外国文化とを両存する方針であらうと思はれる。これがまた同時に古代日本人の精神であつたであらう（内藤湖南（昭和四四）「飛鳥朝の支那文化輸入に就きて」内藤虎次郎（昭和四四）『全集』第九巻）。

内藤湖南は中国は日本にとって「とうふのにがりのようなもの」であると、中国の「とうふのにがり説」を述べた（内藤虎次郎（昭和四四）『全集』第九巻）が、そこには、中国とともに、日本の独自性を尊重する考えが見てとれる。日本が、中国の事物を古代の当時においても鵜呑みにしたわけではなかったのは、七〇一年、大宝律令が完成し、唐の制度に倣って律令政治（法治国家政治）を行うことになった際にも証佐がある。律（＝現在の刑法のこと）は、唐のものとほとんど同じであったが、令（＝現在の行政法、民法にあたり、行政組織や人々の租税・労役、官吏の服務規程などの、国家統治に関する条項）は、日本に適した形に変えられている。（西尾幹二著　新しい歴史教科書をつくる会編（平成一一）。）

六六三年（天智二）の白村江（はくそんこう・はくすきのえ）の戦いでは、日本・百済軍が唐・新羅軍と戦い、大敗した。日本と唐は、軍事衝突を朝鮮半島南部で起こしているのである。当時、日本は、百済と新羅が抗争を激化する中で、百済が「任那《みまな》」（日本の支配地）の調（貢物）を収めなくなったこと等から関係がやや冷却化しており、新羅が唐の威を借りて対応してくると、反発するという状況の中にいた。六四六年、日本が高向玄理を新羅に派遣し、新羅による任那の領有権を認知しないことを伝え、人質の提供を要請していることからもわかるように、両国間の緊張関係は高まっていった。唐が新羅救援を日本に指示した際に、日本は従わず、外交関係断絶に近い状態になる。六六〇年七月、百済は唐と新羅の連合軍に攻められ滅亡する。そういう不利な状況であったのに、日本が百済を救援したのは①百済王家の復興による日本の影響力行使②新羅の懲罰③北方への支配圏の拡大との連動――という理由による。更に④新羅を救援せよと唐に言われ従わなかった日本が唐への非従属的関係を明瞭にするためにも百済を救援したのである。（小倉（二〇一三）二一八―二二三頁。）

奈良時代には、貴族を中心とする天平《てんぴょう》文化が栄えた。それは唐の最盛期の影響を強く受け、国際色豊かな文化であった。奈良時代、漢詩文を作ることが貴族の教養として重んじられた。『懐風藻』（七五一年）は現在最古の漢詩集であるが、六朝から初唐にかけての中国の影響が濃厚である。この点では、日本文化が中国の文化に大きく影響され、その模倣をしたのは事実である。もっとも『万葉集』（約四五〇〇首の作品を集めた一大歌集。）のように「万葉がな」（＝日本語を表すために漢字の音を借用して用いられた文字のこと）で表現された歌集も並存し、「日本の中国化」と「中国の日本化」は同時に存在していたと言えよう。（どちらにストレスが置かれるかということはある。）

平城京は、大寺院の勢力が強く、水路衛生の状態も悪かったことから、桓武天皇は七九四年、平安京に遷都した。（平安遷都から鎌倉幕府成立までの約四〇〇年間を平安時代と呼ぶ。）九世紀の頃の文化を弘仁《こうにん》・貞観《じょうかん》文化と呼ぶが、唐風文化が引き続き栄え、とりわけ、学問・文学の面で唐の影響がきわだっていた。（＝日本の中国化。）勅撰の漢詩文集『文華秀麗集』が編纂され、唐風の書道がもてはやされ、嵯峨《さが》天皇・空海・橘逸勢《たちばなのはやなり》は、書道の名手として、三筆と呼ばれた。これも日本の中国化の顕現と考えられよう。

仏と日本古来の神々との融和をはかる神仏習合は、聖徳太子の神祇、仏教両方を重んじる方針の継続とも考えられるが、山中での修行を重んじる天台・真言の両宗の気風と日本古来の山岳宗教が結びついて、後の修験道《しゅげんどう》の基礎が築かれた。（中国だけでなく、外国の日本化と日本の外国化は融合して、日本独特の文化を醸成することがある。七福神の一つ「大黒天」などもそうであろう。「大黒天」はインドから中国経由で日本に伝わり、大国主命と神仏習合して日本化している。）

八九四年、菅原道真によって遣唐使が廃止され、その影響もあって国風文化が育っていく。遣唐使は六三〇年から開始されたが、八九四年に派遣が中止された。遣唐使派遣中止に影響した要因として、識者は中国の国内政治情勢と日本の政治状況の変化を挙げる。（以下の記述は小倉（二〇一三）九六－一〇五頁に負う。）中国では八世紀後半の安録山の乱以降、藩鎮体制による地方勢力が拡大し、九世紀には騒乱が増え、廃仏運動と儒学復興の風潮が見られ、唐が「国際性」を失い、内向き志向になっていく。また、日本の国内情勢も変化していった。風俗、宮廷のしきたりにおける唐風化が完成し、経済貿易面でも新羅の商船の往来が頻繁になり、唐と日本の通商関係促進に占める遣唐使の役割は減少していった。遣唐使の派遣の意味も外交上のものから内政上のものに変化していき、派遣が皇太子の即位に伴う行事となり、最澄、空海のような、僧の「政治的」箔《はく》つけのために遣唐使派遣が行われるようになる。菅原道真は遣唐使中止の理由として、唐の衰微と航海の困難を挙げたが、朝鮮半島における新羅の支配の確立によって、日本国内の政争や日本の対中国外交に影響がなくなったことも遣唐使中止の理由として挙げられよう。

国風化は、唐風化の下での、日本独特の文化の醸成である。国風文化の端的な表れはカタカナ、ひらがなの発達であり、最初は仏典の意味関係を表すカタカナから始まったその字形は一〇世紀初めにほぼ定まり、広く使用されるようになった。それまでの日本の中国化とも言える漢文学に加えて、国風文化の和歌が公式の場でもてはやされるようになり、九〇五年、最初の頼撰和歌集である『古今和歌集』が紀貫之《きのつらゆき》らによって編纂された。かな物語として伝奇的な内容の『竹取物語』が現れた後、紫式部の『源氏物語』が書かれ、随筆として清少納言の『枕草子』が現れた。この二作品は宮廷や貴族の生活を題材としており、国文学作品の最高峰としての評価が高い。中国の載道主義を中心とする「文学」概念とは異なり、男女の道の物語（『源氏物語』）や身辺の事柄や季節の移ろい、四季折々に触れての個人の感興の表出（『枕草子』）はやはり「日本的」であり、政治を回避する文学のあり様は日本に極めて特徴的であると言えよう（鈴木（昭和五三））。

藤原氏は、皇室と姻《いん》戚関係を結んで、摂政《せっしょう》・関白の地位についた。摂政・関白が引き続き政権の座にあった一〇世紀から一一世紀頃の政治を摂関政治と呼ぶ。摂関政治期の仏教は、天台・真言の二大宗派が祈祷《きとう》を通じて貴族と強く結びついたが、神仏習合の風も盛んで、日本在来の神々を仏と結びつける本地垂迹説《ほんじすいじゃくせつ》が生まれた。また、天台・真言以外には、阿弥陀仏を信仰し、来世に極楽浄土《ごくらくじょうど》に往生《おうじょう》することを願う浄土教《じょうどきょう》が新たに流行したが、これも、天台・真言同様、中国経由で渡来した宗教である。浄土教の信仰は、末法思想によっていっそう強められた。

美術工芸面での国風化としては、白木造《しらきづくり》・檜皮葺《ひわだぶき》の寝殿造《しんでんづくり》と呼ばれる日本風の貴族の住宅や大和絵《やまとえ》、蒔絵《まきえ》などが挙げられる。建物内部の襖《ふすま》や屏風《びょうぶ》には、従来の唐絵《からえ》に代わって、日本の故事人物・事物風景を題材にした優美な線と上品な色彩を持つ大和絵が描かれた。屋内の調度品には、日本独自の蒔絵の手法が用いられた。書道も、前代の唐様《からよう》に代わり、優美な線の和様《わよう》が発達し、小野道風《とうふう》・藤原佐理《さり》・藤原行成の三蹟《こうぜいせき》と呼ばれる書の名手が現れた。

## 四　中世（一二世紀末～一六世紀）の日本の中国観

僧兵の鎮圧や保元の乱（一一五六年）、平治の乱（一一五九年）の際に貴族内部の争いを武士の力で解決したことによって、一二世紀中葉、台頭した武家の棟梁である平清盛《たいらのきよもり》は外戚《がいせき》（天皇の姻族もしくは母の一族）となり、荘園も多数持ち、摂関家に似ていた。平氏政権は武士でありながら貴族的性格が強かった。清盛は一一七九年、後白河法皇と対立し、法皇を幽閉し、多数の貴族を処罰したため、そのことが反対勢力の結束を促し、平治の没落を早めた。清盛は日宋貿易を行い宋の文物を日本に多数もたらした。宋も火薬を作るうえで、日本の硫黄を必要とした。

一一八〇年、平氏は奈良の東大寺・興福寺などを焼き払った。朝廷や貴族は再建にとりかかったが、一一九五年に東大寺の大仏殿落慶法要が盛大に営まれ、かねてから援助してきた征夷大将軍源頼朝《みなもとのよりとも》が鎌倉から遠路はるばる儀式に参列した。東大寺の再建は新しい時代の幕開けを象徴する事績であった。

所領の支配権を強化、拡大しようとした地方の武士団は、次々と立ち上がり、一一八五年、平氏は源頼朝の命を受けた源義経《よしつね》に攻められ、壇ノ浦で滅亡した。後白河法皇の死後、源頼朝は一一九二年、征夷大将軍に任ぜられ、武家政権の鎌倉幕府を開いた。

朝廷と幕府の二元的支配が鎌倉幕府成立後、続いた。一二二一年の承久《じょうきゅう》の乱は朝廷勢力の幕府への巻き返しであったが、後鳥羽《ごとば》・土御門《つちみかど》・順徳の三上皇は配流《はいる》され、仲恭《ちゅうきょう》天皇の廃位が行われ、乱は幕府側の勝利に終わった。これによって、幕府優位の状態となったが、源氏が三代で絶えると、北条氏による執権《しっけん》政治が行われるようになり、北条氏独裁の性格を強めていった。

武士は地頭などの現地管理者として所領を支配し、耕地の開発を進め、その生活は質素で武芸が重視され、日頃から馬上の弓術を修練した。

一二世紀後半から精神面の新しい機運が生じ、従来の鎮護国家のための貴族仏教から、広い階層を基盤とする鎌倉仏教が興り、修行方法を簡素化、一元化した。法然の専修《せんじゅ》念仏を発展させた親鸞の浄土真宗、日蓮による法華経最大一の、題目を唱えることを修行方法とする日蓮宗、座禅を修行法とする臨済《りんざい》宗、曹洞《そうとう》宗などが誰にでも平等にできる修行法を提示し、広く武士や庶民に門戸を開いた。

文学の世界でも、新しい動きが生じ、西行は清新な秀歌を詠み、鴨長明《かものちょうめい》はこの時代の初めに中世的隠者文学『方丈記』を著し無常観を説いた。

吉田兼好は、この時代の末に出て随筆の名作『徒然草《つれづれぐさ》』を著した。和歌では貴族文学の最後の輝きとして『新古今和歌集』が編纂され、技巧的表現をこらし、写生以上の象徴的な美の境地（月を象徴的に表現する浄土教的な美の境地）を生み出そうとした。彫刻の分野では運慶、湛慶父子や快慶がすぐれた仏像（例えば、、東大寺南大門金剛力士像）や肖像の彫刻を作り出した。

一三世紀の初め、チンギス＝ハンはモンゴル民俗を統一し、その後継者はユーラシア大陸に大帝国を建設した。チンギス＝ハンの孫、フビライは国名を元とし、日本にたびたび朝貢を強要した。元の対日軍事行動は、ベトナム方面への蒙古（＝元）の軍事行動がやや収束した時期に行われ、また宋の軍隊が元軍のもとに次々と下り、降伏した宋の将軍や兵士の忠誠度をどのように確保するかという問題が生じた時期と重なっている。（以下の元寇関係の記述は小倉（二〇一三）二〇五―二一八頁に負うところが大きい。）

蒙古は、宋に対して、和戦両用の構えをとり、それは同様に日本に対しても適用された。蒙古は文永の役（一二七四年）に先立って、何回か日本へ使節を送りこみ、蒙古に従属するように働きかけており、蒙古襲来（＝元寇）は日本・蒙古間の外交交渉の決裂した結果であったと言える。

蒙古が初めて日本に使者を立てたのは、一二六六年の八月である。しかし、嚮導《きょうどう》（案内）役を蒙古から要求された高麗は、蒙古と日本の間に入って戦闘にまきこまれるのを恐れ、海を渡ることの危険性や日本が小国でとるに足らぬ上に危害を及ぼしかねない国だからと言って、蒙古の使節に日本渡航を断念させる。しかし、蒙古はあきらめず、翌年八月、再び高麗経由で使節を派遣し、一二六八年一月、高麗の使節藩阜《パンブ》が対馬経由で博多に来訪、蒙古と高麗の国書を日本へ提出する。国書は鎌倉幕府に、そして幕府から朝廷に提出される。国書の日付は一二六六年八月で、途中で引き返した先年の使節の書簡であった。そのことは蒙古が高麗の意向を全く無視したことを意味している。高麗使節藩阜は流人（彩雲島に流された）で、蒙古は高麗への懲罰的意味も兼ねて、高麗人を日本へ派遣したものと思われる。国書には、高麗がすでに蒙古の藩属国になったことに言及し、日本も蒙古と修交すべし、修交しなければ兵力でこれを実現する、兵力を用いるのは好むところではないとの趣旨が述べられていた。これに対して、朝廷は、返事を出さないことに決する。

蒙古は、こうした日本の対応を見た上で、一二六九年三月、蒙古、高麗双方の使節を含めた七〇名前後の大使節団を対馬に送りこむ。蒙古には、高麗と蒙古の同盟関係を日本に知らしめ、また蒙古の力を誇示する意図があったものと思われる。依然、日本側の回答が得られないので、対馬の島人二人を人質として拉致し連れ去った蒙古は、一二六九年九月、使者于婁大《ウロウダイ》が拉致した二人を連れ、二人の高麗人を同伴して来日し、蒙古の高官の書簡を日本側に渡した。これに対して、日本側は今回も結局、何も返答しなかった。

蒙古は懲りずに、一二七一年九月、蒙古に仕える女真人趙良弼《チャオリャンビ》に軍人数名を随行させ、九州今津に来日させた。信書には返事の督促と同時に、兵を用いる可能性にも言及してあった。しかし、今度も日本は、以前同様、終始かたくなな態度をとり、返書すら出さなかった。その理由として識者は次の三点を挙げる。①蒙古や大陸情勢に疎く返書の出しようがなかった。②異国の日本攻略に対して、日本国内で精神的ひきしめを行い、祈祷《きとう》によって敵を退散させようという一種の神頼みの方策を採った。換言すれば、穢《けが》れとして敵を遠ざけ、接触を断ち、精神をひきしめて祈祷を純粋なものとし、神頼みで危機を乗りこえようとした。③政治的要因。日蓮の『立正安国論』も存在する当時、幕府が弱味を見せて交渉すれば、幕府の軟弱さが非難され、幕府は国を救えないという批判を浴びる恐れがあった。国内へのそうした政治的考慮が強く働いたので、幕府は強硬姿勢をとらざるを得なかった。（小倉（二〇一三）二一二―二一三頁。）

幕府の強硬策の裏には、更に根深い、国内政局上の権力闘争との関係があったと識者は言う。一二七二年、二月騒動（＝執権北条時宗とその異母兄時輔《ときすけ》が、名越氏などの有力豪族をまきこんで対立した政治権力闘争）を経験した幕府は、この時期、時宗の政治権力の安定性が高くなく、元朝使節の来日時期が国内政治上の内部、抗争の時期とほぼ一致していたので、使節の対応を誤ると国内政治上の抗争と結びつきやすい状態にあった。更に、朝廷と幕府間には外交権をめぐる駆引《かけひ》きがあり、こうした状況下では、対外的強硬路線を維持すべしという主張が勢いを得るのは自然な流れであった。換言すれば、国内政治上の実際は、潜在的抗争の種をかかえているとき、国論を強硬論で統一するのが抗争に蓋《ふた》をする意味でも重要であった。

一二七四年の文永の役後も、元は和戦両用作戦をとっている。すなわち、一二七五年四月、日本が元と修好しないことを責め、服従しない場合、軍事力行使をほのめかしたと思われる国書を送達してきたし（幕府は九月、五人の使節団を鎌倉で斬首）、一二七九年六月に、元は宋の降将范文虎《ファンウエンフ》に日本攻略を命じるが、范は部下の二人を博多に派遣し、日本の服従を勧告する文書を日本側に送達している。

しかし、この元の両面外交は裏目に出て、日本側は滅亡した宋王朝の旧臣が日本政府に書簡を送るのは無礼であるとして、元の使節を博多で斬首に処した。

文永の役後、日本の元への対応はますます硬化するが、「日本の元に対する強硬策が一層強化されてゆく過程は、日本を神国とみなす、神国思想の強化の過程と結びついていた」（小倉（二〇一三）二一五頁）ことには注意する必要がある。それは国内の団結を維持するという大義名分のための思想統一であるとともに、日本の防衛に従事する幕府は神国思想をまとうことによって、単に権力の中心だけでなく権威を授けられた主体ともなり得たということである。そして、一端、戦端が開かれると、軍事的権力は増々、権威を身につけようとし、そうすればするほど軍事的政権の威信と意地とが対外的対応を硬直化させてゆくのである。（小倉（二〇一三）二一六頁。）歴史はくり返す。「明治維新の際の尊王攘夷論は、あきらかに徳川幕府と雄藩との間の権力闘争とむすびついており、それが幕府の対外政策に大きな制約を与えていたことにも類似している。そして一九三〇年代の日中戦争へ突入する過程においても、軍部の政治権力と政府、政党との間の権力抗争が、日本の対中政策から柔軟性を奪う一因であったことを想起せねばなるまい。」（小倉（二〇一三）二一七頁）という識者の言辞は正鵠《せいこく》を射ている。政治的権力、軍事的権力、権威の関係は、対外政策に大きな影響を及ぼすのである。

内藤湖南は「日本文化の独立」（一九二二年（大正一一）五月講演）で、鎌倉時代の変わり目頃から社会の状態が大きく変化して、武家が台頭し、思想上、宗教上の変化も起こり、皇室や公家の中にもそれに呼応するような、復古思想を持つ革新の気運の代表である後宇多天皇や後醍醐天皇のような人が出てきたと述べている。また、湖南はこうした「内部における革新の機運」に呼応するかのように外部において「蒙古襲来」が起こったことに注目している。「日本文化の師匠」と仰いでいた「支那」が「犬の子孫」（筆者注：奈良の西大寺興生菩薩が石清水八幡宮で尊勝陀羅尼法を修するとき、蒙古を指して言った言葉）である蒙古に亡ぼされてしまい、その蒙古が日本に襲来したが、日本の神々に祈願して日本が勝った、これが「日本くらい尊い国はないといふ」当時の新思想となり、それが根本となって日本文化の独立が出来たとしている。（内藤湖南（大正一一）「日本文化の独立」内藤虎次郎（昭和四四）『全集』第九巻一一〇―一一九頁。この部分については特に一一五頁。）

皇室は、鎌倉中期以後、持明院統と大覚寺統に分かれていたが、一四世紀初め、幕府は両統が交代で皇位につく方式を定め（両統迭立《てつりつ》）、朝廷の政治に介入した。大覚寺統の後醍醐天皇は天皇親政、討幕を目論み、一三三一年挙兵を企て失敗し隠岐《おき》に流された。しかし、楠正成《くすのきまさしげ》らが畿内の反幕府勢力を結集して、幕府軍と戦い、やがて天皇も隠岐を脱出し、状況を見た幕府軍の足利尊氏も反旗を翻し、六波羅探題を攻め落とす。関東でも新田義貞が鎌倉に攻めこみ、北条氏一族を亡ぼし、一三三三年鎌倉幕府は滅亡する。

京都に帰り建武《む》の新政を行った後醍醐天皇の独裁的色彩の濃い政治は、多くの武士の不満、抵抗を引き起こし、足利尊氏に持明院統の光明天皇への譲位をせまられ、後醍醐天皇は吉野山中に逃れ、建武の新政はわずか三年足らずで崩壊する。その後、動乱が続いたが尊氏のひ孫、義満が将軍になる頃、動乱はようやく収まり、一三九二年、南北両朝の合体を実現して、内乱に終止符を打った。義満は全国的な統一政権、室町幕府を作ったが、動乱の中で、地方武士の力が増大し、それら地方武士を統括する役割の守護が地域的支配権を確立し守護大名となり、守護領国制の支配体制を作り上げる。守護大名の弱い地域では国人《こくじん》と呼ばれた地方武士の自立の気風が強く、力をつけてきた農民を支配するために国人一揆を結成した。

中国では、一三六八年、朱元璋《しゅげんしょう》（太祖洪武帝《たいそこうぶてい》）が漢民俗王朝、明《ミン》を建国し、中国を中心とした伝統的国際秩序回復を目指し、元の時に途絶えていた正式な外交関係を持つよう日本に働きかけ（＝朝貢関係の提示）、日本も足利義満が明の使節を京都に招いたり仏僧を中国へ派遣し（一三七三年〜一三八〇年）、一五世紀になると対明積極外交を開始する。一四〇二年、永楽帝は使節を送り、信書で義満を「日本国王源道義」と呼び、義満の「日本国王」としての正統性を認めて、冊封関係の樹立を宣告した。（以下の義満等の記述は小倉（二〇一三）八一―八五頁、一六六―一七二頁に負うところが大きい。）

日本を明の朝貢国にした義満（＝一四〇三年、国書で「日本国王臣源」と称している）に対して古来、批判がある（例えば、瑞渓周鳳『善隣国宝記』）が、そうした代償を払っても義満には自らの地位を天皇の地位に比肩すべきものに押し上げるメリット、政治的意味（＝箔をつける）があった。より詳しく言うと、義満の「体面軽視外交」には次のようなメリットがあった。①北山第（金閣）の造営費の五分の一が遣明船の利益によるもので、個人的通商利益があった。②銅銭移入（明銭を輸入して通貨とした）による貨幣経済の確立という国家的目的の達成③通貨流通のコントロールによる幕府権力の確立④倭寇と地方豪族、南朝の残存勢力、中国の一部の勢力が結びつくのを防止する目的の達成。

中国との関係で、内政上の思惑から、中国ないし中国の「権威」を借用するといった政治手法、ないし類似の行動は今日でもしばしば見受けられ、（「利」とは真逆に見える）小泉元首相が靖国神社参拝問題で中国と軋轢をひきおこし、自らの立場を長期にわたって堅持し、かえって日本国民の人気を博したのも、中国を喧嘩の対象として内政上「利用した」側面をもっていたと言えよう。

かつて、敗戦後、日本と中国の間に国交がなかった際、「日中友好団体」が貿易交渉を行った。「日中友好団体」

に対して、中国側の主張に同調するように中国が要求し、それに対して貿易上の権益を与えた。その際、「日本を代表して交渉した者は、政府そのものの代表ではないが故に体面をいわば軽視して、中国の政治的主張を受け入れるのが通例」で、それは義満の「体面軽視外交」と類似のものであると識者は言う。（小倉（二〇一三）一六九頁。）（もっともそれは政治、外交に偏した見方で文化からの見方ではない。新中国に「文化的」「精神的」な理想を見い出そうとした人々がいて、積極的に関わろうとしたのも事実である。それは、義満帰依の下《もと》における とは言え、中国と日本の折衷による北山文化、五山・十刹《さつ》の制度の下《もと》での禅宗文化、庭園文化についても言え、積極的に宋、禅文化を吸収する中で、簡素と洗練を旨とする文化を創ろうとしたことも事実である。文化吸収は「利」「害」のみによって行われるのではない。）

日本は、中国の国家の体面の問題に鈍感なところがある。以前、日本の台湾における利益代表である、交流協会の代表が「台湾の法的地位は、国際的には未確定であるというのが日本の立場である」との趣旨の発言をしたとされ、台湾から事実上、退去を余儀なくされる事件があった。台湾の法的地位について、日本が何を公的に言うべきかという問題と国際法上（あるいは、米国などの、第二次大戦の連合国の立場上）、台湾の法的地位がいかにあるべきかの問題は分けて考えねばならない（小倉（二〇一三）一七〇頁）と言う識者の言辞は正論であろう。

日明貿易は、朝貢の形を採らなければならず、それに反対した四代将軍義持《よしもち》の時に一時、中断したが、六代将軍義教《よしのり》の時に再開する。朝貢貿易は滞在費・運搬費がすべて明側の負担であったから、日本側の利益は大きく、また、前述のように銅銭が大量にもたらされ、日本の貨幣流通に大きな影響を与えた。足利政権は銅銭移入によって貨幣経済を確立し、貨幣流通のコントロールによって幕府権力の確立を期した。明も日本を朝貢国（周辺諸国が使節を派遣したり、物を献上し、中国皇帝に臣下の礼をとることを朝貢と言う。）にすることによって冊封《さくほう》体制（中国皇帝が朝貢国の首長に王号や爵位を与えて、その領域の支配権を認知することを冊封と言う。）を強化し、自らの存在、王朝の正統性を強化することができた。政治的に言えば、政権同士の相互利用であったと言えよう。

朝鮮半島では、一三九二年、李氏朝鮮が建国され、通行と倭寇の禁止を求め、日本との間に国交が開かれた。日朝貿易は中国との勘合貿易と異なり、幕府だけでなく、守護大名・豪族・商人なども参加して盛んに行われた。沖縄では、一四二九年、尚子《しょうし》が琉球王国を作り上げ、東南アジアとの海外貿易を盛んに行い、那覇《なは》は、東アジアの重要な交易市場《しじょう》となり、琉球王国は繁栄した。

## 五　近世（一六世紀末〜一九世紀半ば過ぎ）の日本の中国観

一六世紀の末、織豊政権は動乱を鎮め積極的統一政策を進め、海外とも活発に交渉を行った。この時代の文化は、桃山文化と呼ばれ、城と黄金に象徴される豪華で清新な趣を持っていた。その後を受けた徳川氏は、三代将軍家光の時に幕藩体制を確立し、その頃の文化は、桃山風の特徴を残す一方、武家に奉仕する封建文化を形成する動きも強まった。

信長の後継者である豊臣秀吉は、検地と刀狩を行い、後世に大きな影響を与えた。秀吉は明の征服を企て、一五九二年（文禄元）、西日本の大名を主力とする一五万余の大軍を釜山《プサン》に上陸させ（文禄の役）、一時は漢城（ソウル）を陥れたが、後《のち》、戦局は思うように進展せず、明との講和を計った。しかし、交渉は決裂し、秀吉は一五九七年（慶長二）、再度、一四万余の兵を朝鮮に送った（慶長の役）が苦戦を強いられた。翌年、秀吉は病死し、全軍撤退した。前後七年にわたる朝鮮出兵は明と朝鮮の反感を買い、膨大な戦費と兵力を費やして豊臣政権を衰退させることとなった。

一五八五年、秀吉は四国を平定し、一五八七年九州平定を達成した。一五八七年、諸大名を初めて同時に揃えて、大坂城で新年の参賀を行っている。秀吉はいきなり朝鮮に軍事的進攻を始めたわけではない。（この朝鮮出兵、明と日本の戦争の記述は、小倉（二〇一三）二〇〇―二〇四頁に負うところが大きい。）秀吉は対馬藩の知行安堵と引き換えに、朝鮮との折衝を命じ、対馬藩は再度、使節派遣をして、秀吉天下統一祝賀の朝鮮通信使派遣を実現し、秀吉は聚楽第で通信使に接見する。その後、軍事力をちらつかせて、日本と明の朝貢貿易の再開、明との折衝に赴く日本軍の朝鮮半島通過（仮途入明）を要求した秀吉に対して、朝鮮側は、明との長年の友好関係を理由に秀吉の要求を拒否する。秀吉はそれに対して九州に軍事拠点を構築して、一五九二年四月、朝鮮半島へ進攻し、五月、ソウル陥落、六月、平壌の大同江で日朝交渉（日本軍の撤兵と日本の要求をめぐる）が行われたが合意が得られず、朝鮮側の要請もあり、七月以降、明軍が介入し、日本軍との軍事衝突に発展した。

秀吉は、日本統一の完成によって、「日本」の外辺を広げ、朝鮮、琉球を日本の属領、属国とみなす意識を強めていったと考えられるが、秀吉が中国まで適用範囲を広げたのはそれがポルトガルやスペインといった西洋植民地主義の東洋進出に対する対抗、より正確にはキリスト教排斥と日本、明、インドまで含めた「アジア」の共通価値である「神儒仏」の思想の擁護と連動していたとする識者の言辞（小倉（二〇一三）六八―七〇頁、二〇〇―二〇四頁）には広い思想的視野が感じられる。もっとも「神儒仏」思想が「アジア」の共通価値であったかどうかについては慎重に考究する必要がある。秀吉の頭の中のアジアの共通価値としての「神儒仏」思想と現実の「アジア」の「共通価値」は必ずとも一致しないからである。

もう一つの秀吉の視点として、ソウル陥落直後、天皇を北京に移し、自分は居所を寧波にかまえて貿易を振興しようとしていたことが注目される。それは秀吉が自らの統治の正当性と権威を天皇の権威にだぶらせることによって強化しようとしていたことに胚胎する。また、秀吉の明「征服」の真の意図は、明の国使への丁重な対応や明の文物に対する言動から見て、領土の征服より、むしろ東アジアにおける明の「威信」を自分も借りようとしたことにあるという見方（小倉（二〇一三）二〇三―二〇四頁）は義満と同様、類似の思考形態であろうと思われる。

秀吉の「アジア」共通の価値である「神儒仏」思想は、アジアを一つにしようとする思想である近現代のアジア主義を想起させる。しかし、それがアジア内部からの反発（ex．日露戦争の直前、戦中、韓国皇帝が一時的にロシア公使館に滞在していたのは、日本の台頭をロシア勢力によってバランスさせようとする考えに基づく。）や牽《けん》制（ex．一八九六年、日清戦争後の清は、ロシアに対して東支那鉄道建設の権利と鉄道沿線への守備隊派遣の権利を与え、日本を対象とした、攻守同盟を結んだ。）に遭ったのは、近代化しつつある日本も「排外」の対象としてとらえられる傾向があったことを物語っている。近現代の日本のアジア主義は「日本」を「盟主」とする、支配のアジア主義であったと言われても仕方のない面が多い。また日本も清と「反西洋」の連合を組むことには慎重で一八七一年（明治四）日清修好条規締結の際、第二条の「若し他国より不公及び軽藐《けいびょう》する事有る時、其《その》知らせる為さば、何れも互いに相助け、或は中に入り程克《よ》く取扱ひ、友誼を敦くすべし。」という内容に対して、欧米各国から日清攻守同盟ではないかとの警戒の声が挙がり、外務卿岩倉具視は対欧米条約改正を控えて欧米からの疑惑に神経過敏になり、第二条の修正を計っている。（後任の副島外務卿は、李鴻章に実施もしないうちに条約を改訂するのは不見識きわまると峻拒され、あっさり撤回し、批准交換の具体的な日時と場所の決定の運びとなる。（毛利（一九九六）六―七頁、七四頁）。）

秀吉の跡を継いだ徳川家康を始まりとする徳川幕藩体制（＝幕府（将軍）と藩（大名）が領主権によって土地・人民を統治する政治体制）の樹立をおよそ一六三〇年代とすると、明朝の滅亡が一六四四年であるからほぼ重複する。一七世紀後半から日清貿易は一時、盛んになったし、徳川幕府の権威を高めるためにも清との公的関係の樹立は好ましいはずであったのに、日本は結局、清との間に公的関係を樹立することはなく、内に「ひきこもる」。その理由は蝦夷地《えぞち》のアイヌが中国北方民族と協力して幕藩体制の安定をおびやかしかねないという懸念を幕府が持ち、また中国への西欧文化とキリスト教の浸透が日本に影響することへの恐れを幕府が持ったことによると考えられる。また、一七一五年、新井白石の正徳新令は、日清貿易を従来の半分以下に制限するものであったが、そうした制限は金銀の流出を止める経済的動機もさることながら、中国人商人及びそれと結託する邦人による密貿易が盛んになることを懸念し、幕府の体面と権威を保つという、国内政治の動機による面も強かった。こうした要因が重なって、幕府は中国（清）を西洋とほぼ同じ「蕃夷《ばんい》の国」として鎖国の対象とし、一六二一年以降、中国人との接触を、専ら長崎奉行所の管轄とし、一七一五年の新井白石の改革（海舶互市新令）では、長崎来航の中国船は長崎奉行発行の「信牌」を持つことを義務化し、その書状では清の正式名称「大清」の使用を禁じ、年号は日本の年号を用いねばならないこととした。（小倉（二〇一三）一一〇―一一一頁。）

　江戸時代初期の文化は、幕藩体制が固まるにつれて、幕府の支配を反映した色合いが強くなり、学問でも儒学が主流となり、君臣、父子、上下の秩序を重んじる朱子学が採用され盛んになった。京都相国寺《しょうこくじ》の僧、藤原惺窩《せいか》は朱子学を修め、還俗《げんぞく》して朱子学を禅宗から解放することに努め、その門人で建仁寺の僧であった林羅山は徳川家康に用いられ幕政に参与し、子孫も代々幕府に仕えた。林羅山をはじめ、幕府の官吏の中には、中国人を「蕃夷」と呼ぶ風習が定着していたが、中国を蕃夷扱いする背後には、日本が中華秩序の外に立ち（＝「鎖国」し）観念的には中国を日本的秩序の中にとりこむ政治意図があった。（小倉（二〇一三）一一一頁。）

　清朝は、中国の伝統的な中華思想を継承し、西洋と日本をいずれも蕃夷の国と位置づけ、本来、中国に朝貢すべき国とした。しかし、朝鮮半島が地理的、歴史的理由からはっきり中華秩序の内部にとりこまなければならないのに比べて、日本は観念的には中華秩序に従うべき国ではあったが、実際上は中華秩序の内部に是非とも位置づけなければならない対象ではなかった。徳川幕府が、中国を観念上「蕃夷」としても、実際上、中国が日本に朝貢を行っていなかった、ちょうどその裏側で、清朝は観念的に日本を朝貢国扱いしながら、実際上は、朝貢関係を樹立しないまま事態が推移するのを意にとめないという対日姿勢を採っていたのであった。清も観念的な朝貢関係を日本に表明したことはある。その際、清は朝鮮を対日外交の窓口とした。かつて元朝が、対日折衝の窓口を高麗においたように、朝鮮を対日接触の窓口とした。一六四四年、清の順治帝は中国大陸へ漂流した日本人一三名を日本へ送還することにし、朝鮮国王にその送還を依頼したが、そうした措置《そち》をとる理由を次のように述べている。清は「今ヤ内外ヲ一統シテ四海ヲ家ト為シ各国人民ミナ朕ノ赤子ナレハ務メテ所ヲ得サシメ以テ皇仁ヲ広ムヘシ」。自らの日本への考え（＝徳治主義＝日本の観念的朝貢国扱い）を表明しているのである。（小倉（二〇一三）一一一―一一二頁。）

徳川時代、日本は清朝と外交関係を持たず、中国も鎖国政策の対象としたが、それは日本が中華秩序の外にいること、更には中国を「蕃夷」と呼ぶ小中華主義をも持っていたことを意味する。そのことは明治維新の際、中華秩序からの脱出ということを李氏朝鮮やベトナムのように考える必要がなかったことを示唆している。もっとも「華夷」と並ぶ「洋夷」（西洋）への攘夷思想を開国思想へ転換するには明治五年頃までかかり、その際、（日本化した）儒教的「先王の道」から「万国公法」への思想的中心の転換があった。

思想面で、江戸時代には山崎闇斎のような独特な人物もいた。闇斎は日本神道を中国の五行説で解釈しようとした（＝垂加神道を説いた）人で、「天地の道理」というものは世界のどこであっても同じである、中国でも日本でも同じであると考え、闇斎は「当時の最も進んだ理論」である洪範の五行説で神道を解釈しようとした。（闇斎の以下の記述は内藤湖南（昭和七）「先哲の学問　山崎闇斎の学問と其の発展」内藤虎次郎（昭和四四）『全集』第九巻三二一―三四八頁に負うところが大きい。）しかし、また中国の華夷思想を批判し、地形に高下はあるが、どこでもまん中でないところはない。どこでもまん中になって差しつかえない（同書三三三頁）ということを言っている。また、中国における禅譲放伐論には反対している。中国のものをむやみとありがたがることもないし、むやみに貶《けな》すこともなかった。このことから闇斎に中国かぶれのようなところはなく、必要なものは採るという思想の持ち主であったことが窺い知れる。江戸時代の日本の中国観の一端である。

官学の朱子学に対して、中江藤樹や熊沢蕃山は陽明学を学んだが、現実批判と矛盾を改めようとする革新的精神が幕府に警戒され、蕃山は幽閉され病死している。孔子、孟子の古説にたちかえって考えようとする古学派がおこり、山鹿素行《やまがそこう》は朱子学を批判して幕府によって処罰を受けたが、伊藤仁斎・東涯父子は京都の堀川に私塾古義堂を開き、荻生徂徠も私塾を開いて自説を講義した。荻生徂徠は政治・経済にも関心を示し、享保の改革の政治顧問をし、都市の膨脹を抑え、武士の土着が必要であると説いた。このように中国伝来の儒教も様々に日本的展開を遂げた。内藤湖南の中国の「とうふにがり説」はこの場合にも比喩的にではあるが、当を得たものであると言えよう。

## 六　結　語

以上、原始から古代、中世、近世と日本の歴史に即して、日本の中国観を通観してきた。日本の中国観は地理的に朝鮮と異なり、中国と海を隔てた所で展開されたものであった。中国もまた、地続きの朝鮮とは異なり、朝貢関係、冊封関係を厳格に日本に行使する必要性を感じなかった。六六三年の白村江の戦いは、日本の大陸への影響力の行使の願望を持ち、新羅を救援せよと唐に言われ従わなかった日本が、唐への非従属関係を明瞭にするために百済を救援したことによって起こった。元寇をかろうじてしのいだ日本、「日本の神々に祈願して勝った」日本、そこから「日本くらい尊い国はない」という思想が生まれ、日本文化の独立が成ったと内藤湖南は言う。すでにこの時点で日本には小中華主義が生まれていたのである。明の朝貢国となった義満の「体面軽視外交」にはその中に内政上の思惑、理由から中国や中国の「権威」を借用するといった政治手法、中国観が存在した。秀吉による明の「征服」の真の意図は東アジアにおける明の「威信」を借りようとしたことにあるという見方も存在する。徳川幕府が清との間に公的関係を樹立しなかったのは、アイヌと中国北方民族の連帯を懸念し、中国への西欧文化とキリスト教の浸透が日本に影響することを恐れたからであった。もっともこうした日本の中国観は政治的、外交的視点からのものであり、「利」を中心とした中国観である。では文化的に日本の中国観を考えればどうなるかというと、やはり日本は中国を先進文化国と位置づけ、『懐風藻』『文華秀麗集』のような中国色濃厚な漢詩（文）集を作っている。もっとも同時に『万葉集』や『古今和歌集』も作っているのだから、日本の中国化と中国の日本化は併存していたと言えよう。内藤湖南の中国の「とうふのにがり説」は当を得たもので、近世までを通観したところによると、文化的に日本は中国という「にがり」によって日本を形成し、また文化的独立を保持していたと言える。現在に比べると、当時の日本人、近世までの日本人はずっと中国のことを尊敬、尊崇していたであろう。しかし、同時に日本にも小中華主義が脈々と流れていたことを、近世までの日本の歴史、日本の中国観を通観することによって我々は了解するのである。

**〔引用文献・参考文献〕**

（1）内藤湖南（一九二四）「聖徳太子」『日本文化史研究』　内藤虎次郎（昭和四四）『内藤湖南全集』第九巻　所収

（2）内藤虎次郎（昭和四四）『内藤湖南全集』第九巻　筑摩書房
（3）内藤湖南（昭和四）「飛鳥朝の支那文化論入に就きて」内藤（昭和四四）所収
（4）内藤湖南「日本文化とは何ぞや（其の二）」内藤（昭和四四）所収
（5）西尾幹二著　新しい歴史教科書をつくる会編（平成一一）『国民の歴史』扶桑社
（6）小倉和夫（二〇一三）『日本のアジア外交：二千年の系譜』藤原書店
（7）内藤湖南（大正一一）「日本文化の独立」内藤（昭和四四）所収
（8）毛利敏彦（一九九六）『台湾出兵　大日本帝国の開幕劇』中央公論社　中公新書一三一三
（9）内藤湖南（昭和七）「先哲の学問」内藤（昭和四四）所収
（10）藤田昌志（二〇一二）『日本文化概論Ⅰ―地理編・歴史編一（原始・古代・中世・近世）―』（私家版）
（11）鈴木修次（昭和五三）『中国文学と日本文学』東京書籍
（12）河上麻由子（二〇一九）『古代日中関係史―倭の五王から遣唐使以降まで』中央公論社　中公新書

〔引用文献・参考文献〕は最小限にとどめた。

# 日本の中国観
## ——近現代一（明治・大正）——

キーワード：万国公法　固陋　尊崇　脅威　軽侮　小中華主義

### 一　序

原始、古代、中世、近世と日本の歴史に即して、日本の中国観を考察した結果によると、日本の中国観は、中国と海を隔てたところで展開されたものであることも深く関係して、朝鮮とは異なり朝貢関係、冊封《さくほう》関係を持つことはまれであり、日本には中国に対抗する小中華主義と文化的独立の意識が存在した。まれな例である足利義満の明への「朝貢」も、単なる「対面無視外交」ではなく、内政上の思惑、理由から中国や中国の「権威」を借用するといった政治手法、中国観が存在した。豊臣秀吉にも明の「威信」を借りようとした点があるという見方もある。（小倉（二〇一三）二〇三頁。）徳川幕府はアイヌと中国北方民族の連帯を懸念し、中国への西欧文化とキリスト教の浸透が日本に影響することを恐れたために、清との間に公的関係を樹立しなかった。中国は政治的、軍事的には「脅威」であったことが窺い知れる。

こうした日本の中国観は政治的、外交的視点——「利」を中心とした視点からの中国観である。文化的に日本の中国観を見ると、日本の中国化や中国の日本化、そして日本文化の独立性の追求といったものが存在し、根底には中国への深い尊敬、尊崇の念が存在した。そのことは近世まで言えることであろう。（拙稿（本書所収）日本の中国観（原始、古代、中世、近世）参照。）

本章では「日本の中国観—近現代一（明治・大正）—」と題して、明治・大正の日本の中国観を考察し、明らかにしてみたい。

日本は、幕末の一八五四年（安政元）、ペリーによって軍艦七隻《せき》の武力的威嚇を背景として、条約締結を強硬に迫られ、幕府はその威力に屈して日米和親条約を結び、一、アメリカ船が必要とする燃料、食料などの供給二、難破船や乗組員の救助三、下田・函館の二港を開き領事の駐在を認めること四、アメリカに一方的な最恵国待遇を与えること—などを取り決め、続いてイギリス、ロシア、オランダとも同様の内容の和親条約を結んで、鎖国政策は崩れ去る。一八五八年（安政五）六月、下田駐在のアメリカ駐日総領事ハリスはイギリス、フランスの脅威を説いて、通商条約の調印を強く迫り、大老井伊直弼《なおすけ》は朝廷では攘夷の空気が強いために勅許をえられないまま、やむなく日米修好通商条約に調印する。この条約には神奈川等の開港とともに領事裁判権を認め、日本の関税についても相互で協定して決める（協定関税）という条項を含んでいた上に、日本が自主的に改正できない不平等条約であった。ついで、オランダ、ロシア、イギリス、フランスとも同様の条約を結んだが、これら不平等条約の解消のために、実に、日本は五〇年の歳月を費やさなければならなかったのである。

## 二　明治・大正時代について

三　明治の日本の中国観　四　大正の日本の中国観　の前に、本節では明治、大正時代を通観し、明治・大正の日本の中国観の背景としての二つの時代について、理解しておきたい。

尊王攘夷の旗をかざして討幕を果たした明治新政府は、かつて政治的手段とはいえ自らもその一翼を担った排外的攘夷熱を、今度は逆に抑える立場に転じ、開国和親の新しい道を進むことになった。その方向転換の際に、政府が頼りにしたものが、西洋の「万国公法」であった。国際社会を支配する普遍的規範としての「万国公法」の存在は、西洋世界もまた「天地の公道」の支配するところであるという認識に人々を導いていった。大正デモクラシーの旗手、吉野作造は「我国近代史に於ける政治意識の発生」で「夷狄《いてき》」と排斥された欧米にも古来の「先王の道」に匹敵する、新時代にふさわしい普遍的な道がある、それが「万国公法」であり、新時代には「我々も亦彼らを待つにその所謂公法を以てすべきではないか、猥《みだ》りに之を排斥するは古来の仁義の道に背くのみならず、又恐らくは彼らの侮りを受くることにもならう」（吉野作造（一九二七）「我国近代史に於ける政治意識の発生」（一九九五）『吉野作造選集』（以下、『選集』と略す。）一一）と人々が考えたと、政治意識の旧来のものから新しいものへの転換を明らかにしている。

「万国公法」「公法」「公道」の流行には、プラス面とマイナス面が存在する。プラス面は封建時代に訓練された「道」に対する気持ちと自由民権等の新理想の橋渡しをしたことで、吉野は「この二つの態度の橋渡しをしたものは、実に「公道」観念の流行であつたと考へる」と述べている。「公道」（＝「公法」）観念が旧から新への移行をスムーズにしたと言うのである。「万国公法」（＝一九世紀西欧の慣習的国際法）のマイナス面は、文明諸国がアジア、アフリカを勝手に植民地にする根拠となったことである。識者は言う。近代国家の構成要件は領土、権力、国民の三つであるが、万国公法においても安定した権力、明確な国境、定住する国民、この三つの条件が一つでも欠ければ、「国家」と認められなかった。逆に、一定の地域・住民を領土・国民として囲い込んだ近代国家は、土地の私有権者が排他的権利を持つように、国家主権の名において他国の干渉が排除された。万国公法の基礎にあるのは近代的所有権の論理であり、したがって「主権者が存在しなければその地域は「無主地」となり、最初に占有したものが所有権を持つという「先占」の論理が国家レベルで適用され、植民地支配が正当化された」（牧原憲夫（二〇〇六）九五頁）のである。

そうした「万国公法」を中心とした文明開化を礼賛する世論が主流となるのは、明治五、六年のことであり、それは、因循とされるものが開国から鎖国に変化したことを意味していた。一八六九年（明治二）横井小楠が京都市中京区寺町通り丸太町下《まちさが》るの下御霊《しもごりょう》神社近くで津下《つげ》四郎左衛門らに暗殺された時には、開国はいまだ因循とされていた。（森鷗外は津下四郎左衛門の息子、鹿太から父の話を聞き、実録仕立ての「津下四郎左衛門」という作品を書いている。）

「万国公法」の日本に対して、清国は朝貢関係、冊封関係の維持を目論み、台湾、琉球、朝鮮をめぐる両者の争いは台湾出兵（一八七四年（明治七））、江華島事件（一八七五年（明治八））、琉球処分（一八七九年（明治一二））、壬午軍乱（一八八二年（明治一五））、甲申事変（一八八四年（明治一七））を経て、日清戦争を惹起する。それは中国の朝鮮への「積威」に対して、日本の「武威」によって仕掛けられた戦争であった（小倉（二〇一三）一九九―二〇〇頁）。一九〇三年（明治三六）には戦争絶対反対論に到達した内村鑑三も、日清戦争当時は、その戦争を「文明」の「野蛮」に対する戦争、日本が朝鮮を義によって支援する戦争としてとらえ、'Justification of Korean war'（「日清戦争の義」）を執筆したが、いみじくも、その英文タイトルは日清戦争が朝鮮をめぐる日本と清国の鬩《せめ》ぎ合いの戦い（当時、内村は「義戦」

ととらえたが）であることを物語っていた。

日清戦争によって、償金二億両《テール》（当時の邦貨で約三億一〇〇〇万円。日本の国家歳入の四倍以上。日清戦争での日本の戦費は約二億円余り。差引一億一〇〇〇万円、日本はもうけたことになる。）を得た日本は、それを元金、基礎として、欧米諸国にならって金本位制を確立して、重工業の基礎となる鉄鋼の国産化を目指して官営八幡製鉄所を設立し、日露戦争のころには生産は軌道に乗るようになった。

日本は日露戦争に辛勝したが、賠償金をとれなかったため、民衆は日比谷焼き打ち事件を起こした。その後、一九三一年九月の満州事変前夜までのほぼ四半世紀の時期は一般に「大正デモクラシー」と呼ばれ、政党政治が実現し、社会運動が展開された。（成田（二〇〇七）はじめに　V。）

日露戦争後、日本は日露戦争の勝利によって列強の一員に加わり、明治以来の国家目標（＝「独立自尊」や欧米に社会制度面や軍事面で追いつくこと、治外法権の撤廃や関税自主権の回復等。）を一応、達成したという気持ちが国民の間に瀰漫した。そこから、国家主義に対する疑問が生まれ、「個」「自我」に閉じこもる傾向が強くなる。文芸上の自然主義の隆盛はその傾向の反映であったと考えられる。政府は戊辰詔書《ぼしんしょうしょ》（一九〇八年（明治四一））を発令し、教科書検定を強化して「軽佻浮華《けいちょうふか》」（＝落ち着きがなく言動が軽はずみで、一見、華やかなようだが実質が伴わないこと）の世相をいましめ、忠君愛国思想を注入しようとしたが、人心掌握と思想統制に苦慮した。（西田（二〇〇九）序章　近現代における政治思想の軌跡　西田（二〇〇九）一五頁。）

大正時代は、一九一二年（明治四五）七月、明治天皇が没し、皇太子嘉仁が践祚《せんそ》して「大正」と改元することによって始まる。その前年の一九一一年（明治四四）、中国の武昌で辛亥革命が始まる。翌年二月一二日、清朝宣統帝が退位して清朝が滅亡する。二月一四日、孫文は臨時大総統を辞職し、翌日、袁世凱が約束通り、清朝皇帝退位の実現と引き換えに臨時大総統に選出される。

大正時代、日本の中国観との関係で特記すべきは一九一五年（大正四）一月の対華二十一カ条要求と一九一九年（大正八）パリ講和会議の際の、日本による山東半島要求問題、それに対する中国北京での五月四日の抗議デモ（五四運動）である。

対華二十一カ条要求は、日置益《ひおきえき》駐華大使が袁世凱に五号二十一カ条に及ぶ要求を正式に突きつけたものである。日本が最初、秘密にし、憤った中国が列強に暴露した第五号七カ条は、中国の中央政府に政治・財政及び軍事顧問として有力日本人を雇うことや必要な地方の警察官庁に多数の日本人を雇うこと、及び日本から一定数量以上の兵器を供給し、日中合弁の兵器工場を設立すること等（伊藤（二〇一〇）七〇頁）を内容とするもので、内政干渉的要求が強く、交渉手順も中国政府の最高首脳である袁世凱に直接要求を提出したものであった。（小倉（二〇一三）四八頁。）五月九日を期限とする最後通牒を突きつけるという、日本のその交渉態度はきわめて一方的、強圧的であった。中国は日本の要求を（日本は第五号は後日、協議として撤回した）承認し、五月九日は国恥《こくち》記念日として長く中国人の記憶に留められた。第一次世界大戦の勃発と相前後して、中国の安定に日本が責任を持つべきだという考えと同時に、アジアのことはアジア人が支配すべきだというアジア・モンロー主義が日本国内で唱えられ始めたことによって、日本の対中外交が「道義性」を持ち、そのために一方的かつ硬直的になっていった。（小倉（二〇一三）。）

一九一九年（大正八）、パリ講和会議の際、日本は山東半島のドイツ権益及び赤道以北のドイツ領諸島を無条件に譲り受ける旨の要求を表明し（一月二七日）、中国の山東半島返還要求にもかかわらず、日本の要求が通らない場合の、日本の国際連盟脱退を恐れたウィルソンは軟化し、四月三〇日の首相会議で日本の要求は承認される。五月四日、北京の学生三〇〇〇人余が山東半島問題に抗議してデモを行った。世に言う五・四運動である。

このように日本は大正時代、対外的には帝国主義の道を歩んだ。一方、国内的には大正デモクラシーの高まりがあった。「閥族打破・憲政擁護」をスローガンとした第一次憲政擁護運動（一九一三年（大正二））、第二次憲政擁護運動（一九二四年（大正一三））、普通選挙法の成立（一九二五年（大正一四））がそれである。

文明は、野蛮、半開に対して「特権」を持って当然だという考えが「近代」（「文明」側の「近代」）には存在した。ヨーロッパの尺度から見た文明と法的制度を備えない中国やタイがヨーロッパ人に「特権」を与えるのは当然で、日本も東洋の一国だから当然、ヨーロッパ人に特権を与えるべきだ、そうした理不尽をなくすためには日本同様、日本以外のアジア諸国も近代化を受け入れ、文明化すべきである、ここに、アジアの近代化は「道義」となり（小倉（二〇一三））、アジア・モンロー主義の唱導とともに日本は中国の安定に責任を持つべきだ、中国を指導すべきだと考え、中国に深く関与していった。それが「侵略」の、ある側面の実態であった。

## 三　明治の日本の中国観

明治政府は、発足早々に、朝鮮国との国交正常化という厄介な外交問題を抱え込んだ。明治維新で徳川幕府が倒れると日朝国交は途切れる。江戸時代、通信使（日本で将軍が位を継いだ際、朝鮮から来る祝賀使節）の仲介は対馬藩宗氏が担当したが、明治維新で日朝関係が途切れた対馬藩は困惑し、一八六八年五月、藩士大島正朝《まさとも》が政府に長文の意見書を提出し、朝鮮の頑迷さと無礼さを過大に言い立て、朝鮮外交の困難さを強調したことによって、新政府の首脳は、朝鮮は無礼だと先入観を持ち、朝鮮側が日本側国書が従来のものと書式が違うと受け取りを拒否したことがその先入観をさらに一層、強めた。（以下の、日朝関係・日清修好条規・台湾出兵の記述は毛利敏彦（一九九六）に負うところが大きい。）受け取り拒否の背景には、清朝皇帝と朝鮮国主の冊封《さくほう》関係（天子が下す任命書である冊を封ずる関係）があった。日本の国書に天皇政府成立を意味する「皇上登極」という表現があり、「皇」の字は中華（清朝）のみを表すことから、朝鮮は日本の国書を受け取り、清朝から叱責されるのをはばかったのである。木戸孝允らの征韓論もあったが、外務省は華夷秩序を利用した迂回策を編み出し、日本と清の間で条約を結んで、対等の関係を作れば、清を宗主国と仰ぐ朝鮮は「皇」の文字を用いた日本の国書を拒否できなくなり、日朝国交正常化の道が開けるはずだと考え、朝鮮問題は清との国交開始外交へと発展していく。

清国政府内には、保守派の英翰《かん》のように、日本はもと「臣服朝貢之国」で、倭寇《わこう》のこともあり信用できないと日本との条約締結に反対する者もいたが、洋務派の李鴻章は、日本は朝貢国ではなかったし、日本の要望をかなえ、欧米に対抗する上で、味方にするのが得策だと力説し、李の意見が採用されることになる。一八七一年（明治四）九月一三日、対等平等な日清修好条規が結ばれる。対等平等というのは最恵国待遇条項がなく、領事裁判権も相互に認め合う内容のことを指す。日清修好条規には次のような見解も存在する。李鴻章は「条約」と「条規」を意識的に使い分け、日本とは特別な「最近隣」という関係があるから、西洋諸国との条約とは違う「条規」を結ぶべきだと主張した。つまり対欧米外交と対日外交を自覚的に区別した。不平等な条約関係とは別個の対等な条約関係を目指し、更に西洋列強に対抗する「外援」も期待したに違いないという見解である。（毛利敏彦（一九九六）。）日中連合論、更には（東）アジア連合論である。

（東）アジア連合論には、（現在と同じで）疑義が出される。日清修好条規第二条の「若し他国より不公及び軽藐《けいびょう》する事有る時、其知らせるを為さば、何れも互いに相助け、或は中に入り、程克《よ》く取り扱ひ、友誼を敦くすべし。」という内容が、欧米各国から日清攻守同盟ではないかと警戒の声が挙がるのである。当時の外務卿岩倉具視は、対欧米条約改正を控えて、欧米からの疑惑に神経過敏になり、第二条の修正をはかるが、後任の副島外務卿は、李鴻章に実施もしないうちに条約を改定するのは不見識極まると峻拒され、あっさり撤回し、批准交換の具体的な日時と場所の決定の運びとなる。

日清修好条規から三年後の一八七四年（明治七）、日本の台湾出兵が行われる。出兵理由は一八七一年（明治四）一一月、琉球藩の人民が、台湾の「蕃地」（先住民地域）に漂着し、五四名が先住民に殺害されたこと、一八七三年（明治六）、小田県（現在の岡山県の一部）の人民四名が漂着し、先住民から暴行略奪を受けたことに対して、加害先住民を懲罰し、我が人民の公海上の安全を確保する措置を講じるために出兵した（五月一九日、太政大臣三条実美によって国内に布達された出兵理由）というものであった。台湾出兵の国内的理由については①反政府エネルギーを海外に放散するためであった（主流意見）②岩倉―大久保ラインの気に入らないものを、一気に排除した荒療治、クーデター＝明治六年の政変による誤算（西郷を失ったこと）に危機感を抱いた大久保利通が西郷従道、大隈重信と組んで、台湾先住民地域を獲得しようと強引に推進した暴挙であった（毛利敏彦（一九九六））という二つの説がある。

一八七四年二月六日、大久保・大隈連名で答申した「台湾蕃地処分要略」は閣議決定され、国策となるが、その第一条に「台湾土蕃の部落は清国政権及ばざるの地」で「無主地」である、したがって「我が蕃属たる琉球人民の殺害せられしを報復すべきは日本帝国政府の義務にして、討蕃の公理もここに大基《たいき》を得べし」とあり、「万国公法」に則った大義名分を述べている。清国は日本の台湾出兵に対して同年六月二四日、清国皇帝の名で、台湾出兵は日清修好条規違反だから即時撤兵要求せよ、従わないなら討伐せよと李鶴年らに勅命を下す。しかし、衰退の道を歩んでいた清朝には討伐など実際にはできることではなく、清国政府は一〇〇〇〇人以上の軍隊を台湾に増派し、やろうと思えば容易に討伐できたはずの日本遠征軍三〇〇〇人を放置したまま、何も手出しをしなかったのである。

（毛利敏彦（一九九六）。）

駐イギリス公使ウェードが仲介に入り、同年一〇月二七日、その調停案を日清双方が受諾する。一〇月三一日、日清両全権は「互換条款」三カ条と「互換憑単《ひょうたん》」（「憑単」は証明書。（金銭や品物の引き出し用の）証書。）に調印し、台湾事件は解決する。「互換憑単」では清国は「撫恤銀《ぶじゅつ》」一〇万両を即時払い、「蕃地」道路・建物への報償四〇万両を日本側の撤兵完了と同時に支払うこと、撤兵期限は一二月二〇日とすることが取り決められた。条款（合意文書）の作成にあたって、清国は支払う償金を「撫恤銀」（＝上から下の者に慈悲を垂れ、憐れんで下賜する金）という名目にすることに強くこだわり、日本側は容易にそれを納得しようとせず、交渉が難航するということもあった。それは清国の固持する「中華意識」によるもので、その独善的、権威主義的な意識は「国際社会では受け入れられるはずもない時代錯誤的なもの」だったという識者の考えもある。（松本三之助（二〇一一）。）形式的な文言《もんごん》の問題だが、中国が政治的に「固陋《ころう》の国」であることを端的に示す例であると識者は言う。（松本三之助（二〇一一）。）このことに関連して述べれば、アヘン戦争後、明治前期、日清戦争までの日本の中国観は①政治的には、中国を「固陋」と見る②文化的には、歴史・文化大国と称揚、尊崇する③軍事的には、脅威とする——という三つに集約できる。（日清戦争後、中国の国家形成能力の欠如を問題にするというように蔑視論の内実の転換がみられた。（松本三之助（二〇一一）。）

日本の台湾出兵によって、清国は①条約を結んだばかりの友好国家日本に裏切られたという思いを持ち②小国だと軽蔑していた日本の敵対行為になすすべがなかった自分の無力さを痛感させられた。清朝政府は対日戦備の強化拡充に着手する。李鴻章の北洋陸海軍はその中核であった。ここに日清戦争の種は蒔かれたのである。

当時、朝鮮は依然、鎖国政策をとっており、日本は国交樹立を求めたが朝鮮が拒否したため一八七三年（明治六）、西郷隆盛、板垣退助らは征韓論を唱えた。一八七五年（明治八）、江華島事件（同年九月二〇日に朝鮮の首府漢城の北西岸、漢江の河口に位置する江華島付近で日本が朝鮮を挑発して起こった武力衝突事件。朝鮮西岸海域を朝鮮に無断で測量中の日本の軍艦雲揚号が江華島、永宗島砲台と交戦した。雲揚号事件とも呼ばれる。）を機に、日本は朝鮮に迫り、翌一八七六年日朝修好条規（釜山他二港、仁川、元山を開かせ、日本の領事裁判権や関税免除を認めさせた不平等条約）を結び、朝鮮を開国させた。

台湾出兵の結果、日清両全権が調印した「互換条款」では①琉球の遭難者は「日本国属民等」と明記されていた②日本の出兵目的は「保民義挙」（＝自国民保護）のためだと主張しても清側は反対しないとされた③清国が支給する「撫恤銀」は遭難者とその遺族に直接、手渡されるのではなく、日本政府に支払われたこと等から、それは日本側に有利にできていた。つまり清国政府が琉球人を日本国籍保有者と認め、日本政府は琉球人に対して、統治の権利と保護の義務があること、したがって琉球が日本領であることを客観的に承認したことを意味した。こうした背景もあり、江戸時代以来、島津藩と清国の両方の支配を受けていた琉球について、一八七九年（明治一二）、明治政府は一八七二年（明治五）に置いた琉球藩を廃して、沖縄県を置いた。（琉球処分。）清国は朝貢国琉球の喪失が朝貢国朝鮮の喪失に連動し、朝貢体制の瓦解につながることを恐れ、琉球の朝貢国の名目だけは残してほしいと日本に要求したが、日本は無視した。日本は西洋、欧米由来の万国公法を基準とし、清国は従来の朝貢関係の存続を基準としたため、両者の考えは噛み合わなかった。

日本は日朝修好条規締結後、朝鮮の首都漢城に日本公使館を開設し、朝鮮政府の求めに応じて、軍事教官を派遣し、朝鮮国軍の近代化を援助することにした。同条規第一款には「朝鮮国は自主の邦」と規定されているが、これは華夷秩序からの自由とも解釈でき、清国は内心穏やかでなかったであろう。もっとも日本はそれほど清国を刺激するとは自覚していなかったと思われ、両国には認識のギャップが存在したようである。（毛利敏彦（一九九六）。）

一八八二年（明治一五）七月、朝鮮で壬午軍乱《じんご》（壬午事変）が起こる。日朝修好条規（一八七六年）以来の日本の朝鮮進出に対する反感が、この事件の底流にあり（松永昌三（二〇〇一））、開化政策により財政難になったしわ寄せが旧式軍の待遇に反映し、兵士への久々の米の配給が分量不足で（砂が多量に混じっていたとも言う）、犯人が政府高官であることがわかり、ある兵士が抗議すると、その兵士が処罰され、不満が爆発する。暴徒化した兵士、市民が日本人教官堀本少尉を殺し、日本公使館に押し寄せた。花房義質《よしもと》公使は、自ら公使館に放火し仁川に逃亡する。清国に閔妃《ミンビ》が救援依頼して、三〇〇〇人の大軍を乗せた清国艦隊が到着し、日本も花房公使に軍艦三隻《せき》と一五〇〇人の兵力をつけて、仁川に送り返す。日清一触即発の危機となる。結局、清の馬建忠が軍乱の張本人、黒幕ともいうべき朝鮮軍を指揮する大院君を天津へ連れ去る。事前に交換条件として、馬建忠は日本の要求を朝鮮に認めさせるから、交渉を自分に委ねるように、日本に申し入れていた。一八八二年八月三〇日、済物浦《さいもっぽ》条約が結ばれ、日本は、犯人の処罰、賠償、日本公使館駐在権などを定めさせた。もっとも壬午軍乱の結末は、実際には馬建忠の定義した「属国自主」、つまり「属国」の実体化と（朝鮮）「自主」の名目化に即したもので、以後の清朝の朝鮮政策にもその路線が貫かれる。（岡本隆司（二〇一一）。）全体として、壬午軍乱で日本は朝鮮から後退し、それに代わって清の支配力が強まった。（松永昌三（二〇〇一）。）

続く一八八四年（明治一七）一二月、漢城で甲申《こうしん》事変が起こる。六月の清仏戦争で、守りの清兵が少なくなった漢城で、急進開化派（親日派）の金玉均《キムオッキュン》らが一二月四日、クーデターを起こしたのである。日本軍は一旦、王宮を占拠するが、六日、清国軍の反撃で敗退し、八日、（クーデター計画に関与していた）竹添公使は済物浦へ退去し、金玉均は日本へ亡命する。一八八五年四月、日清両軍の撤兵、再出兵の際の事前通告（＝行文知照）などの内容で合意し、天津条約が締結される。天津条約は、朝鮮に対する清国の優越を否定したが、反日感情の高まりと急進開化派の失脚によって、朝鮮における日本の政治的影響力はほとんどなくなってしまった。（牧原憲夫（二〇〇六）。）

甲申事変の際、福沢諭吉（一八三四年（天保五）―一九〇一年（明治三四））や自由党の後藤象二郎は、金玉均支援に動いた。（二人は横浜正金銀行に働きかけて一七万円の政治資金を無担保で、金玉均に貸し付けている。）甲申事変の結末が報じられると、新聞各紙は清国を一斉に批難し、ナショナリズムが噴出する。（牧原憲夫（二〇〇六）。）

甲申事変を支持した福沢諭吉は、早くも明治初年、一八六八年八月の『世界国尽』で「（支那）徳を修めず知をみがかず、我より外に人なしと世間知らずの高枕、暴君汚吏の意にまかせ…」と中国の中華思想を批判し、中国を「固陋」の国とみなしている。「東洋の老大朽木を一撃の下に挫折せんのみ」（一八八二年八月二一日　福沢諭吉「日支韓三国の関係」慶応義塾編（一九五八―一九六四）『福沢諭吉全集』第八巻所収）と言い、甲申事変の直後の一二月二三日には「今回京城に於て我国の名誉、権理、利益に大侮辱大損害加へたる其主謀は支那人なり」（福沢諭吉「朝鮮事変の処分法」慶応義塾編（一九五八―一九六四）『福沢諭吉全集』第一〇巻所収）と中国を明らかに敵視している。一八八五年（明治一八）三月発表の「脱亜論」は前年の甲申事変の結果への失望の反映のみならず、福沢の朝鮮観、中国観を象徴的に表したものと言ってよいであろう。

我国は隣国の開明を待て共に亜細亜を興すの猶予あるべからず、寧《むし》ろ其伍を脱して西洋の文明国と進退を共にし、その支那、朝鮮に接するの法も隣国なるが故にとて特別の会釈に及ばず、正に西洋人が之に接するの風に従て処分すべきのみ。悪友を親しむ者は共に悪名を免かるべからず。我れは心に於て亜細亜東方の悪友を謝絶するものなり。（福沢諭吉（一八八五）『脱亜論』福沢諭吉著　岩谷十郎　西川俊作編（二〇〇三）第八巻　二六四―二六五頁。）

福沢の中国観は『文明論之概略』で分けられた、文明国、半開国、野蛮国の世界文明の三分類に即して言えば、

「固陋」の国の中国を「文明」（に入った）国の側の日本が討つという図式であり、福沢にとって日清戦争は、正にその「文野の戦争」の顕現であった。一八九四年八月五日、宣戦布告の四日後、「今度の戦争は（中略）文野明暗の戦（中略）世界の文明の為めに戦ふもの」と言う。福沢は「文明」とは「相対したる語」で、「唯野蛮の有様を脱して次第に進むものを云うなり」と言っているから、「野蛮」を固定的にとらえていたわけではなく、そうした「軽重長短善悪是非等の字は相対したる考より生じたるものなり」（『文明論之概略』巻三之一）という「作用的」（＝相対的）思考は、石橋湛山の師、田中王堂の激賞するところとなっている。儒教の「智徳」を「智」と「徳」に分け、更に有形の「智」を「公智」（＝経済学・政治学等社会を利する智恵）と「私智」（＝物理学・化学などの自然科学の智（＝知）識）に分け、「公智」に最高の地位を与え、「智」こそは文明的な知識・知性である（高坂正顕（一九九九）九五頁　子安宣邦（二〇〇五）一八四—一八五頁）と福沢は考えた。「徳」などは、成果を外からは確かめようのない無形の教化として退けている。（それに対して「智」は外から確かめられる、有形の教化であるとする。）

福沢の中国観は、日本に古くから存在する小中華主義の表出とも考えられる。日本はその意味で冊封体制の外にあったと言ってもよい。しかし、総じて、福沢の中国観は、福沢の激しい中国批判の言辞から考えると、中国軽侮の一方の極を代表していると言えるであろう。以下、明治を代表する知識人の中国観を考察してみることにする。

徳富蘇峰（一八六三（文久三）—一九五七（昭和三二））は一八八六年（明治一九）七月『将来の日本』を出版し、自由民権運動が衰退した時に、日本の将来の社会的進化の道＝生産主義↓平民主義↓平和主義の具体的な構想（＝バラ色の未来）を示して、当時の読者に広くアピールした。日清戦争前の一八八八年（明治二一）、条約改正問題をめぐって、平民的欧化主義を唱える徳富蘇峰らと近代的民族主義、国粋主義を主張する三宅雪嶺、志賀重昂《しげたか》、陸羯南《くがかつなん》らの政教社系の間で論争がくりひろげられたが、徳富蘇峰らの民友社は便宜主義的に、現行条約より改正されている事実を評価して、政府案（＝大隈重信の改正案）に賛成に回った。蘇峰も大勢に従い、日清戦争を「義戦」ととらえ、支持した。三国干渉後、蘇峰は「平和の福音」から「力の福音」に転換する。第二回目の中国旅行記（一九一八年（大正七））『支那漫遊記』では、中国人の批判をしつつも「人文の開発」に於いては「其の優位の位置を占むるものと云ふも過言にあらず。」と、人文面での中国を高く評価している。

政教社は欧化主義的風潮（具体的には一八八四年（明治一七）から一八八七年（明治二〇）にかけての鹿鳴館時代）に対する反発や森有礼《ありのり》文部大臣の大学干渉への反発から結成されたもので、官からはみ出た官学のエリートが「民」の側に立って結成されたものであるが、結成後の関係者には官学出身でない内藤湖南のような中国、日本理解において傑出した人物がいる。また、中には志賀重昂のような、後にアジア侵略肯定論者となる者もいる。

勝海舟（一八二三年（文政六）―一八九九年（明治三二））は旧幕臣である。西郷隆盛との直談判で、江戸城無血開城を実現したことで夙《つと》に有名であるが、一八二三年（文政六）に江戸本所亀沢町に生まれ、一八九九年（明治三二）一月一九日、七七歳で亡くなっている。

一八六三年（文久三）四月二七日、木戸孝允と対馬藩の大島友之丞が来訪し、攘夷のエネルギーを朝鮮に向けることを臭わせた。それに対し、勝は「今我邦より船艦を出だし、弘く亜細亜各国の主に説き、横縦連合共に海軍を盛大し、有無を通じ学術を研究せずんば、彼が蹂躙を遁がるべからず。先ず最初、隣国朝鮮よりこれを説き、後支那に及ばんとす」と回答する。アジア連合論である。海舟にこれから最晩年の日清戦争期までアジア侵略的要素は皆無である。（松浦玲（二〇一〇）二一五頁。）

日清戦争の時、「其軍更無名」（其の軍、更に名無し）＝「「名」（理由）のない戦争」と日清戦争を批判する部分を含む詩を作り、海舟は相手は「清国軍」ではなく「李鴻章関係の兵」が動いたまでだから清国正規軍とみなして戦争を仕掛けてはいけないと言っている。戦後、ロシア、ドイツ、フランスの三国干渉が起こり、それが中国分割を進め、日本に不利益になったことについて「それは最初から分つて居た事だ。」と批判した。「支那は国家ではない。あれはただ人民の社会だ。」（勝海舟／江藤淳・松浦玲編（二〇〇〇）二八四頁）と言うのは、後に内藤湖南が言った、中国における国家と社会の分離、乖離を指しており、「支那は流石は大国だ。その国民に一種気長く大きなところがあるのはなかなか短気な日本人などには及ばないョ。」（勝海舟／江藤淳・松浦玲編（二〇〇〇）一四五頁）との言辞は、中国に尊敬の念を持っていたからである。勝に中国への軽侮心はなく、海舟は日中提携論者であった。

中江兆民（一八四七年（弘化四）—一九〇一年（明治三四））は『民権訳解』を漢文で書いたが、その前に、漢文の力を練磨するため、岡松甕谷《おかまつおうこく》の塾に入門している。また、東京外国語学校校長になった際、徳性の涵養のために、孔孟の書を教えようとしたこと、「リベルテーモラル」、「心思の自由」を『孟子』の「浩然ノ気」になぞらえて把握したことなど、中国との親和性が非常に高い。兆民には、漢学の教養があり、西洋の人文学を日本に紹介するには、漢文を用いるしかないという考えがあった。漢学の教養は中国への尊敬を生み、兆民はまた『荘子』『孟子』、孔孟の教えを尊重し、「義」を「利」より重視した。（この点、内村鑑三と似ている。）もっとも、他の自由民権派と同様、『三酔人経綸問答』の「豪傑君」的侵略主義を肯定するようなところもあったことは否定しがたい。（西洋）「文明」が必ずしも「野蛮」よりすぐれたものではないと考え、「進化」も歩んだ跡《あと》なのであるから、それぞれの「進化」があると考えた。（たとえば『三酔人経綸問答』中江兆民（一九八四）『中江兆民全集』八　二五七—二五八頁。）兆民に中国蔑視はなく、基本的に日中提携論者であったと考えられる。

岡倉天心（一八六二年（文久二）—一九一三（大正二））は「武」ではなく、「文」、就中《なかんずく》、「美」を中心としたアジアとの連帯の道を模索した。天心は一八九三年（明治二六）七月に宮内省の命で中国に出張し、同年一二月に帰国している。翌年三月「支那南北の区別」を執筆し、中国の南北の相違について述べ、自ら行った講演と同題の「支那の美術」を四月、東京美術学校校友会誌『錦巷雑綴《ざってい》』に掲載している。「支那の美術」では、中国には、ヨーロッパに、ヨーロッパという「通性（＝共通性）」がないのと同様、中国という「通性」はないと指摘している。

天心にとって、中国は、西洋の衝撃に対して対抗すべき「アジア」の一員であり、日本に大きな影響を与えた隣国であった。中国の南北の相違を述べ、ヨーロッパとの共通性を述べる根拠は、その中国旅行にあった。天心には「日常生活の観察」が「そのままある文化圏と別の文化圏の比較論に吸収されてゆくという自然な傾き」（大岡（昭和五〇）二八頁）が存在する。また、「個別の着実な観察」と「大きな体系的構想」とをたえず「有機的に」結びつけようとした（大岡（昭和五〇）二八頁）のが、天心の美術研究の方法であった。天心は中国よりインドに一体感を感じたが、それは英語に通じていたからであるようであり、天心はインドに日本文明の故郷を見、中国文明とインド文明は同じ源から出ており、極東の日本はインド文明を中国を通じて移入したと考えていたようである。（拙著（二〇一二）一六八頁　梅原猛（一九七六）解説　岡倉天心（一九七六）筑摩書房所収。）

高山樗牛（一八七一年（明治四）―一九〇二年（明治三五））は、本能的欲望（樗牛の「性欲」という語は広く本能的欲望のことを指す）の満足が「人生の至楽」であると主張した。（一九〇一年）「美的生活を論ず」。）日清戦争前の一八九一年（明治二四）「漢学の衰退」では日本文学の基礎をなす「支那文学」（中国文学）の重要性を力説したが、日清戦争後の一八九七年（明治三〇）「支那文学の価値」では「支那文学」は「我が国民文学の進歩に裨益するものに非ず。歴史的意義を離れて其の価値の称すべきもの甚だ少し。」と述べ、「支那文学」を否定している。（拙稿（二〇一二）日本比較文化学会（二〇一二）No．一〇一　二四頁。）日清戦争が日本の中国観の分水嶺をなしていることを樗牛は文学観の面で如実に顕現している。

石川啄木（一八八六年（明治一九）—一九一二年（明治四五））は、一九一〇年（明治四三）「時代閉塞の現状」で樗牛の個人主義を「自然主義の先蹤《せんしょう》」であるとしているが、国家を敵として見据え、一九〇八年（明治四一）の「空中書」では「帝国は未だ嘗て清露両国に勝たざるなり。敗れたるものは、清国に非ずして北京政府と其軍隊のみ。露国に非ずしてザールの政府と其軍隊のみ」と述べているから、中国やロシアが「敗れた」のは国ではなく、その政府と軍隊にすぎないと考えていたことが見てとれる。啄木は支那分割論を支持したが、一九一一年（明治四四）辛亥革命の起こったとき、「革命戦が起つてから朝々新聞を読む度に、支那に行きたくなります。さうして支那へ行きさへすれば病気などはすぐ直つてしまふやうな気がします」（石川啄木（一九七九）第七巻　三七〇頁）と記し、当時の日本の中国への熱気をはらんだような雰囲気を反映した文章を残している。中国が、当時の日本社会の新天地のようにとらえられていた時代の雰囲気がうかがい知れる。文学作品は、意識的に、時代の雰囲気、状況、背景の表象として、とらえる必要があるであろう。

## 四　大正の日本の中国観

大正時代の日本は、「内に立憲主義、外に帝国主義」を標榜したが以下、（明治・大正にまたがることもあるが）宮崎滔天、北一輝、吉野作造、内藤湖南、石橋湛山、内村鑑三といった人々の中国観を概括的に考察してみたいと思う。

宮崎滔天（一八七〇年（明治三）—一九二二年（大正一一））は明治・大正時代を生きた人である。次兄弥蔵の影響で中国に関心を寄せるようになり、日清戦争後の一八九七年（明治三〇）九月、来日していた孫文と横浜で会う機会に恵まれ、孫文に滔天が中国革命の精神についてたずねたのに対して、孫文は、中国古代の聖人の統治理念に根ざした

「共和」の精神は中国国民の「古《いにしえ》」を「思ふ」、そして「慕ふ」ところに存在している、その意味で共和主義は清朝の弊政を打破する革命の精神としても十分に実効性を持つものだと説いたと言う。（松本（二〇一二）一六〇―一六一頁。）滔天は孫文の中に「偉大な革命家」を見出し、物心両面の支援を惜しまなかった。滔天はいわゆる「大陸浪人」の代表的存在と見られてきた。しかし、侵略主義とは厳しく一線を画し、アジア各国との共存共栄を目指し、中国の革命家たちとの付き合いも、対等な人間としての礼儀と節度を守り、中国人自身の主体的な活動を側から支援するという態度を崩さなかった。（榎本（二〇一三）はじめにiii。）そうしたことから中国での評価は高く、日中友好に尽力した日本人として、中国の書物で必ず採り上げられる人である。

北一輝（一八八三年（明治一六）―一九三七年（昭和一二））は、二・二六事件の「首魁《しゅかい》」（首謀者）として銃殺刑に処せられた人であるが、一九〇六年（明治三九）、『国体論及び純正社会主義』の出版によって同年一一月、宮崎滔天らの勧誘を受け革命評論社に入社している。更に、中国革命同盟会に入会して同会の内訌《ないこう》（内輪もめ）に介入した。具体的には、孫文の連邦共和制を目標とする国際主義的指向に反対して、盟友宋教仁と国家主義、中央革命路線を採り、孫文の国際主義、辺境革命路線と対立した。宋教仁が袁世凱の刺客に殺されたのを孫文の仕業ではないかと深く疑った。

北は中央革命方式のために東洋的共和制を提唱する。『支那革命外史』十六、東洋的共和制とは何ぞや　で「『東洋的共和制』とは、神前に戈を列ねて集まれる諸汗より選挙せられし窩闊台汗《オゴタイハン》が明白に終身大統領たりし如く、天の命を享けし元首に統治せらるる共和政体なり」と述べている。欧米の共和政治がギリシア古代に理想の姿を見いだしたのに対して、黄色人種の共和国は中世史蒙古の建国に模範を持つと北は言う。「実に成吉思汗と云ひ、窩闊台汗と云ひ、忽必烈汗と云ひ、君位を世襲継承せし君主に非ずして「クリルタイ」と名くる大会議によりて選挙されしシーザーなり。而してシーザーの羅馬よりも遙かに自由に遙かに統一し更に遙かに多く征服したり」とアジア的専制を賛美する。北は中国は「統一」を中心とする、「統一」を希求してきた国家であると言う。

吉野作造（一八七八年（明治一一）―一九三三年（昭和八））は、天皇制下の民主主義―民本主義を標榜し、大正デモクラシーの旗手となった。自由民権運動は「時勢の必要」に先駆けたものであり、大正デモクラシー運動は「時勢の必要」に促されて起こったものとした。（三谷（昭和四七）四七頁。）吉野にとって、民本主義の主張は歴史を通して現れた神の認識と賛美に他ならなかった。（三谷（昭和四七）二六頁。吉野は第二高等学校時代に仙台バプテスト教会でキリスト教徒となっている。キリスト教布教のため単身、仙台に来たアメリカ人、ミス・ブセルのバイブルクラスに入り、感化を受けたことが大きく影響している。）

吉野は、一九〇六年（明治三九）から三年間、袁世凱の長子袁克定の家庭教師として中国に滞在したが、中国についての無形の〝体会《ティホイ》〟（理解）を得たことと思われる。（一九一五年（大正四））『日支交渉論』では日本の対華二十一カ条要求を「大体に於て最少限度の要求」として基本的に支持したが、同時に日本の理想の対中政策は「何処迄《どこまで》も支那を助け、支那の力」となることであり、「大に同情と尊敬とを以て接せんことである」と述べている。

一九一六年（大正五）、吉野は中国への考え方の転機を迎える。同年一一月の「支那の革命運動に就いて」で、中国の革命運動を「予は其根本の思想を以て何処までも弊政を改革して新支那の建設を見んとするの鬱勃《うつぼつ》たる民族的要求なりとするものである」とし「革命運動の全体を通じて流るゝ唯一の永久的生命ある思想は即ち弊政改革新支那建設の理想である」、革命思想の生命が「即ち今日の支那を動かしつゝあるものであり、此の生命が即ち将来の支那を造る所のものであることを看過してはならぬ」と断言している。吉野の中国論の基本は日中提携論であり、国防、政治より、経済、文化を重視する提携論であった。中国の革命運動への深い信頼が根底に存在する提携論であった。五・四運動の時期には「官僚軍閥の日本」と「公正な日本国民」を分け、後者と中国は連帯できるとしている。

吉野は、北一輝の『支那革命外史』の前半は高く評価するが、後半は評価しないと言う。後半とは北が東洋的共和制＝革命独裁を賛美している点であろうと思われる。（一九一八・一・三）「評論家としての自分並佐々木先生のこと」吉野（一九九五）『選集』一二　三一―一一頁。）北は、中国革命を民族革命、ナショナリズムと見たが、吉野は、民本主義、デモクラシーの世界的潮流の中に位置づけるという相違がある。内藤湖南も、吉野も、中国の国家と社会・民族の分離について言及している（内藤湖南の（一九一四）『支那論』内藤虎次郎（一九九七）第五巻所収、吉野作造の（一九二四）「支那の将来」吉野（一九九五）『選集』九所収の三一四―三二二頁　特に「支那民族はその生活を発展して行くに、単純な自力の他、毫も国家の力といふものに頼らない」（三一四頁）参照。）が、湖南が中国の国家としてよりは文化としての存続を期待したのに対して、吉野は革命勢力に絶大なる信をおき、在日中国人留学生や朝鮮人留学生を物心両面で支援した。そこには理想実現にかける者への暖かい共感、宗教的精神があったと思われる。

内藤湖南（一八六六年（慶応二））―一九三四年（昭和九）は、（一九一四年（大正三））『支那論』で、世界の政治の大勢が「貴族政治→君主独裁政治→共和政治」という普遍的流れに沿って動いていくことを述べているが、それは、中国にも該当する大勢であった。もっとも、中国の場合、（一九二八年（昭和三））「近代支那の文化生活」で述べているように、「平民発展時代が即ち君主専制時代である」という特殊性を持っており、西洋とは大きく相違すると考えている。また、同じく「近代支那の文化生活」で中国近代は宋の時代に始まるとし、その内容として「平民発展の時代」と「政治の重要性減衰」を挙げている。湖南独特の中国近代観である。

中国を共和政治に導く具体的契機を黄宗羲《ぎ》や曽国藩に見られる「平等主義」と「地方自治」であると湖南は考え

た。後者については、隋の文帝が郷官（其の土地の名望で任命される官吏）を廃してから、官吏は皆「渡りもの」になってしまい、「一期三年位の間に於て、一族が食へるだけの財産を蓄へるといふことを目的」とするようになり、地方の人民は「総ての民政上必要なこと、例へば救貧事業とか、育嬰の事とか、学校の事とか、総ての事を皆自治団体の力でするといふことになって来た」（内藤虎次郎（平成九）『全集』第五巻『支那論』三六七頁）。その従来の自治団体を根底にして、新しい自治制を築き上げれば成功する（内藤虎次郎（平成九）『全集』第五巻『支那論』三九六頁）と湖南は言う。

湖南は儒教に一定の意義を見いだし、歴史的に吟味しなくては、儒教排斥論は甚だ無価値なものと言わざるを得ないとしている。「世界の国民生活に支那より先へ進んだものがなく」、「結局支那は自己の優越性を認めて、やはり従来の支那式にする方が宜い」（（一九二八）「近代支那の文化生活」内藤虎次郎（平成九）『全集』第八巻　一三九頁）という言辞から、湖南の根底には、「東洋文化」の中心としての中国への尊敬の念が存在したことが見てとれる。

石橋湛山（一八八七年（明治一七）―一九七三年（昭和四八））は、経済思想面と対外認識面から日本の大日本主義を批判し、小日本主義を唱えた。小日本主義は、日本の近代史上、①社会主義者（ex. 幸徳秋水）②キリスト教者（ex. 内村鑑三）③自由主義者（ex. 『東洋経済新報』の三浦銕《てつ》太郎や石橋湛山）の三つのイデオロギー的系譜から成っている。（増田（一九九五）六三頁。）湛山は一九二一年（大正一〇）の「大日本主義の幻想」で、経済思想面と対外認識面の両面から大日本主義を批判している。経済思想面では、一九二〇年朝鮮、台湾、関東州の三地を合わせた日本の輸出入合計よりアメリカとの日本の輸出入合計の方が五億三千余万円多い、経済思想面で重視すべきはアメリカということになる。対外認識面では台湾、中国、朝鮮、シベリヤ、樺太を「国防の垣」（注：山県有朋の言った「利益線」に相当する）とし、それを守ろうとするから国防の必要が生じるが、その垣を棄てれば、国防も必要なくなると湛山は言う。

領土拡張は四隣の諸国民を敵とし、列強の過去の海外領土は漸次独立すべき運命にある、列強にその領土を解放させる策を日本は取るべきであると湛山は主張している。

第一次世界大戦で日本が占領したドイツ領青島について、湛山は一九一四年（大正三）一一日「青島は断じて領有すべからず」を書き、その占領に反対している。また、対華二十一カ条要求の時期には、一九一五年五月に「先ず功利主義者たれ」を書いて「自分の利益のみでなく対手（＝相手）の利益も考えるのが真の功利主義である」と述べている。一九二七年、一九二八年の日本の山東出兵も批判している。一貫して、日本の大日本主義を批判したのは稀有な例であると言えよう。もっとも湛山もすべて中国を擁護したわけではなく、北伐完成後、中国がそれまでの列強との条約を突然、破棄したことには「甚だ遺憾とする所である」と述べ、中国が今まで後れていたのは、中国国民が「内に自ら実力を養うを計らずして、常に他力に頼って我に利せん」としたからである（一九二八年（昭和三）八月「駄々ッ子支那　軽薄なる列強の態度、我国は特別利益を棄てよ」　石橋湛山（昭和四六）第六巻　二二七―二二八頁）と批判している。しかし、それも、中国に世界の中でゆるがぬ地位を保ってもらいたいという湛山の切なる願いからでた批判であったと考えられる。

内村鑑三（一八六一年（万延二）―一九三〇年（昭和五））は「二つの中心」＝「二つのJ」（＝「日本」と「イエス」）を信条とし、「イエス」を中心としつつ、日本の台木《だいぎ》（＝土台）として、武士道、西郷隆盛、中江藤樹、日蓮、法然、親鸞等を称揚した。前述のように、内村鑑三も湛山同様、小日本主義の系譜に属する。日清戦争の際には、最初、その戦争を「義戦」としてとらえ「日清戦争の義」を書いて支持したが、利欲の戦争であったことがわかると、支持したことを深く恥じ、一九〇三年（明治三六）頃からは戦争絶対反対論者となった。

儒教的エトスの中で育った内村は、一六歳の札幌農学校入学以来、儒教的教養を離れ、西洋思想、中でもキリスト教信仰が心の中心となった。しかし、儒教は内村の中で意識的に復活される。一八九四年一一月の『代表的日本人』（英文著作）はその意識的な儒教の復活、学び直しから生まれた著作であった。内村は、儒教の中の「匿名的キリスト教」（A．コズイラ（二〇〇一）五一—五二頁　キリスト教を受け入れるための大事な役割を果たす伝統的要素。）的な部分を『代表的日本人』で顕現したのであった。それは内村の中国論の顕現と言えるものであった。具体的には①陽明学②儒教一般に共通する「個人的倫理と国家倫理の相互的連関」（澁谷（一九八八）一二七—一三〇頁）として『代表的日本人』に表現されているものである。陽明学については『代表的日本人』で取り上げられた五人の人物のうちの二人、西郷隆盛と中江藤樹がその学派、学統に一致する。陽明学の要諦は「良知」＝人間に固有な道徳的直観力の生々溌剌《はつらつ》たる働きが「万物一体の仁」を実現するところにある。（澁谷（一九八八）一二八頁。）西郷は「敬天・愛人」を宗《むね》としたが「天」は「至誠」を尽くして到達せらるべきもの（鈴木訳（昭和一六）四三頁）であり、内村はそれを「進歩的、前望的」と呼び、キリスト教に似ている（＝匿名的キリスト教）と述べている。

今一つの儒教一般に共通する「個人的倫理と国家倫理の相互的連関」は「上杉鷹山」と「二宮尊徳」の章で表されているが、前者では「東洋の学問の一つの美しい特徴は、道徳から離れて経済を扱わなかったことである。富は、東洋の哲学者にとりては、必ず徳の結果である。」（鈴木訳（昭和一六）六九—七〇頁）と表現されている。個人の道徳、倫理を正しくすることによって（国家倫理も正しくなり）国も栄えるという思想である。

内村は、日中間の一体性を必然と考えていた。「日本は支那を離れて考ふべからずである、支那あつての日本である、支那を離れて日本は存在することができない、地理的にさうである、経済的に、政治的に、道徳的にさうである。」（内村鑑三（一九八三）三四　五五頁　一九二二年（大正一一）六月一〇日の日記）と内村は言う。『孟子』巻第一で「王何ぞ必ずしも利を曰はん、亦仁義ある而已《のみ》矣」と言ったことに対して、「利よりも仁義を貴んだ所はたしかに偉大である。」とし、自分の一生で患難に際して幾たびか『孟子』の言は自分を慰めてくれたと述べている。（一九二六年（大正一五）一一月「孟子を読む」　内村鑑三（一九八三）三〇　一五九頁。）内村鑑三は「愛」とともに「義」の人であった。それは中国の古典から得たものでもあった。

## 五　結語

以上、近現代一＝明治・大正の「日本の中国観」を考察してきた。明治維新以来、日本は西欧の「万国公法」を基準として中国に対したが、清国は冊封体制、朝貢体制の維持を基本として日本に対処した。日本は、明治前期、中国を政治的に「固陋《ろう》」の国と見、日清戦争後は「国家形成力のない中国」を軽侮した。もっとも、中国を軽侮する者だけではなく、すでに考察したように、勝海舟、岡倉天心、宮崎滔天、吉野作造、石橋湛山、内村鑑三といった日中提携論者もいた。内藤湖南は、文化的に中国のことを尊敬していた。帝国主義者となった徳富蘇峰も、中国には一目置くところがあった。石川啄木は、国家そのものに対して対決姿勢をとり、その視点から中国蔑視からは自由であった。

思うに、日本の中国への軽侮心は明治以来のもの、より古くは日本の小中華主義に由来するものである。日本には中国に対する対抗心、「負けじ魂」（徳富蘇峰（二〇〇七）一三七頁　徳富蘇峰の言った言葉）が存在し、それが強く出すぎると軽侮心になる。明治以降、日清・日露戦争を経て、日本は近代化＝欧米化を成し遂げ、アジアにもそれを成し遂げさせる使命＝道義があると思い込み、アジア・モンロー主義とともに、武力によって、中国へ侵攻していった。政治・軍事を中心とするのではなく、文化を中心とする中国観の新たなる創出が今、必要とされている。そう思うのは筆者一人ではないであろう。より具体的には、自文化理解と異文化理解としての中国理解の両方が必要とされている。日本の中国観の理解は、自文化理解（「日本という色眼鏡」でどのように中国を見てきたか、現在、見ているのかという理解）の側面と異文化理解としての中国理解（日本とどのように異なった文化が中国文化であるのかという理解）の両面がある。

〔引用文献・参考文献〕


（1）小倉和夫（二〇一三）『日本のアジア外交　二千年の系譜』藤原書店
（2）拙稿『日本の中国観（日本の原始―近世の歴史に関連して―）』
（3）松本三之介（一九九五）〈解説〉吉野作造（一九九五）『選集』一一所収
（4）吉野作造（一九九五）『吉野作造選集』（『選集』と略す）一一　岩波書店
（5）吉野作造（一九二七）「我国近代史に於ける政治意識の発生」吉野作造（一九九五）『選集』一一所収
（6）牧原憲夫（二〇〇六）『民権と憲法シリーズ　日本近現代史②』岩波書店　岩波新書（新赤版）一〇四三
（7）成田龍一（二〇〇七）『大正デモクラシー　シリーズ日本近現代史④』岩波書店　岩波新書（新赤版）一〇四五
（8）西田毅（二〇〇九）序章　近現代における政治思想の軌跡　西田（二〇〇九）所収
（9）西田（二〇〇九）『概説　日本政治思想史』ミネルヴァ書房
（10）伊藤之雄（二〇一〇）『日本の歴史㉒　政党政治と天皇』講談社　講談社学術文庫
（11）毛利敏彦（一九九六）『台湾出兵』中央公論社　中公新書一三一三
（12）松本三之介（二〇一一）『近代日本の中国認識』以文社
（13）松永昌三（二〇〇一）『福沢諭吉と中江兆民』中央公論新社　中公新書一五六九
（14）岡本隆司（二〇一一）『李鴻章―東アジアの近代』岩波書店　岩波新書（新赤版）一三四〇
（15）慶応義塾編（一九五八―一九六四）『福沢諭吉全集』岩波書店

(16) 安川寿之輔（二〇〇〇）資料「福沢諭吉のアジア認識の軌跡」高文研　安川（二〇〇〇）所収
(17) 安川寿之輔（二〇〇〇）『福沢諭吉のアジア認識　＊日本近代史像をとらえ返す』高文研
(18) 福沢諭吉「日支韓三国の関係」慶応義塾偏（一九五八—一九六四）『福沢諭吉全集』第八巻所収
(19) 福沢諭吉「朝鮮事変の処分法」慶応義塾偏（一九五八—一九六四）『福沢諭吉全集』第一〇巻所収
(20) 福沢諭吉「脱亜論」福沢諭吉著　岩谷十郎　西川俊作編（二〇〇三）第八巻所収
(21) 福沢諭吉著　岩谷十郎　西川俊作編（二〇〇三）『福沢諭吉著作集』慶応義塾出版会
(22) 福沢諭吉「直に北京を衝く可し」慶応義塾偏（一九五八—一九六四）『福沢諭吉全集』第一四巻所収
(23) 福沢諭吉（一八七五）『文明論之概略』福沢諭吉著　岩谷十郎　西川俊作編（二〇〇二）慶応義塾出版会　第四巻所収
(24) 田中王堂（一九八七）『福沢諭吉』みすず書房
(25) 半沢弘（一九七五）「田中王堂《多元的文明論の主張》」朝日ジャーナル編集部編（一九七五）所収
(26) 朝日ジャーナル編集部編（一九七五）『新版　日本の思想家　中』朝日新聞社　朝日選書四五
(27) 高坂正顕（一九九九）『明治思想史』燈影舎
(28) 子安宣邦（二〇〇五）『福沢諭吉『文明論之概略』精読』岩波書店　岩波現代文庫
(29) 色川大吉（二〇〇八）『明治精神史』（下）岩波書店　岩波現代文庫　学術二〇〇
(30) 徳富蘇峰（一九一八）『支那漫遊記』監修　小島晋治（平成一一）第六巻所収
(31) 監修　小島晋治（平成一一）『大正中国見聞録集成』ゆまに書房
(32) 松浦玲（二〇一〇）『勝海舟』筑摩書房
(33) 勝海舟／江藤淳・松浦玲（二〇〇〇）『氷川清話』講談社　講談社学術文庫
(34) 松本三之介（一九九六）第六章　中江兆民における伝統と近代—その思想構築と儒教の役割—　松本三之介（一九九六）所収
(35) 松本三之介（一九九六）『明治思想における伝統と近代』東京大学出版会
(36) 藤田昌志（二〇一一）『明治・大正の日中文化論』三重大学出版会
(37) 大岡信（昭和五〇）『岡倉天心』朝日新聞社　朝日評伝選四
(38) 藤田昌志（二〇一二）「高山樗牛の日本論・中国論」日本比較文化学会（二〇一二）Ｎｏ．一〇一所収

(39) 日本比較文化学会（二〇一二）『比較文化研究』No．一〇一
(40) 石川啄木（明治四三年）「時代閉塞の現状」　石川啄木（一九八〇）所収
(41) 石川啄木（一九八〇）『石川啄木全集』第四巻　評論・思想　筑摩書房
(42) 石川啄木（一九七九）『石川啄木全集』第七巻書簡　筑摩書房
(43) 藤田昌志（二〇一二）「石川啄木の日本論・対外論」　日本比較文化学会（二〇一二）No．一〇四所収
(44) 日本比較文化学会（二〇一二）『比較文化研究』No．一〇四
(45) 榎本泰子（二〇一三）『ミネルヴァ日本評伝選　宮崎滔天―万国共和の極楽をこの世に―』ミネルヴァ書房
(46) 北輝次郎（昭和三四）二、孫逸仙の米国的理想は革命党の理想にあらず　北輝次郎（昭和三四）所収
(47) 北輝次郎（昭和三四）十六、東洋的共和制とは何ぞや　北輝次郎（昭和三四）所収
(48) 北輝次郎（昭和三四）『北一輝著作集』第二巻『支那革命外史』みすず書房
(49) 三谷太一郎編（昭和四七）『日本の名著四八　吉野作造』中央公論社
(50) 吉野作造（一九九六）『選集』八　岩波書店
(51) 吉野作造（一九一九）「北京大学学生騒擾事件に就いて」　吉野作造（一九九五）『選集』九所収
(52) 吉野作造（一九九五）『選集』九　岩波書店
(53) 吉野作造（一九一八・一・三）「評論家としての自分並佐々木政一先生のこと」（一九九五）『選集』一二所収
(54) 吉野作造（一九九五）『選集』一二　岩波書店
(55) 吉野作造（一九二四）「支那の将来」（一九九五）『選集』九所収
(56) 内藤湖南（一九一四）『支那論』　内藤虎次郎（平成九）『内藤湖南全集』（『全集』と略す）第五巻所収
(57) 内藤虎次郎（平成九）『全集』第五巻　筑摩書房
(58) 内藤湖南（一九二四）『新支那論』内藤虎次郎（平成九）『全集』第五巻所収
(59) 内藤湖南（一九二八）「近代支那の文化生活」内藤虎次郎（平成九）『全集』第八巻所収
(60) 内藤虎次郎（平成九）『全集』第八巻　筑摩書房
(61) 増田弘（一九九五）『石橋湛山』中央公論社　中公新書一二四三

(62)　石橋湛山（大正一〇）「大日本主義の幻想」　石橋湛山（昭和四六）第四巻所収
(63)　石橋湛山（昭和四六）『石橋湛山全集』東洋経済新報社　第四巻
(64)　石橋湛山（一九一四）「先ず功利主義者たれ」　石橋湛山（昭和四六）第一巻所収
(65)　石橋湛山（昭和四六）『石橋湛山全集』東洋経済新報社　第一巻
(66)　石橋湛山（一九二八）「支那は先ず其実力を養うべし」　石橋湛山（昭和四六）第六巻所収
(67)　石橋湛山（昭和四六）『石橋湛山全集』第六巻　東洋経済新報社
(68)　石橋湛山（一九二八）「駄々ッ子支那　軽薄なる列強の態度　我国は特別利益を棄てよ」石橋湛山（昭和四六）第六巻所収
(69)　A．コズイラ（二〇〇一）『日本と西洋における内村鑑三―その宗教思想の普遍性』教文館
(70)　澁谷浩（一九八八）『近代思想史における内村鑑三―政治・民族・無教会論』新地書房
(71)　内村鑑三著　鈴木俊郎訳（昭和一六）『代表的日本人』岩波書店　岩波文庫　昭和四九年　第三〇刷
(72)　内村鑑三（一九二二）六月一〇日の日記　内村鑑三（一九八三）三四所収
(73)　内村鑑三（一九八三）『内村鑑三全集』三四　岩波書店
(74)　内村鑑三（一九二六）「孟子を読む」　内村鑑三（一九八三）三〇所収
(75)　内村鑑三（一九八三）『内村鑑三全集』三〇　岩波書店
(76)　徳富蘇峰（二〇〇七）『徳富蘇峰　終戦後日記Ⅲ―『頑蘇夢物語』歴史篇』講談社
(77)　梅原猛（一九七六）解説　岡倉天心（一九七六）所収
(78)　岡倉天心（一九七六）『近代日本思想大系　岡倉天心集　編集／梅原猛』筑摩書房

# 日本の中国観
## ——近現代二（昭和—現在）——

キーワード：満州事変　殲滅戦略（決戦戦争）構想　〝以徳報怨〟中帰連　小中華主義

## 一　序

本章では、昭和から現在に至る日本の中国観について考察する。明治・大正時代以上に昭和から現在を扱うことには困難が伴う。現在、六〇代半ばの日本人でも日本の近現代史は学校でよく学ばなかった。それは利害が生々しく関係し（個人の名誉や生き方が抜き差しならない形で問われることもある）、一つの論を立てれば、すぐさま異論が立てられ、収拾がつかなくなることから、できるだけ触れるのを避けようとするエトス（＝基礎的な精神的雰囲気）が前代から生じていることによる。過去における、イデオロギーによる単純な色分けの是非も論じられなければならないが、かつて批判され葬り去られたものが「先祖返り」的に復活する現状に鑑みて、ある著名作家などに狂気の時代として切り捨てられた昭和前期（一九二六年（昭和元）一二月二五日—一九四五年（昭和二〇）九月二日）、そしてそれ以後の昭和中期（一九四五年（昭和二〇）九月二日—一九五二年（昭和二七）四月二八日）、昭和後期（一九五二年（昭和二七）四月二八日—一九八九年（昭和六四）一月七日）（保坂正康（二〇〇七）まえがき　七頁）、その後の平成時代についても再考察する必要がある時代に我々は生きている。筆者はその再考察を「日本の中国観」という視点から行う。以下、二　昭和―現在という時代について　三　昭和前期の日本の中国観　四　昭和中期・後期・平成・令和の日本の中国観　五　結語―の順で「日本の中国観―近現代二（昭和―現在）―」について考察したいと思う。以上、序とする。

## 二　昭和―現在という時代について

昭和から現在までの日本の中国観について考察する前知識として、昭和から現在までの日本の現代史について考察しておきたい。

**昭和前期**（一九二六年（昭和元）一二月二五日―一九四五年（昭和二〇）九月二日）について。一九二六年（大正一五）一二月、暮れも差し迫った二五日、大正天皇が四七歳で没すると、摂政裕仁《ひろひと》親王が践祚《せんそ》して、昭和と改元される。一九二六年（大正一五）七月九日、中国の国民革命軍は北伐を開始した。翌一九二七年（昭和二）四月一八日、蔣介石は南京に国民政府を樹立し、一九二八年（昭和三）には北伐を再開する。一九二七年五月二八日、田中義一首相は日本の支持する北方の張作霖支援のために国民革命軍の北伐を阻止しようとして第一次山東出兵を行う。第一次山東出兵に関して日本側に好感を抱いていた英米も一九二八年（昭和三）四月の居留民保護を大義名分とした第二次山東出兵以降の展開には警戒感を隠さず、五月三日の済南《さいなん》事件（国民革命軍と日本軍の間に軍事衝突が起こり、日本軍が済南城を攻撃・占領した事件）後、九月には英国は日本との提携はもはや不可能との結論を下した。（加藤陽子（二〇〇七）八七―八八頁。）

一九二八年六月三日午前一時一五分、張作霖の乗った列車は関外へ退去するため北京駅を発ったが、四日早朝、関東軍高級参謀、河本大作《こうもとだいさく》らによって皇姑屯《こうことん》で爆破され、張はその日のうちに死亡し、張作霖爆殺事件の責任追及に失敗した田中内閣は翌年、総辞職する。

一九二九年（昭和四）一〇月にアメリカのニューヨーク、ウォール街で始まった恐慌は世界に広がり（世界恐慌）、一九三〇年一月の浜口雄幸《はまぐちおさち》内閣による金輸出解禁は「嵐の中で雨戸を開く」ような結果を招いた。輸出はふるわず、逆に外国からの安い商品が流れ込み大量の金が海外流出して、経済界は混乱し、不況が深刻化した。（昭和恐慌。）経済政策の失敗により、国民の間に政党政治と財閥に対する不信感が急速に広がった。

一九三〇年（昭和五年）のロンドン海軍軍縮条約に浜口内閣は調印し、日・米・英の海軍の補助艦保有量の制限を取り決めた。これに対し、海軍強硬派は「統帥権干犯《とうすいけんかんぱん》」であると攻撃し、浜口首相は右翼青年に狙撃され、翌年、それがもとで死亡し、協調外交路線はゆきづまっていった。

一九三一年（昭和六年）九月一八日、関東軍は柳条湖《りゅうじょうこ》事件によって、中国への攻撃を開始し、満州事変が始まると、有力新聞はこぞってそれを支持した。「渇しても盗泉の水は飲むな」と子供の頃から教えられてきた吉野作造にとって、新聞と無産政党の「沈黙」（＝満州事変への批判がないこと）は最も遺憾であり意外なことに思われた。（加藤陽子（二〇〇七）。）

翌一九三二年（昭和七）三月一日の満州国の建国宣言、五月一五日の五・一五事件、九月一五日、日本政府の日満議定書の調印による満州国の承認、一〇月三〇日の熱海事件（共産党一斉検挙）と、軍、国家による強権が猛威を振るう。同年二月三月に、それらに呼応するかのように民間側で起こった血盟団事件は、日蓮宗僧侶井上日召《にっしょう》と日召に師事する農村青年が前蔵相井上準之助、三井合名理事長団琢磨を暗殺した事件である。彼らは農村の疲弊・統帥権干犯・政党政治の腐敗・財閥の横暴という現状を憂いて、軍事政権が必要だと判断していた。すでに暴力が公然と国内を闊歩していた。（保阪正康（二〇〇七）。）

一九三二年一〇月のリットン調査団の報告書は、満州における日本の特殊権益に理解を示し、満州に自治権を持った政府を作るという妥協的なものであったが、軍部や国内世論の強い突き上げによって、斉藤実《まこと》内閣はリットン報告書公表（一〇月二日）の直前に満州国を正式に承認する。（九月一五日、日満議定書の調印が行われ、日本は「満州国」を正式に承認。）翌一九三三年（昭和八）二月、国際連盟臨時総会はリットン報告書に基づいて、満州国を占領している日本軍の撤退などを求める勧告案を圧倒的多数で可決した。同年三月、日本は国際連盟脱退を通告し（発効は一九三五年）、国際協調路線を大きく方向転換して、孤立化の道を歩むことになる。

一九三五年（昭和一〇）二月の美濃部達吉排撃の天皇機関説事件や国体明徴運動は「日本主義、国体観念への自覚という流れ」（保阪正康（二〇〇七）七五頁）の表れである。これは昭和前期の第二期（一九三三年（昭和八年）から一九四〇年（昭和一五年）まで）の一つの流れを代表するが、第二期の他の二つの流れとしては「暴力事件の系譜」（ｅｘ．一九三五年（昭和一〇）八月の永田鉄山軍務局長殺害事件、翌年の二・二六事件）と「政治が軍事主導体制に進んでいく流れ」（ｅｘ．一九三六年（昭和一一）の二・二六事件後の五月七日の陸・海軍省官制改正（軍部大臣現役武官制度復活））がある。（保阪正康（二〇〇七）七四―八三頁。）

一九三七年（昭和一二）七月七日盧溝橋《ろこうきょう》で日中両軍が衝突し（日中戦争始まる）、一二月には南京事件（南京大虐殺）が起こる。一九三八年一月、第一次近衛内閣は今後「国民政府を対手《あいて》にせず」という声明（近衛声明）を出し、みずから和平の機会を断ち切った。近衛内閣は日中戦争の目的を「東亜新秩序」の建設にあるとして、汪兆銘（精衛）を中心にし一九四〇年（昭和一五）南京に新政府を作らせた。

一九三八年、日中戦争の長期化に伴い国家総動員法が制定され、軍需産業がめざましく発達した。一九三九年（昭和一四）九月一日、ドイツ軍がポーランドに侵攻し第二次世界大戦が始まり、日本は翌一九四〇年（昭和一五）九月、日独伊三国同盟を締結する。一九四一年（昭和一六）、日本は真珠湾を奇襲攻撃しアメリカ、イギリスに宣戦布告したが、初期の勝利の後、戦局は悪化し、一九四五年（昭和二〇）八月一五日、天皇の玉音放送によって国民は「終戦」を知らされることとなった。

**昭和中期**（一九四五年（昭和二〇）九月二日—一九五二年（昭和二七）四月二八日）について。降伏文書に調印した一九四五年（昭和二〇）九月二日からサンフランシスコ講和条約が発効する一九五二年（昭和二七）四月二八日までが昭和中期である。（保阪正康（二〇〇七）まえがき　七頁。）

一九四五年（昭和二〇）九月二日、東京湾に停泊していた米国戦艦ミズーリ号で降伏文書に署名した日本は、アメリカの言うことにすべて従うという条件のもとに降伏する。（孫崎享（二〇一二）二九頁。）アメリカを中心とする連合国によって日本を占領支配する機関として発足したＧＨＱ（General Headquarters）（＝連合国最高司令官総司令部）がサンフランシスコ条約、発効の、一九五二年（昭和二七）四月二八日まで日本占領の具体的な指示を出し、それが現実化されているかどうかを確認する機関として、換言すれば「実質的な政府」として日本を支配した。ＧＨＱの最高司令官であるダグラス・マッカーサーは「日本政府の影の責任者」（保阪正康（二〇〇七））として①民主化②非軍事化③戦争犯罪人の処分——というＧＨＱの基本方針を実行に移した。（①には農地改革、婦人の参政権を認める、学校教育の民主化、労働組合の組織化の推進などが含まれる。③として極東軍事裁判所（東京裁判）（一九四六年（昭和二一）五月三日〜一九四八年（昭和二三）一一月一二日）の開廷が挙げられる。）これらの基本方針は、換言すれば、アメリカ政府が天皇をどのように扱うか、新憲法をどのように作るか、旧体制の指導者たちを裁く東京裁判をどのような形で実施していくか——という三点こそが最も重要だと考えていた（保阪正康〔二〇〇七〕一二二頁）ことを意味している。

占領期間、マッカーサーは昭和天皇と一一回にわたり会見しているが、天皇は一九四六年（昭和二一）一月一日「新日本建設に関する詔書」を発して、いわゆる「人間宣言」を行い、自らの神格化を否定し、「朕《ちん》と爾《なんじ》等国民トノ間ノ紐帯《ちゅうたい》ハ終始相互ノ信頼ト敬愛トニ依リテ結バレ、単ナル神話ト伝説トニ依リテ生ゼルモノニ非ズ」と述べている。天皇は同年二月から巡幸を始め全国行脚《あんぎゃ》が続いたが、一九四八年（昭和二三）の一年間は天皇と国民の関係が戦前のようになっては困ると、GHQは天皇巡幸《じゅんこう》の中止命令を出している。

新憲法については、GHQ案をもとにして日本案を作り、政府とGHQの間でやりとりはあったが、第一条の「天皇の象徴化」と第九条の「戦争の放棄」は変更されなかった。

東京裁判では、七人の死刑組（松井石根、東條英機、広田弘毅、土肥原賢二、木村兵太郎、板垣征四郎、武藤章）の処刑が一九四八年（昭和二三）一二月二三日に行われ、A級戦犯の起訴は二八人であったが、うち一五人は陸軍の軍人で、軍政（軍の政治を行う。予算や人事を管轄する。）の側が多く、軍令（作戦を管轄する。）の側はA級戦犯に指名されなかったことから、明らかに軍政の側を裁く意思があった（保阪正康〔二〇〇七〕一二五―一二六頁）と考えられる。

一九四七年三月のトルーマン・ドクトリンの発表等による冷戦の始まり、朝鮮戦争（一九五〇年（昭和二五）六月～一九五三年（昭和二八）七月）と、歴史は急展開を遂げていく。アメリカは日本を共産主義の防波堤とすることを考え、日本の再軍備を行う。

**昭和後期**は一九五二年（昭和二七）四月二八日から一九八九年（昭和六四）一月七日の期間であり、その後が**平成**の期間（一九八九年（平成元）一月八日―二〇一九年（平成三一年）四月三〇日）である。

独立を回復した日本はそれまでの占領期に生まれた、アメリカの顔色を見て態度を決めるという対米追従的態度、更にはアメリカに迎合すればいいという姿勢＝「占領根性」を持ちつつも、自主的態度も時に持ちながら（孫崎享（二〇一二）一二四―一二五頁　三六七―三六九頁）歴史を歩んできた。

一九五四年（昭和二九）三月一日、アメリカのビキニ環礁で行われた水爆実験のために乗組員が被曝した第五福竜丸事件によって反原水爆運動が広がると、「毒を以て毒を制する」方策を用い、原子力の平和利用をうたいあげ、反原水爆運動をつぶす動きが生じた。政界では、三月三日に中曽根康弘等を提案者とする初の原子力予算が衆議院に提出されている。（孫崎享（二〇一二）一七四―一七八頁。）「原子力の平和利用」が合法化されたのである。東日本大震災（二〇一一年（平成二三年）三月一一日）が起こる種が播かれたのである。法も悪法がある。「法の支配」を強調した首相はすでにやめたが、「法の支配」の「法」がすべて善なるものであるとは言えないことを我々は学ぶべきである。

一九六〇年（昭和三五）一月、岸信介《のぶすけ》内閣が日米相互協力及び安全保障条約（新安保条約＝アメリカ軍の日本防衛義務、軍事行動の際の日本側との事前協議、相互の防衛力強化などが規定されていた。）に調印すると、国内の革新勢力は日本をアメリカのアジア戦略に組みこむものだとして反対運動を進め（根底に再び戦争が起こることへの怖れがあった）、安保闘争が国民的規模で高まった。安保騒動のピークである六月一七日、朝日新聞や毎日新聞は暴力排除、議会主義擁護を内容とする七社共同宣言を出し、その流れはすっかり変わってしまう。マッカーサー駐日大使やＣＩＡの意向を受けた朝日の笠信太郎などが安保反対者を批判する側にまわった、米国の圧力を受けての変化であった（孫崎享（二〇一二）二〇八―二一二頁）と考えられる。

国会の承認によって同年六月、新安保条約は成立したが、岸内閣は翌月退陣し、そのあとを吉田茂の推薦した池田勇人が継ぎ、七月一九日、池田勇人内閣が成立する。そのことによって、吉田茂の徹底した対米追従路線が存続することになった。同年一二月の池田首相の「所得倍増計画」が大成功し、対米追従路線がさらに半世紀続く。（孫崎享（二〇一二）。）

日本は戦後、一九五二年（昭和二七）四月二八日、日華平和条約調印（八月五日発効）等により親台湾の政策をとってきたが、大陸中国とも政治抜きの経済中心の経路を保ち、一九五四年（昭和二九）九月には日中国際貿易促進協会を結成している。日本は戦後、中国との関係改善を目指していたが、そのつど「日本が中国との関係改善に向かえば日米関係が悪化する」と米国側から脅されていて、中国の国連加盟問題では日本は加盟を阻止するための急先鋒の役割を担わされた。一九七一年（昭和四六）七月のニクソン大統領の抜き打ちでの訪中発表は、繊維問題での（密約の）合意事項を実行しなかった（＝日本製繊維の輸出規制をしなかった）佐藤首相への報復であったとする識者の言辞（孫崎享（二〇一二）二三三―二五二頁）もある。日本も大勢に遅れまいと、翌一九七二年（昭和四七）、日中共同声明に調印する。

日本経済の低迷は一九八五年（昭和六〇）のプラザ合意から始まり（孫崎享（二〇一二））、一九八八年（昭和六三）のＢＩＳ規制（バーゼル合意）では総リスク資産に対して自己資本比率八％を持つことが決められたが、そこには日本の銀行の競争力を弱める狙いがあった（孫崎享（二〇一二））とする考えもある。

一九八九年（平成元）一二月二日、ブッシュ、アメリカ大統領とゴルバチョフ、ソ連書記長がマルタ島で会談し、翌三日、冷戦終結を確認し、一九九一年（平成三）一二月二五日、ゴルバチョフがソ連大統領を辞任して、翌二六日、ソ連邦は消滅した。冷戦が終結した結果、経済的にはアメリカにとって日本が最大の脅威となり、またアメリカの軍事力の維持のためには新たなアメリカの脅威が必要となり、そこでクローズアップされたのがイラク・イラン・北朝鮮という「ならず者国家」であった。（孫崎享（二〇一二）三一一―三二四頁。）

脅威である日本の経済力をそぐためには、アメリカの軍事戦略に日本を組み込み、金を使わせる必要がある、そこから「日米同盟の強化をはかる、そのために同盟国である日本の貢献を必要とする」というアメリカの方針が出てきた。（孫崎享（二〇一二）三一四―三一五頁。）一九九一年（平成三）一月一七日～二月二七日のアメリカ主導の多国籍軍によるイラクへの空爆＝湾岸戦争（日本は総額一三〇億ドルの資金協力を行った）、一九九二年（平成四）のＰＫＯ法案（「国際連合平和維持活動に対する協力に関する法律」）の採択による、資金協力以外の人的貢献のできる体制の成立は、その文脈で考える必要がある。もっともアメリカの凋落も現実であり、中国の台頭をいたずらに脅威ととらえるのでなく、政治・軍事でない、経済・文化を中心とした近隣諸国との関係を構築すべき時代に我々が生きていることを銘記すべきである。

## 三　昭和前期（一九二六年（昭和元）一二月二五日―一九四五年（昭和二〇）九月二日）の日本の中国観

以下、**昭和前期の日本の中国観**である。**昭和前期**（一九二六年（昭和元）一二月二五日―一九四五年（昭和二〇）九月二日）の始まる五か月前の一九二六年（大正一五）七月、中国の国民革命軍は北伐を開始した。北伐に対して幣原《しではら》喜重郎外相は英米協力を軸に、中国政策については　武力干渉より経済進出に主眼をおいた。これに対して、陸軍・立憲政友会・財界は軟弱外交と非難し、満蒙権益保護と在留邦人保護を要求した。一九二七年（昭和二）三月、片岡直温《なおはる》蔵相の渡辺銀行破綻発言によって金融恐慌が勃発し、政友会と気脈を通じている伊藤巳代治枢密顧問官らの画策によって台湾銀行救済緊急勅令案を否決された若槻礼二内閣は総辞職する。後任には対中国強硬外交を唱える政友会の田中義一総裁が就いて内閣を組織することとなった。田中は外相を兼任し、外務政務次官には対中国強硬派の森恪《つとむ》が就任した。田中は高橋是清を蔵相に起用し、モラトリアムを発して日本銀行の特別融資で恐慌を収拾した。その一方で、田中は一九二七年五月に北伐軍が日本権益のある山東省に迫ると、在留邦人の生命、財産の保護を理由にして、五月二八日、第一次山東出兵を強行する。出兵の真の狙いは北伐軍の北上、それによる中国統一を妨げ、満州軍閥張作霖を擁護して、日本の満蒙権益を守ることにあった。（ここまでの記述は阿部（二〇〇五）一四三―一四五による。）

一九二七年八月、蔣介石の北伐軍が徐州で孫伝芳軍に予期せぬ敗北を喫したこと、武漢側国民党の蔣介石下野への固執などによって、蔣介石は八月に下野し、九月末、私人の資格で日本を訪問する。多くの要人と会見するが、一一月五日には田中義一首相と非公式会談を行っている。会談で田中は蔣に北伐を急がず、長江以南を固めることを繰り返し求めた。田中は蔣の関内（長城の南側）での覇権を容認し、張作霖を東三省（黒龍江・吉林・奉天［遼寧］の三省、いわゆる満州）の統治に専念させることで国民革命軍との衝突を回避させようという考えを持っていた。

蔣は北伐は列強の利益を守ることにつながると訴え、日本がかつてのソ連のように北伐を援助してくれるようにと要請した。田中ははっきりとした言質《げんち》を与えず、会談は二時間にわたったが、具体的な合意を得るには至らなかった。（石川禎治（二〇一二）四二―四四頁。）

一九二八年（昭和三）四月、蔣介石は北伐を再開し、田中内閣は再度、山東省に派兵した。（第二次山東出兵。）五月三日には日中両軍が済南《さいなん》で衝突し、済南事件が起こっている。（阿部（二〇〇五）。）

吉野作造は一九二七年（昭和二）八月、第一次山東出兵の三か月後に「対支出兵問題」の中で、赤裸々に山東出兵批判の言辞を述べている。「よその国に居て、而もその国の市民が血みどろになつて国運改新の悪戦苦闘を続けて居る真中に踏み留つて、己の軀に一指をも触れさせまいとするのは余りに虫のよ過ぎる要求ではあるまいか。生命財産が惜しくば速に一時引き揚げるがよい」。（吉野（一九九五）『選集』九　三四一―三四四頁。）ここには吉野の他国を見つめる節度ある視点と国境を越えた普遍的な人間感覚の表出を見出すことができる。（松本三之介（二〇一一）。）

蔣介石は済南を迂回して北伐軍を進め北京に迫ったが、日本の勧告で奉天に引き揚げることになった張作霖の乗った車両は、張の排除と満蒙分離、新政権樹立を画策する関東軍高級参謀河本大作《こうもとだいさく》大佐の指示によって一九二八年（昭和三）六月四日午前五時二〇分頃、京奉線と満鉄線のクロスする地点、皇姑屯で爆破され、張はその日のうちに死亡する。張作霖爆殺事件の直後、蔣介石は北京に無血入城し北伐の完了を宣言した。張作霖爆殺事件の真相究明は陸軍・閣僚・政友会幹部の反対にあい、うやむやにせざるを得ず、そのため、天皇に前の上奏（事実であれば関東軍の厳重処分を約した）との矛盾を強くとがめられた田中は天皇の信任を失ったとして一九二九年（昭和四）七月総辞職する。（阿部（二〇〇五）一四九—一五〇頁。）

一九二九年一〇月二四日、ニューヨーク株式市場の暴落によって世界恐慌が始まり、日本経済も一九三〇年（昭和五）春から不況のどん底に陥った。中国でも①済南事変以後、顕著になった排日傾向や②南満州鉄道（満鉄）の経営悪化③張学良体制下での満州利権交渉の不調——などによって、一九三〇年（昭和五）秋には日本の対中政策は全く行き詰まってしまった（石川禎浩（二〇一〇）七二頁）。

そうした事態を打開するために、満蒙問題の解決は日本が満蒙を領有することによって初めて達成されるという考えを持つ関東軍参謀石原莞爾《いしわらかんじ》が同高級参謀板垣征四郎らと起こしたのが、一九三一年（昭和六）九月一八日の柳条湖事件であった。同日夜、関東軍は奉天北郊の柳条湖で満鉄線を爆破し、張学良軍の駐屯する北大営《ほくだいえい》と奉天に砲撃を加えた。現地の関東軍部隊から旅順の司令部へは、中国軍が鉄道を破壊して守備兵を襲い、救援に駆けつけた日本軍と衝突したと報告されていた。この謀略事件によって南満州の要衝の地である奉天、営口《えいこう》、長春などの一八都市が一日のうちに瞬く間に関東軍によって占領された。日本では「満州事変」と呼び、中国では「九一八事変」と言う。

関東軍が短期間で満州を制圧できた理由として次のことが挙げられる。①張学良が閻錫山《えんしゃくざん》ら反蒋蜂起鎮圧のため北平周辺に出動した一瞬の隙《すき》を突いて奇襲作戦を展開したこと。（関東軍の兵力が一万人に対して、奉天軍閥は三六万余人であったが当時、五万余の留守部隊しか満州に駐在していなかった。（小林英夫（二〇〇七）二九頁。））②蒋介石が不抵抗方針を採ったこと。（石川禎浩（二〇一〇）七五―七六頁　八〇―八一頁。）（蒋は「安内攘《じょう》外」（内を安んじ、しかるのちに外を攘《はら》う）策を採った。）　張学良もその方針に従った。

石原莞爾はベルリン大学教授デルブリュックの『政治史から見た戦争史』がヨーロッパ戦争史を殲《せん》滅戦略と消耗戦略の二つの概念を使って説明したのに倣い、それを決戦戦争と持久戦争に言い換え、第一次世界大戦は持久戦争（消耗戦略戦争）であったが、来るべき未来戦は「欧米の雄」アメリカと「東洋の雄」日本の決戦戦争（殲滅戦略戦争）であると考えた。満州を占領し、そこを基地にして耐えうる国力を蓄え、ソ連を抑えつつ、アメリカとの決戦戦争に備えることを考えた、「持久戦争的な決戦戦争」を構想していた。（小林英夫（二〇〇七）一六―一七頁。）石原は日本人の中国観として「日本人が（筆者注：中国で）尊大ぶって車夫に払う金を地面に叩きつけ投げ与える如き」、「相手を軽蔑し差別待遇する」ものであるとして「憤慨した。」（阿部（二〇〇五）九三―九四頁）と言うから、中国、中国人に対して差別的感情は持っていなかったように見受けられる。いや、石原莞爾は自らの宗教的信念も手伝って、満州にアジアにおける解放を実現し、そしてヨーロッパの進出から自由になる「王道楽土」をつくろうという理想を掲げたと言えよう。満州にアジアの五族がいっしょになった共和体（＝「五族協和」）を作ろうと彼は考えたとする識者の言辞もある。（利根川裕（二〇〇三）四九―五〇頁。）

石原は日中戦争不拡大論者であったが、軍隊、戦闘の敗北に重きを置かぬ政治文化を持つ国（＝中国）では消耗戦争（持久戦争）になると考えていた。（加藤陽子（二〇〇七）一〇二頁。）一九二九年（昭和四）京都府相楽郡瓶原《みかのはら》村の内藤湖南の恭仁《くに》山荘を訪ね、日本の国力で満州支配はどれぐらい続くと思われるかと問うと、湖南は「まあ北魏のあたりまでもいけますまい」と答えたと言う。即ち征服王朝の清や元には遠く及ばないと言う意味であった。（阿部（二〇〇五）一五〇―一五一頁。）

日本の陸海軍軍人は欧米に留学して新知識を吸収することには全力をあげても中国の軍について観察、研究しようとしなかった。こうした中国無視の風潮に満州事変時の関東軍の成功体験が重なって日本軍の中に中国軍を軽視する考え方が醸成され助長されていった。（小林英夫（二〇〇七）七〇頁。）

一九三七年（昭和一二）一二月、中央公論社から特派員として陥落後の南京に派遣された石川達三は翌年の『中央公論』三月号に「生きている兵隊」を発表した。この作品は告発――起訴という筆禍事件を引き起こした。「第一審公判調書」における判事との問答の注意すべき点を、識者は次のように挙げている。石川氏は南京では将校とほとんど接せず、兵士の間に交わりその話を聞くことに力を注いだ。占領地放火の場面、砂糖を盗んだ中国人料理人を武井上等兵が殺す場面、老婆から牛を掠奪する場面などが問題にされる。その上で判事がそんなことを書いたら〈日本軍人ニ対スル信頼ヲ傷付ケル結果ニナラヌカ〉と問うたのに対して、作者石川氏は敢然と答えている。〈ソレヲ傷付ケ様ト思ツタノデス。大体国民ガ出征兵ヲ神ノ如クニ考ヘテ居ルノガ間違ヒトモツト本当ノ人間ノ姿ヲ見其《ソ》ノ上ニ真ノ信頼ヲ打チ立テナケレバ駄目ダト考ヘテ居リマシタノデ其国民ノ考ヘヲ打破シヤウト思ツタノデス〉。（注：濁音等適宜、筆者が補った。）（久保田「解説」（昭和四七年）三三一―三三二頁　石川達三（昭和四八年）所収。）小説の中で石川氏は「殊《こと》に兵の感情をいらだたせる原因となったものは支那兵が追いつめられると軍服をすてて庶民の中にまぎれ込むという常套手段であった。」（石川達三（昭和四八年）八四―八五頁）と書いている。日本兵と中国兵では戦闘方法が異なっていた。そのことが疲弊していた日本兵の心を更にすさむものにした。

日本は満州事変後、一九三二年（昭和七）三月一日に日本の傀儡国家「満州国」を打ち立てた。日本を中心とする列強の共同管理のもとに東三省を置く構想を示した、日本にかなり宥和的なリットン調査団の報告と「満州国」の不承認を内容とする国際連盟総会の提案の採択（一九三三年二月）に対して、日本は既に「満州国」を承認していたこと、また一九三三年二月には熱河《ねっか》省に侵攻し満州国に編入し、万里の長城以北を中国から切り離していたことなどから反発し、一九三三年三月に連盟からの脱退を通告する。（石川禎浩（二〇一〇）七八―八〇頁。）

その後しばらくは表面的な日中親善ムードさえ広がったこともあるが（小林英夫（二〇〇七）二二―二三頁）一九三七年（昭和一二）七月七日、盧溝橋で日中両軍が衝突して日中戦争が始まる。一〇月二一日、広田弘毅首相の仲介要請によって駐華独大使トラウトマンは蒋介石にその意向を伝え、蒋介石は華北の行政権に変更を加えないことを条件に和平に応ずる旨の回答をトラウトマンにしている。しかし、南京を陥落させた日本軍は勢いに乗って蒋介石に降伏を迫る条件を提示する。一九三八年（昭和一三）一月、近衛文麿首相は「蒋介石を対手《あいて》にせず」とする近衛声明（第一次）を発し、みずから和平の可能性を閉ざしてしまう。

石橋湛山は第一次山東出兵、第二次山東出兵を一貫して批判し、第二次山東出兵では在留邦人一万八〇〇〇人に対してその保護のために一万人近い兵を派遣するのは大袈裟すぎる、中国国民の反感を買うのは必至である、中国の政治は「善くも悪くも、之を支那人の好む所に任せる外はない。」（一九二八年（昭和三）五月五日号「社説」「無用なる対支出兵」（昭和四六）『石橋湛山全集』第六巻　二二六―二二七頁）と述べている。第一次近衛声明の後も次のような意見表明をしている。政府が一月一八日に「対手にせず」とは「否定か抹殺する」意味だと補足したのに対して、湛山は「既にその存在を無視し、抹殺し、対手とせずと宣言したものを対手に尚お長期戦争を継続することは自己矛盾である」（一九三八年（昭和一三）一月二二日号「社論」「今後の支那対策と事件費予算調整の必要」（昭和四七）『石橋湛山全集』第十一巻一八〇—一八一頁）と皮肉り批判している。

「対手」にされなかった蔣介石は一九〇八年（明治四一）、清朝留学生として来日し、士官候補生の身分で新潟県高田市の第十三師団野砲兵第十九連隊に実習入隊した経験を持ち、日本軍の長所と弱点を実際に体得していた。（以下の記述は小林英夫（二〇〇七）六六—六九頁による。）二等兵として入隊した蔣介石は日本兵が毎日一時間以上もかけて馬をこすり手入れしているのに驚く。中国では馬は「使い捨て」に過ぎない。寒い日の冷水での洗顔、整理整頓、粗食に耐える忍耐力。下士官教育の徹底が日本軍の戦闘力の源泉であると蔣介石は考えた。しかし、同時に上官の部下に対するいじめも目撃した。上官の理不尽な命令に下士官が顔をゆがめているのを見たとき、日本の将校の質の低さ、ひいては日本軍の弱点を見出した。強制的な支配による規律は短期的には保たれるであろうが、長期に及べば必ずや破綻し、長所が災いに転ずるであろうと蔣介石は考えた。また、中国のような広い国土と長年の異民族との戦争体験は、広い情勢判断と綿密な情報収集にもとづいた外交を得意とする軍をつくりだし、兵隊、下士官よりも指揮官たる将校の情勢判断が戦局に大きな影響を与える。一方、狭い国土で狭小な地域での戦闘しか経験してこなかった日本軍の戦いでは、指揮官の判断力よりも下士官の優秀さが戦局を決定してきた。蔣介石は留学経験を通してそのことを熟知していた。

蔣介石は一九三七年（昭和一二）六月一六日、蔣経国（息子）宛の書簡で「（倭寇（日本）は）いずれ制することになるであろう」、七月二四日の書簡で「倭寇の中国侵略を心配する必要はない。わしが必ず倭寇を制するからである」と書き送り、開戦直後の八月二一日に「中ソ不可侵条約」を締結し、英米各国大使に外交戦を展開することを指示している。日本軍の主流をなす殲滅戦略（決戦戦争）構想に対して、蔣介石は当初から消耗戦略（持久戦争）構想で臨もうとしたのである。（このパラグラフの記述は小林英夫（二〇〇七）四四—四五頁に負う。）

アメリカの「対日宥和」の姿勢も一九三六年一二月の西安事件を決定的な契機として、抗日で団結する中国民衆に期待を寄せて、アメリカは中国への傾斜を強めていく。エドガー・スノーやアグネス・スメドレーらの親中派ジャーナリスト、文学者による日本軍の行動に抵抗する中国民衆の実情についての新聞、雑誌での報道もそれに大きな影響を与えていた。一九四〇年（昭和一五）アメリカを仮想敵国とする日独伊三国同盟に調印した日本は、翌年一二月八日、マレー半島や真珠湾攻撃を行い、アジア・太平洋戦争に突入していく。

日露戦争以来、日本は満州を「一〇万の生霊と二〇億の国帑《ど》（＝国の財産）」によって購われた「特殊地域」と考え、その地域の「特殊権益」を中国、列強に認めさせようと躍起になった。その場所で起こった満州事変＝「中国側に責任のある事件」を蒋介石が一九三一年九月二一日に国際連盟に提訴したのを了見違いも甚だしいと考えるのが当時の日本世論の大勢＝日本の中国観であった。（石川禎浩（二〇一〇）七七―七八頁。）「双方が相手に対し、国際不法行為を行ったと主張し、自らのとった強力措置は復仇であるから違法ではないと論戦しあう二国」、それこそが一九三〇年代の日本と中国の姿であった（加藤陽子（二〇〇七）はじめに　ⅴ頁）と識者は言う。日本軍の殲滅戦略（決戦戦争）構想も中国の消耗戦略（持久戦争）構想と著しいコントラストをなしている。日本は日清戦争以来、殲滅戦略（決戦戦争）構想で戦争、事変を行い、消耗戦略（持久戦争）構想を持つことはまれであった。日本は殲滅戦略戦争のみを繰り返し、消耗戦略戦争に関して未経験のまま、一九三七年七月の盧溝橋事件を迎えたのである。（小林英夫（二〇〇七）一七―一八頁。）そして、中国の内へ内へと殲滅戦略（決戦戦争）構想に基づく戦いを繰り広げていった。

## 四　昭和中期（一九四五年（昭和二〇）九月二日—一九五二年（昭和二七）四月二八日）、昭和後期（一九五二年（昭和二七）四月二八日—一九八九年（昭和六四）一月七日）、平成（一九八九年（平成元）一月八日—二〇一九年（平成三一）四月三〇日）、令和（二〇一九年（令和元）五月一日—現在）の日本の中国観

**昭和中期**は一九四五年（昭和二〇）九月二日から一九五二年（昭和二七）四月二八日までである。一九四五年八月一五日は天皇の玉音放送があった日であるが、九月二日に降伏文書（＝日本と連合国の間で交わされた休戦協定。「日本軍全軍の無条件降伏」や「ポツダム宣言の誠実な履行」などを主な内容とする）に米国戦艦ミズーリ号上で署名した日を昭和中期の始まりとするのは「終戦」記念日＝八月一五日ではなく「敗戦」記念日＝九月二日を昭和中期の始まりと考えるからである。「終戦」か「敗戦」かをめぐっては「意識」上、大きな差がある。日本は戦後、「終戦」という言葉を使い、「敗戦」「降伏」という言葉を使わないことによって、戦争に負けた日本の厳しい状況について目をつぶり続けてきた。それが日本の戦後であった。（孫崎（二〇一二）二五—二六頁。）日本を戦後、七年間支配したのはＧＨＱであり、日本はアメリカに負けたとは思っても中国には負けたという意識を明確には持たなかった。（石川禎浩（二〇一〇）二三三—二三五頁　馬場公彦（二〇一四）九二頁。）

もっとも、天皇の玉音放送と同日の八月一五日、蔣介石がラジオ放送演説「抗戦に勝利し全国の軍民および世界のひとびとに告げる」で次のように述べたことに日本人は恩義を感じ、それは中国人に与えた甚大な惨害に対する贖罪意識と戦争責任感を日本人の中に醸成した。（馬場（二〇一四）一七二頁。）「われわれは報復してはならず、まして敵国の無辜《むこ》の人民に汚辱を加えてはなりません。（中略）もし暴行をもって、かつて敵が行った暴行に答え、奴隷的

屈辱をもってこれまでの彼らの優越感に答えるなら、仇討《あだう》ちは仇討ちを呼び、永遠に終ることはありません。これはわれわれ仁義の師の目的ではけっしてありません」。（竹内実編（一九九三）一二八―一二九頁。）いわゆる蒋介石の〝以徳報怨〟（「徳を以て怨みに報いる」）発言である。この蒋介石の言辞は一方で日本側の蒋介石（国民政府）への尊崇と国民政府への協力を引き出したが、他方で一貫して曖昧であった中国に対する戦争責任の認識をより屈折したものにする上で、体のよい護符にされた（石川禎浩（二〇一〇）二三四頁）という識者の言辞は、より本質的で、正鵠を射たものであろう。こうした中国への「戦争責任」の感覚をある種、曖昧にした「寛大な」言辞と異なり、GHQの占領支配は「敗戦」国の惨めさを日本人に味わわせ、GHQ経費が日本の国家予算の三分の一を占めていることに抗議し、日本の負担額が二割削減となったこと等により石橋湛山は（GHQに目をつけられ）公職追放となり、占領中、日本人はGHQの方針に反する新聞記事は日本人自ら「自主検閲」するという精神的圧迫を受けた。（孫崎（二〇一二）一二六―一二七頁。）

占領時に生まれた、ただアメリカに迎合すればいいという姿勢＝「占領根性」や対米追随的態度として、日本人の中にしっかり定着し、経済界ではアメリカに協力することを第一とする経済同友会が生まれた。（孫崎（二〇一二）一二四―一二五　一二八―一二九頁。）政治の世界では、吉田茂、池田勇人、佐藤栄作などの保守本流が戦後の政治家の主流となったが、その根本は従米、対米追随的態度であった。（孫崎（二〇一二）五六頁。）

占領当初のアメリカの対日政策＝軍事を解体し、経済も解体し、民主化は促進する＝がソ連への対抗上、日本の経済力、工業力を利用することがアメリカの国益だとアメリカが判断し、一気に一八〇度、戦略転換されるのが、一九四八年（昭和二三）である。米ソ冷戦の影響で、中国が獲得できるはずであった戦後賠償は、アメリカが日本の戦後復興を優先させる立場に東アジア政策を転換した結果、大幅に減額された。対日講和条約も米ソの主導権争いの下《もと》、米ソ双方とも有利な方法を求めて講和を急ごうとしなかったので、その準備は難航した。（久保亨（二〇一一）三四—三五頁。）

アメリカが日本を共産主義の防波堤とすることを考える契機となったのが一九五〇年（昭和二五）六月二五日に始まった朝鮮戦争である。同日、北朝鮮の人民軍が三八度線を越えて、韓国に攻め入って、ソウルが陥落する。急遽、国連軍が編成され、平壌を占拠し、中国が北朝鮮に人民義勇軍を派遣する。両軍の攻防が続き、一九五三年（昭和二八）七月二七日、板門店で休戦協定が調印され、三八度線が国境となった。朝鮮特需（一九五〇年）がきっかけとなって、日本経済は実質国民総生産、実質賃金（製造業）が一九五二年（昭和二七）に戦前水準（一九三五年レベル）に戻った。日本の産業界はアメリカ軍から毛布、トラック、鋼材などの戦地用資材の大量発注を受け、輸出も急拡大した。一九五〇年七月八日、マッカーサーは日本の再軍備を許可し（警察予備隊創設を指令）、同月末には企業のレッドパージ（赤狩り）が始まる。

前年の一九四九年（昭和二四）一〇月一日には中華人民共和国・中央人民政府が成立し、一二月、国民党政府は台北へ逃れている。日本側が手前勝手な敗戦認識・中国認識に浸っていられる期間は長くは続かなかった。なぜなら蔣介石が「中華民国」の名を持って台湾に逃れ、その結果、日本にとって都合のよい「中国」は大陸から姿を消してしまったからである。日中関係は戦争責任の再確認に加え、そもそも中国とはどこを指すのかという根源的な問いかけを伴う長い戦後を迎えることになる。（石川禎浩（二〇一〇）二三六頁。）

**昭和中期の日本の中国観**は一九四五年八月一五日、蔣介石のラジオ放送演説の〝以徳報怨〟への尊崇の念を持つこともあったが、国民党、共産党いずれが正統性、正当性を持つのか見極めようとする中で、日本は米ソ冷戦構造に取り込まれ、米側陣営に属することを余儀なくされた。そして、それに反発するかのように中華人民共和国を過度に理想化したり、逆に過度の感情的反発を持ったりした。知識層の中国論の担い手はそれまでのシノロジスト、現地調査派、「支那通」、軍部の中国謀略論者、中国記者などの複数集団から、日共系親中共論者の優勢へとほぼ一本化されていった。（馬場（二〇一〇）一二八―一三二頁。）それが中国の過度の理想化の温床となった。一般の日本人にとって、中国は近くて遠い国であった。

**昭和後期**（一九五二年（昭和二七）四月二八日～一九八九年（昭和六四）一月七日）**の日本の中国観**について。一九五二年（昭和二七）四月二八日、サンフランシスコ講和条約が発効し、日本は独立を回復した。西側諸国との単独講和であったが、中ソは二年後の一九五四年（昭和二九）一〇月一二日、「中ソ共同宣言」とともに「対日関係に関する中ソ共同宣言」を発表し、対日関係の正常化を呼びかけてきた。一九五一年（昭和二六）から一九五五年（昭和三〇）の間は、日米安保反対と全面講和を唱える体制批判の陣営に平和主義・中立主義に立つ体制内改革論者が加わり、日本では彼らによる〈アジア連帯型認識経路〉が開かれることとなった。（馬場（二〇一〇）四一六頁「経路」とは「意識の形成過程」という意味。詳しくは馬場（二〇一〇）四一頁を参照。なお、馬場（二〇一〇）は論壇などの知識層を中心とする中流域の中国認識をメインターゲットとしている。本書の引用もその限りでの引用である。あらためて確認しておく。）

続く一九五六年（昭和三一）から一九六四年（昭和三九）にはスターリン批判（一九五六年二月）をきっかけに中ソ対立が表面化し、それまでの日本の左翼陣営の強固な中国復交論に綻びが見え、体制批判と日米安保改廃論の一枚岩に亀裂（中印の武力衝突、日本共産党の組織分裂、中ソ論争に翻弄される日本等）が走るようになった。（馬場（二〇一〇）四一七頁。）この時期、一九五六年（昭和三一）の夏、一〇〇〇人を超える中国戦犯が釈放され、九月に興安丸で日本に送還された。帰国した釈放戦犯たちは「周囲から「アカ」扱いされて差別されただけでなく、公安警察関係者による執拗な接触や監視に悩まされ、日本社会の中で孤立を深めていった」。（岡部牧夫等編（二〇一〇）一五四頁。）日本は中国の釈放戦犯たちを、日本人としてよりは「敵」国の人間として遇したことが窺い知れる。帰国後、元兵士らは中国帰国者連絡会（＝以下、中帰連と略す。）を組織し、贖罪意識と抑留中の中国側の温情と寛大な処置に対する恩義から、対中戦争罪責論を基礎とした日中復交論を主張する。（馬場（二〇一〇）三三五頁等。）

一九五七年（昭和三二）には『三光』（光文社カッパブックス）が出版される。〝三光〟とは日中戦争中の日本軍の〝殺光、焼光、抢光〟（殺し尽くし、焼き尽くし、奪い尽くす）政策のことで、中帰連による出版である。この本は当時のベストセラーになった。（筆者の家にも父の買ったものがあったのを記憶している。）しかし、「すかさず右翼の妨害を受け、市場から姿を消し」、その後、一九五八年（昭和三三）に『侵略』という題名で再版され（新読書社刊）、更に七〇年代にはやや形を変えて日中友好協会・中帰連編『侵略―従軍兵士の証言』として出版された（青年出版社刊）。その後、八〇年に『新編三光』の第一集が出され（光文社刊）、第二集も用意されていたが、再び「右翼の猛烈な攻撃にさらされることになり第一集は市場から引き揚げられ」、第二集は「ついに日の目を見ることができなかった」。この本は中帰連の積極的な活動とあいまって、日本の侵略の実態を多くの日本人に知らせた。（引用は（一九八四）『完全版三光』晩聲社刊　の富永正三　あとがき　による。姫田（一九九五）所収　二八頁。）

一九六五年（昭和四〇）から一九六八年（昭和四三）は文化大革命の衝撃により日本の中国認識経路は新左翼活動家の〈革命同調型認識経路〉と中国研究者の〈内発的発展重視型認識経路〉〈客体観察型認識経路〉へと変化する。（馬場（二〇一〇）四一九―四二一頁。）文化大革命を権力闘争と見る考えでは、党内多数派（実権派＝劉少奇、鄧小平ら）に対する党内少数派（文革派＝毛沢東ら）による反撃と、文革はみなされているが、より精神的、思想的には、文革は、下部構造（経済土台、基礎構造）の変革は自動的に上部構造（文化、精神、イデオロギー等）の変革を意味せず、不断の上部構造の変革の努力によって、はじめて人間の「利己心」を根絶できるという思想に基づく永久革命論であった（ネット「宮崎世民回想録」CR STUDIES-中国文革研究网 http://www.wenwang.org/read.php?tid＝二〇四〇六 参照。）と考えられる。他の批判、排除に偏するあまり、己の「利己心」の変革を棚上げしたところ、いや逆に「利己心」に偏したところに混乱と悲劇が生じた。武闘は日本に伝播し、新左翼運動家による〈革命同調型認識経路〉が開かれた。中国研究者の中には中国文化の独自性に注目し国家の中にコミューン（共通の思想・文化をもつ自主管理的な生活共同体）を作り、そのコミューンが国家を壊していくという「コミューン国家論」を展開した新島淳良や人民公社や紅衛兵の組織に着目した山田慶児、「土方」（土着）式自力更生型経済システムに着目した小島麗逸、毛沢東指導の農民運動に着目し農本主義、エコロジー運動を展開した津村喬などが〈内発的発展重視型認識経路〉を形成した。それらとは一線を画し、アメリカ移入の最新の社会科学理論を援用し、非専門家に中国事情を解説することを旨とした〈客体観察型認識経路〉も形成された。（馬場（二〇一〇）四一九―四二一頁。）**文革後はこの〈客体観察型認識経路〉が研究者の世界を席巻していく。**

一九六九年（昭和四四）から一九七二年（昭和四七）にかけては一九七二年二月の連合赤軍事件が止《とど》めを刺すようにして〈革命同調型認識経路〉が消失し、〈客体観察型認識経路〉が専有化するようになる。（馬場（二〇一〇）四二一―四二三頁。）

中嶋嶺雄は中ソ論争を把握し、毛沢東思想の教条性の危険を批判的に論じた。（馬場（二〇一〇）二〇二頁。）中嶋はまた「わが国固有の対中国シンパシーという非合理的・情緒的モメントを媒介して中国を見ようとする通念は、いまや是正されなければならない」（中嶋嶺雄（一九七一）一六頁）と述べ、中国への贖罪意識と中国革命への共感が中国を正しく冷静に認識する上での阻害要因になっていると戒めた。（馬場（二〇一〇）二〇三頁。）中嶋嶺雄は文革と日中復交の双方についての反対論の急先鋒であり、『諸君』の中国関連記事のメイン・ライターであった。中嶋の『現代中国論』は「科学的」な「マルクス主義」で毛沢東主義を批判した書であるが、後に中嶋は経済と民主で進んでいる「台湾」を基準として大陸中国を批判し、二一世紀は欧米世界の翳りに比して、東アジアの〈儒教的文化圏〉が世界の経済的・社会的な活力の中心を担っていくとした。（馬場（二〇一〇）六六頁。中嶋の〈儒教文化圏〉に中国、ベトナム、北朝鮮などの社会主義国は含まれるものの、「社会主義のシステムをとる限り、後発諸国の近代化は成功しない」と冷ややかに見ている。馬場（二〇一〇）六六頁。中嶋嶺雄（一九八七）。）

竹内好は文革不可知論の立場をとり、直接、文革に言及することは抑制したが、心情的には文革に傾斜していた。（馬場（二〇一〇）二六五—二六六頁。）中嶋の『現代中国論』について書評を依頼されたが、書評できないと言ったと言う。（馬場（二〇一〇）五九七頁。）現在、竹内好について語る人は少ない。日本近代を全く駄目なものと主観的に決めつけ、逆に、中国近代を手放しで「理想化」した、主観的教条性を特徴とする文章が時代に合わなくなったことが一因しているように思われる。筆者は竹内好氏が亡くなる半年前に、京都で開かれた京都会館第二ホール（当時）での講演会に赴き、竹内好の話を聞いたことがある。（一九七六年（昭和五一）九月のことと思う。）そこでは「「魯迅」はこれから第三諸国の人たちが生きていく道を模索する上で、ヒントになるであろう。」というような話を竹内好がしたのを、今でも鮮明に記憶している。その主観的な言い様に非常な違和感を覚えたことを今も覚えている。竹内好は日本人の中国への「尊崇」の念を形・時代を変えて顕現した人なのではないだろうか。竹内好著『魯迅』の問題点（「幻灯事件」についての主観的教条性等）は〈客体観察型認識経路〉が専有化される中で、今後、ますます明らかになっていくことと思われる。

一九七二年（昭和四七）二月二一日、アメリカのニクソン大統領が訪中し、二八日、上海で共同コミュニケを発表した。日本では七月七日に田中角栄内閣が成立した。九月二五日に田中角栄首相が訪中して、二九日、日中共同声明に調印し、日中国交正常化が成った。二七年にわたる両国の断交状態が終わった。米中関係の改善は、日中国交正常化が可能になったすべての理由ではなく、日本と中国の間には次のような日中国交正常化へ向けた動きが存在した。①日本国内世論の中に親中国的、親人民共和国的な部分があった。（一九六〇年代、時事通信社の調査によると、中国を「好き」とするのは二〜五％、「嫌い」とするのは三〇〜四二％の範囲で推移していたが。）②日本経済界に中国市場に対する期待が高まっていた。③日本の政界や保守政権の中にも対中国交正常化を模索する動きが生じた。（ｅｘ．日中国交回復促進議員連盟（藤山愛一郎会長）等。）④中国共産党は既に対米和解に踏み切っており、アメリカの格下の同盟国、日本との関係改善は当然の選択肢であった。（久保亨（二〇一一）一九五―一九七頁。）日中国交正常化が実現するまでは実利主義的・現実主義的日中復交論（『中央公論』等）や道義的日中復交論（『世界』『潮』『朝日ジャーナル』等）、更には日中復交反対論（中嶋嶺雄等）などのさまざまな肯定、否定の日中復交論が日本の論壇では展開された。（馬場（二〇一〇）三四二―三六五頁。）

本多勝一（一九七二）『中国の旅』朝日新聞社　は同氏による中国ルポである。後、その内容については物議をかもしたが、日本人に「戦争責任」、日中戦争について考える意識を大きく喚起したのは事実であろう。（大学では、そういうことに触れる授業は、まったくなかったと記憶する。）当時の一読者（二十歳前後）としての筆者の実感である。

日中国交正常化後、一九七八年（昭和五三）二月一二日には日中平和友好条約が調印された。一〇月一二日には鄧小平副首相が来日し、日中平和友好条約が発効し、その年末には中国では日本映画週間が開催されて、高倉健、中野良子主演の『君よ憤怒の河を渉れ』や山口百恵主演のテレビドラマ『赤い疑惑』などが中国国民に熱狂的に歓迎され、人気を呼んだ。（莫邦富（二〇〇五）九三―九四頁。）翌一九七九年（昭和五四）一二月に訪中した大平正芳首相は六日、中国への約五〇〇億円の政府資金供与を約束（対中ＯＤＡの始まり）した。また、文化交流協定を結び、その一環として日本語研修センターの創設を中国に持ちかけ、翌年、日本語研修センターが北京語言学院に開設されて、五年間で約六〇〇人の日本語教師が再教育を受けた。センターは親しみを込めて大平学校と呼ばれた。そして一九八五年（昭和六〇）には北京日本学研究センターとして日本研究の拠点に発展した。こうした映画週間や「大平学校」のようなソフトパワーへの評価は高い。（莫邦富（二〇〇五）九三—九四、九七、一二二、一二四頁。）

一九八二年（昭和五七）六月二六日、日本の歴史教科書検定で文部省（当時）が「華北へ侵略」を「華北へ進出」に書き換えさせたと報道される。これは日中歴史認識問題の先駆けとなった。一九八五年（昭和六〇）には中曽根首相が靖国神社を公式参拝したが、以後、公式参拝はしていない。（親しかった中国共産党総書記胡耀邦氏への配慮が背景にあったと考えられる。）一九八六年（昭和六一）には六月七日に歴史教科書検定に中国から抗議がなされ、七月七日に日本政府は検定合格後の高校歴史教科書を書き直させるという第二次歴史教科書問題が起こっている。もっとも一九八〇年代は経済中心の交流が進み、毎年、実施される内閣府の調査では中国に親しみを感じ、日中関係は良好と言う人が六〇～七〇％に達している。（天児慧（二〇一三）五〇頁。）日本人の中国に対する感情は全体的にはよかったと言える。

一九八九年（昭和六四）一月七日、昭和天皇が亡くなり（八七歳）、皇太子の明仁親王が即位して、翌一月八日、平成と改元される。以下、**平成の日本の中国観**を考察する。

一九八九年（平成元）四月一五日、胡耀邦全総書記が死去し、学生や市民は自発的に追悼活動を行った。それはやがて民主化要求運動に発展した。背景には、一九八八年秋より経済政策決定の主導権が計画経済論者の李鵬総理と姚依林《ようい りん》副総理の手に移り、経済管理の強化と財政金融の引き締めが行われて、その結果、スタグフレーション（物価の上昇と景気の低迷の併存）が生じ、経済政策が停滞したことがあった。学生の一部や知識人は〝官倒《クアンタオ》〟（統制価格の安い品物を高い市場価格で売ってもうけるブローカー行為）などを批判し、政治改革の停滞に強い不満を抱いたところから、大規模なデモや天安門広場での座り込みが行われた。それに対して、強行弾圧を唱えた鄧小平や李鵬、姚依林が、話し合いによる穏健な解決を求めた趙紫陽や胡啓立に勝利し、六月四日未明、戒厳軍が天安門広場を制圧し（当局発表によると）二〇〇数十名の死者と約一万人の負傷者が出た。いわゆる**天安門事件**である。事件後、趙紫陽は市民や学生を指示した責任を問われ、失脚した。（高原明生　前田宏子（二〇一四）八四―八五頁。）

先進七か国会議（G七）は中国への制裁を決定し、日本も中国へのODAの凍結などの措置を発表した。もっとも、日本は中国を孤立させるより国際社会の枠組みの中に取り込んでいくことで変化を促すべきであると考え、一九九一年（平成三）八月には先進国の中で最も早く中国に対する経済制裁の解除に動いた。（高原明生　前田宏子（二〇一四）一〇五頁。）八月一〇日、訪中した（―一三日）海部俊樹首相は、凍結していた第三次対中ODA、一九九一年分一三〇〇億円の一括供与を決定した。この一九九一年にはバブル経済が崩壊し、日本は長い経済停滞の時代を迎えることになる。

翌一九九二年（平成四）一月から二月にかけて、最高実力者鄧小平は南方地域を視察し、改革開放の政策転換を宣言し（南巡講話）、一〇月一二日の中国共産党第一四回党大会では「社会主義市場経済」が公式化された。

一九九二年（平成四）の二月二五日には中国は領海法を制定し尖閣諸島を自国領土と規定している。当時の日本側の対応はほとんど思考停止ではないかと思えるほど政治感度の鈍いものであった。（藤野彰（二〇一三）七一頁。）同年四月六日には江沢民総書記の来日があったので波風を立てたくないという日本的感覚が働いたのであろう。江沢民総書記は来日（四月六日―一〇日）の際、天皇の訪中を正式に招請した。（来日の際、江沢民総書記は尖閣諸島問題については一九七八年の鄧小平来日時の「棚上げ」の立場は変わらないと明言している（馬場（二〇一四）一四八頁）。）

一九九二年（平成四）は、日中国交正常化二〇年の佳節にあたり、それを記念しての天皇訪中招請であったが、日中共に両国間の解決すべき問題（中国側にとっては天安門事件後の状態から国際社会への復帰、日本側にとっては国連安保理の常任国入り、日中戦争における侵略の謝罪など）を天皇訪中によって打開できるかもしれないという思惑が働いた（馬場（二〇一四）一四八頁）のは事実であろう。右派雑誌（『諸君！』『文藝春秋』『正論』など）は、ほとんどすべてが天皇訪中反対論を展開した（九月号—一一月号）。左右両翼が「天皇の政治的利用」批判という論点に集約させて、反対を表明していた。内閣の実施した世論調査では、訪中「賛成」が三六％、「どちらかといえば賛成」が三六％と、多くの国民が天皇訪中を支持していた。（馬場（二〇一四）一五二頁。筆者の当時の感覚としては、国がそういうことを既に決めたのだから受け入れるしかないだろうといった感覚であったが。（日本人は多くの場合、国の施策に対して、そうした態度をとることが多い。ＰＫＯ法案にしろ、消費税アップにしろ、そうした決まったことは仕方がないといった受け取り方である。もっとも国の方も世論調査等で国民意識の動向の把握については、相当、神経を使っているのも事実である。）天皇訪中は二〇年前の日中共同声明で強調された日中の特別な相互関係を確認し、世界の中の日中関係というという視座が切り開かれていく象徴的イベントであった。（馬場（二〇一四）一五四頁。）

一九七〇年代は「友好の人士往来」を軸に交流が進み、一般人レベルの幅広い交流ではなかったが、「中国語熱」が高まり「第一次中国ブーム」が起こり、日中関係は比較的順調に進展した。（天児慧（二〇一三）四九頁。）続く八〇年代は、経済中心の交流が進んだ。基本的に日中関係は順調に発展し、日本人の中国への感情はきわめてよく、内閣府（当時、総理府）による、毎年、実施の世論調査でも「中国に親しみを感じるか」「日中関係は良好か」という質問に対して、六〇～七〇％が肯定的に答えていた。二国間関係の日中関係が中心で、日本が中国に対してどうするかという「日本から中国へ」の一方向ベクトルが主たる流れであった。（天児慧（二〇一三）五〇頁。）

九〇年代は前年の天安門事件が、まず、日本人の対中感情に冷水を浴びせた。国交回復後、中国は、日本の論壇などの知識層において、もはや「学ぶ」対象ではなくなり、「眺める」対象となった。(馬場(二〇一四)二六頁。)文化大革命後、既述のように論壇などの知識層では、中国へのアプローチはチャイナ・ウォッチャーと称する現代中国研究者による〈客体観察型認識経路〉へほぼ一本化されていった。(馬場(二〇一〇)四二二頁。)もっとも海部首相がG七で提唱した「中国を国際社会から孤立させるな」「世界の中の、アジアの中の日中関係」という認識が広まり、それは「国際関係の中の日中関係」という捉え方に基づくものであった。(天児慧(二〇一三)五〇―五一頁。)**一九九一年**(平成三)**のバブル崩壊は、**日本の対中認識を**中国を「脅威」**とするものへと変えていく。**一九九六年**(平成八)、**中国に対して親近感を抱かない人は五一・三%、それに対して、中国に親近感を抱く人は四五%で、日中国交回復後、初めて親近感を抱かない人が抱く人の比率を超えた。**(揚棟梁主編(二〇一二)二〇一頁。)一九九二年(平成四)の調査では、日本人が中国に魅力を感じるところとして「自然と風景」(四三・八%)、「文化遺産」(三〇・八%)、「書画骨董」(二八・一%)、「中国料理」(二二・一%)(複数回答)と日本人は答え、それは日本人の「想像」「理想」の中の「中国」の反映であった。(揚棟梁主編(二〇一二)二〇二頁。)もっとも九〇年代、日中貿易総額は毎年、史上最高を更新し、一九九九年(平成一一)には八六〇億ドルで一九九一年の約四倍増となった。(天児慧(二〇一三)五一頁。)

一九九三年(平成五)八月四日の慰安婦問題に関する「河野談話」の表明、八月一〇日の細川護煕首相の日中戦争を「侵略戦争」と認める発言、一九九五年(平成七)八月一五日の「村山談話」と日本政府の過去への内省、反省は明示的になされているが、侵略された側の神経を逆なでするような(日本人がそうは思わなくても相手側がそうとる場合もあるので、比較文化学的な相互の「文化」の研究が必要である。従来、そうした研究は明示的になされていない。)発言には、細心の注意を払い、配慮をすべきであろう。一方、経済成長と軍事力アップによって、一九九〇年代後半からは中国の国際プレゼンスは大幅に増加した。二〇〇三年（平成一五）より始まった北朝鮮核問題処理をめぐる中国イニシアチブの「六カ国協議」などはその典型例であり、日本から中国へ、中国から日本へという双方向レベルが十分に働くようになってきた。（天児慧（二〇一三）五一頁。）

二〇〇一年（平成一三）四月二六日、小泉純一郎内閣が成立し、同年八月一三日、小泉首相は靖国神社に参拝した。その後も小泉首相は二〇〇六年（平成一八）に辞任するまで、毎年、靖国参拝を行い、辞任の年の二〇〇六年には止《とど》めを刺すように八月一五日に六回目の靖国参拝を行っている。小泉純一郎氏は安全保障面では自衛隊の海外派遣を、経済面では郵政民営化と制度の米国化を推進した対米追従派（米国に従い、その信頼を得ることで国益を最大化しようとする人たち）（孫崎享（二〇一二）三六七—三六八頁）であるが、小泉氏が靖国参拝を繰り返し、一部日本人（もしくは多くの日本人）の人気を博したのは「内政上の思惑から中国の「権威」を借用するといった政治手法ないし類似の行動」（小倉和夫（二〇一三）八四—八五頁）を逆説的に行ったもので、その執拗な靖国参拝は中国を喧嘩の対象として内政上、「利用した」という側面を持っていた（小倉和夫（二〇一三）八五頁）と言えよう。すなわち、「大国」中国に対して、堂々と自分の意見を物申し、行動することによって、日本人の「小中華主義」意識をくすぐり、人気を博して長期政権を維持したのである。しかし、そのために日中間の関係は冷え切って、政治家間の話し合いはほとんど行われることはなかった。

一九九〇年代半ばからの日本人の中国への親近感が大幅に減少したことの背景として、一つにはバブル崩壊後、日本経済が長期にわたって停滞する中で、それとは対照的に、中国経済が躍進したことに対する不安、焦燥感が日本人の根底にあったことが挙げられよう。また、根は同じことであるが、今までずっと経済的に下だと思い、安心しきっていた中国が台頭し、悪くすると日本より上の立場に立つ可能性が増大してきたことへの焦慮が「嫌中」「反中」意識の醸成につながったと言えよう。中国の台頭はそれまでアジアの「長男」であった日本の警戒心と防御心を惹起し、日本人の猜疑、嫉妬、懐疑、憤りの心を中国に対して形成することになった（揚棟梁主編（二〇一二）二三四頁）と言っても過言ではない。二〇〇八年（平成二〇）以降の一連の事件（中国冷凍餃子事件（二〇〇八）、尖閣諸島沖漁船衝突事件（二〇一〇年（平成二二））、日本政府による尖閣諸島購入（二〇一二年（平成二四））、中国海軍射撃管制用レーダー照射事件（二〇一三年（平成二五）等）もその文脈（コンテキスト）で読む必要がある。

日中両国で二〇一四年（平成二六）に実施された世論調査によると、相手国に対して良くない印象を持つという回答が日本で九割超に上り、二〇〇五年の調査開始以来過去最悪となった二〇一三年（平成二五）よりもさらに悪化した。中国は八割台と、やや改善した。日本の民間団体「言論ＮＰＯ」が九月九日、東京都内で会見し、そう発表した。（時事通信　二〇一四年九月九日（火）二二時三分掲載によるネット記事閲覧。）【北京＝矢板明夫】村山富市元首相は二〇一五年四月三日までに香港系テレビ局、フェニックスのインタビューに応じ、九月三日に北京で行われる軍事パレードを含む抗日戦争勝利七〇周年の記念イベントに出席する意向を明らかにした。同イベントについて、中国当局は「関係諸国の要人を招待する」としており、ロシアのプーチン大統領らが参加を表明したが、安倍晋三首相は出席するかどうかについて態度を明らかにしなかった。（産経新聞　二〇一五年四月三日（金）一八時二〇分掲載によるネット記事閲覧。結果として安倍晋三首相は参加しなかった。）二〇一五年八月一四日、夜の戦後七〇年談話発表で、安倍晋三首相（当時）は「中国」などの「寛容」によって日本が戦後、国際社会に復帰できたことに感謝しつつ、「積極的平和主義」の旗を高く掲げることを明言した。中国の華春瑩外務省副報道局長はコメントを出し、この戦後七〇年談話について「日本はあの軍国主義侵略戦争の性質と責任に対してはっきりかつ明確な説明を行」うように要求し（時事通信　二〇一五年八月一五日ネット記事閲覧。）、韓国外務省は一五日、植民地支配と侵略に対する「日本の現政権の歴史観を国際社会に如実に示した」とする報道官論評を発表した。（時事通信 二〇一五年八月一五日ネット記事閲覧。）日本と中、韓では「具体性」、「明言」の「文化」（＝何に重きを置き、何を明言するかの傾向、価値観）が異なる。

安倍首相（当時）は、二〇一五年（平成二七）九月初旬に検討していた中国訪問を見送る方針を決め、九月三日に中国が北京で開く抗日戦争勝利七〇年記念式典を欠席した。同じ時期に安全保障関連法案の国会審議が大詰めを迎えることや、米国などの首脳が式典への出席を見送る方向になっていることなどを踏まえての決定であった。式典は軍事色や反日的な色彩が強く、日本政府内にも式典前後の訪中は誤ったメッセージを送ることになるとの慎重論があり、首相は米国などに歩調を合わせるべきだと判断したもようだ。（日本経済新聞 二〇一五年八月四日 一〇：一六ネット記事閲覧。）日中関係は、日本の米国への共同歩調が基本にある。

一一月一日に三年半ぶりにソウルで行われた日中韓首脳会談と、翌二日の安倍晋三首相と朴槿恵大統領の初めての日韓首脳会談は今後の動向が注目されたが、急には友好的になれない様子が窺えた。日中韓では「歴史」についての文化的考え方が違うことも大きく影響している。朱子学的に善悪をいつまでも峻別する文化と、過去のことは「水に流すことを善しとする文化」の相違である。

二〇一六年、韓国の朴槿恵《パククネ》大統領の長年の親友、崔順実《チェスンシル》被告が、自らが主導して設立した財団に、大統領府の後押しで財閥から寄付金を拠出させたほか、大統領の演説草案などが事前に提供されていたことなどが発覚。崔順実被告が政策や政府人事に介入したとされる。検察は崔被告らを一一月に起訴し、朴大統領も「共謀関係にあった」と認定した。大統領の支持率は四％まで下落し、ソウル中心部で一九八七年の民主化以降、最大規模の退陣要求集会が開かれた。大統領は翌年四月辞任の意向を表明したが、世論の憤りは収まらず、一二月九日、弾劾訴追案が野党三党と与党非主流派などの賛成で可決された。憲法裁判所が妥当性を判断するが、翌年前半には退陣する公算が大きい。任期途中の大統領辞任は民主化以降、初めてとなるとマスコミは報道した。(時事ドットコムニュース　図解【図解・社会】平成を振り返る、二〇一六年一〇大ニュース　二〇二〇年一〇月七日　ネット記事閲覧。)二〇一七年三月一〇日午前一一時二一分、憲法裁判所により罷免が裁判官八人全員一致で宣告され、朴槿恵氏は直ちに失職した。これにより、一九八七年の民主化の際に大統領の弾劾制度が導入されて以降、朴槿恵氏は、史上初めて弾劾で罷免されたことにより失職した大統領となった。(ウィキペディア　二〇二〇年一〇月一八日　閲覧。)民主化後も、政治文化は色濃く存在するもののようである。中国、日本の政治文化の解明も行い、日中韓朝の政治文化の比較文化学的解明を行う必要がある。

安倍晋三首相(当時)は、二〇一六年(平成二八)九月五日に中国の習近平国家主席と会談した。両首脳の会談は、二〇一五年四月以来三度目で、安倍首相が二〇カ国・地域(G二〇)首脳会議(杭州サミット)に出席するために訪れた中国・杭州で約三〇分間、行われた。会談では、尖閣諸島の問題については平行線をたどったし、東シナ海で偶発的な軍事衝突を避けるための「海空連絡メカニズム」は、事務レベルの協議を加速することで合意したが、これはかなり前から首脳間で合意している事項である。今回、運用開始の時期を明確にしなかったことは、結果的に結論を先送りした形と言える。同年九月一〇日の日本経済新聞社「電子版(Ｗｅｂ刊)」の意識調査の実施結果によると、今後の日中関係がよい方向に向かうと「思わない」人が六六・六％、「変わらない」と思う人が二八・三％であった。注目すべきは「北朝鮮は九日に五度目の核実験を実施しました。この挑発行為を封じ込めるにあたり、どの国にもっとも大きな役割を担ってほしいですか」という質問に五九・六％の人が中国と答え(第一位)、二五・六％がアメリカと答えている(第二位)ことである。日中関係はよくならないだろうが、北朝鮮のことは中国にちゃんとしてほしいというのが「多くの日本人」の中国への希望ということになるのであろう。日本人は中国を「敵」「異質」

として見て、アメリカを「味方」として見る味方に慣れているように思われる。（数字は「日中関係、今後は良くなる？」第二八八回二〇一六年九月一〇日　六：〇〇　日本経済新聞社「電子版（Ｗｅｂ刊）」の有料・無料読者を対象とした週一回の意識調査の実施結果による。第二八八回は今後の日中関係と核実験を実施した北朝鮮に関して意見を聞いた。　二〇一七日五月二三日　ネット記事閲覧。）二〇一七年四月二七日　一二：〇〇の同日本経済新聞社「電子版（Ｗｅｂ刊）意識調査では、軍事的緊張の発端となっている北朝鮮による核・ミサイル開発について、その行為を阻止するために米国は中国に大きな期待を寄せているが（同解説　編集委員　木村恭子）、アンケートでは中国にその役割を期待できるとは「思わない」との回答が七〇・五％を占めた。（二〇一七年五月二三日　同ネット記事閲覧。）日本の中国不信は根強いものがあるようである。その中心にいるのが安倍首相（当時）であるが、祖父が岸信介元首相であることが中国の安倍首相観に大きく影響しているのは確かであろうし、中国の儒教的な「血統」論、血筋論にも注意する必要はある。

二〇一七年（平成二九）九月三日、北朝鮮は核実験を咸鏡《ハムギョン》北道《プクト》吉州郡《キルジュグン》豊渓里《プンゲリ》付近で行った。北朝鮮が核実験を行うのは二〇〇六年、二〇〇九年、二〇一三年、二〇一六年一月、二〇一六年九月に続いて六度目である。核実験から八日後の九月一一日、国際連合安全保障理事会は北朝鮮に対する制裁決議を全会一致で可決した。日本とアメリカは北朝鮮に更に「圧力」を加えることを主張したが、ソ連と中国は「対話」の必要性を重視した。従軍慰安婦問題についての韓国政府との考え方の相違もあったが、安倍首相は二〇一八年（平成二四）二月の平昌《ピョンチャン》オリンピック開会式へは参加した。平昌オリンピックでは北朝鮮の「ほほえみ外交」が印象的で、三月六日、北朝鮮を訪れた韓国の文在寅《ムンジェイン》大統領の特使団は南北首脳会談を四月末に南北軍事境界線のある板門店で行うことで北朝鮮と合意し、四月二七日、南北首脳は南北「完全非核化」を共通目標とする「板門店宣言」に署名した。北朝鮮の激変は更に六月一二日の米朝会談を実現させ、中国もそれを支持した。それぞれの国家の思惑の中で東アジアでは変動が生じているが、マスコミを中心とする日本の一般的中国観は相変わらず単線的で、多様性がみられない。

北朝鮮の金正恩朝鮮労働党委員長とアメリカのトランプ大統領の二回目の会談（二〇一九年（平成三一）二月二七日、二八日の両日、ベトナムの首都ハノイで行われた）はうまくいかず、その結果、北朝鮮はロシアや中国に接近した。二〇一九年（令和元）六月下旬のG二〇が大阪で開催される一週間前の六月二〇日、中国の習近平国家主席は北朝鮮・平壌に到着し、二日間の訪問中、金正恩朝鮮労働党委員長と会談した。核の全面廃棄か部分廃棄かで北朝鮮とアメリカで考えが一致しなかったことに起因するのであろう。G二〇後の米朝サプライズ会談はトランプのイメージ戦略であろう。アメリカの二者択一的で、強圧的な態度は他国からも嫌悪されている。北朝鮮が核開発を本格的に行い始めたのは、一九八九年の米ソ冷戦終結後である。中国もロシアも、緩衝地帯としての北朝鮮の崩壊を望みはしない。日本は天安門事件以降、アメリカのチャイナ・ウオッチャー的視点から中国を見るのが常態化している。かつての「尊崇」という中国観は今の日本には存在しないと言っても過言ではない。

二〇一九年九月二六日、孔鉉佑駐日大使は、同国の建国七〇周年を記念して東京都内で開かれたレセプションであいさつし、「二〇一九年は日本の令和元年でもあり、両国関係は歴史の新たなスタートラインに就いている。両国各界が歴史的チャンスを逃さず、中日関係をより高い水準へ発展させるよう希望する」と強調した。習近平国家主席が来春国賓として訪日できるよう努力しているとも述べた。（時事ドットコムニュース「日中関係「より高い水準へ」＝建国七〇周年式典で中国大使」二〇一九年〇九月二六日　ネット記事閲覧。）同年一二月以降、中国湖北省武漢市で発病した病原体不明の肺炎患者は、後にそれが新型のコロナウイルスによるものと判明し、全世界に蔓延していった。習近平国家主席の訪日は、天安門事件後の天皇訪中のように、二〇一九年（平成三一／令和元）―二〇二〇年（令和二年）香港民主化デモ（二〇一九年三月から香港で継続して行われているデモ活動。二〇一九年逃亡犯条例改正案に反対するデモが発端となり、一〇月時点では「五大要求」の達成を要求する反政府デモとなっている。二〇二〇年二月七日　ウィキペディア閲覧。／二〇二〇年八月一二日、一〇日に逮捕された民主派メディアグループ創業者の黎智英（ジミー・ライ）氏が保釈された。一〇日逮捕された一〇人は周庭（アグネス・チョウ）氏や黎智英（ジミー・ライ）氏を含め全員保釈された。二〇二〇年八月二六日、抗議デモに参加したとして、民主派議員二人（林卓廷議員と許智峯議員）を含む一六人が新たに逮捕された。二〇二〇年九月二十九日　ウィキペディア閲覧。）による中国イメージのダメージを挽回することに利用されるのではないかとの「反中」主義者の批判、懸念もあったが、コロナ禍の影響が大きく、延期された。

北朝鮮の核廃棄も遅々として進まない。北朝鮮が核開発を本格的に行い始めたのは、一九八九年（平成元）の米ソ冷戦終結後である。米に呑み込まれることを恐れての危機意識からの核開発である。すでに述べたように、中国もロシアも緩衝地帯としての北朝鮮の崩壊を望みはしないだろう。再三、述べたように日本は天安門事件以降、アメリカのチャイナ・ウオッチャー的視点から中国を見るのが常態化している。かつての「尊崇」という中国観は日本には存在しないと言っても過言ではない。すでに何度も述べたとおりである。（二〇一四年から二〇二一年のサマリーは、日本の中国観（十一）～日本の中国観（十七）の各　一　序　とほぼ重複する。）

**令和（二〇一九年（令和元）五月一日―現在）の日本の中国観については、日本の中国観研究（十七）（二〇二〇・九―二〇二一・八）の　一　序**　に書いたものを基本にして、以下、記しておく。

安倍首相は二〇二〇年九月に退任した。次の菅義偉《すがよしひで》首相が安倍首相と同様に、順調に日米関係を続けられるかはわからない。菅義偉首相は二〇二一年四月一六日、米首都ワシントンのホワイトハウス（White House）で、ジョー・バイデン新大統領と会談した。バイデン大統領は「私たちはインド太平洋地域で重要な二つの民主主義国家だ」と指摘。菅首相は「自由や民主主義、人権という普遍的価値で結ばれた日米同盟はインド太平洋地域と世界の平和、安定、繁栄の礎で、重要性はかつてないほど高まっている」と応じた。首相は「『自由で開かれたインド太平洋』の実現に向けた協力や地域のさまざまな課題、新型コロナウイルス、気候変動など国際社会に共通する課題に対応するため、じっくり議論して連携を確認したい」とも述べた。（毎日新聞　二〇二一年　四月一七日　〇九：一八　ネット記事閲覧。）

二〇二一年六月一一日から一三日までイギリス南西部のコーンウォールで三日間開催されたG7サミットは一三日、一連の日程を終え、討議の成果を取りまとめた首脳宣言を発表した。「コロナと中国」が主要議題で、G7の復活が求められた。中国の海洋進出などに深刻な懸念を表明し、台湾海峡の平和と安定の重要性に初めて言及したほか、東京オリンピック・パラリンピック開催への支持が盛り込まれた。（NHKウェッブニュース　二〇二一年六月一四日〇四：三三　ネット記事閲覧。）また、首脳宣言では、中国の巨大経済圏構想「一帯一路」への対抗を念頭に、途上国のインフラ整備に向けた具体的な支援の方策を検討するため、タスクフォースを設立し、ことしの秋に報告を求めるとしている（同）。アメリカ・イギリス・カナダは中国への強硬策を、ドイツ・フランス・イタリアは経済関係から温厚策をと、温度差がある。日本は基本的にアメリカ追従で、強硬策寄りであるのはいつものとおりである。もっとも、アメリカは単なる「アメリカ追従」ではなく、日本の「同盟国」としての具体的な行動を期待しているようである。招待国として、インド・オーストラリアが参加したのは、二〇一七年一二月、トランプ大統領の「国家安全保障戦略（National Security Strategy：NSS）」文書の踏襲であろう。菅義偉首相も二〇二一年四月一六日の、右の発言を確認した形だ。中国包囲網は築かれるであろうか。途上国のインフラ整備に向けた具体的な支援策も、一九四七年のアメリカのマーシャルプランが米ソ対立、冷戦の始まりの象徴的支援策であったことを想起すると、いたずらな対立は、不毛な結果しか生まないであろう。「自由で開かれたインド太平洋戦略（Free and Open Indo- Pacific

Strategy：FOIP)」が、「対中国包囲網」と同義なだけでは、中国の反発は必至であろう。G7中の六月一二日、昨年一二月に無許可集会を扇動したとして禁錮一〇か月の刑を受けた香港の民主活動家、周庭さんが出所したが、無言のままであった。

二〇二一年七月一日、中国共産党は、北京天安門広場で、中国共産党創建一〇〇年記念の祝賀大会を開き、七万人が参加した。習近平総書記（国家主席）は、グレーの中山服（人民服）姿で天安門の楼上から演説し、「小康社会」全面達成を宣言し、我々をいじめ、抑圧し、奴隷にしようとする外部勢力を中国人民は絶対に許さず、そうしようと妄想する者は、「十四億人の血と肉でできた鋼鉄の長城に頭をぶつけ血を流すだろう」と述べた。また、台湾統一は党の歴史的任務であり、香港で国家安全法制を着実に実行し、中央の全面的な管轄統治権を実行する（京都新聞　朝刊【北京共同】二〇二一年七月一、二、三日　閲覧。）と述べている。中国にとって、経済発展は国内安定の上で至上命令であるから、「一帯一路」政策等は堅持し、政治は中国共産党の指導・支配のもとに、世界一流の軍隊を実現し、国家主権を守る、他国には内政干渉させないというのが中国の基本的な立ち位置であろう。今後、欧米・日本の「人権」「自由」「民主主義」と中国の関係が、対立に基づくのか、協調に基づくのか、世界の安定の上で必須の課題である。「小康」は「大同」へ向かうのが本来の姿である。「大同」は区別、差別のない、道徳が中心となる社会である。過去のアメリカには、そうした理念は存在しなかったようである。「自由」は、「放縦」である場合がほとんどであった。文化とは、過去をリメイクしつつ、新しいものを創造するものである。文化の視点が必要である。日本の中国観にもそのことが言えよう。

## 五　結語

以上、昭和（前期、中期、後期）、平成、令和の日本の中国観について政治を中心として考察してきた。その他の分野の中国観については、Ⅱ **共時的考察** の各「日本の中国観研究（十一）～（十七）」をご覧いただきたい。

令和の日本の中国観は、まだ明瞭ではないが、日本は、アメリカと中国の間で、中国に対して、協調と対立を上手に使い分けることが要請されるであろう。日本と中国は経済的には、相互に切っても切れないが、政治的には、指導者の傾向によって波風の立つことも多い。日本人の心の中には中国に対する「警戒心」「尊崇心」「小中華主義」が存在、混在するようである。通時的に見たところでは、蒙古襲来に対して、辛くもそれをやり過ごした日本は同時に日本文化の独立をし、それを自覚するようになった（内藤湖南の考え）が、中国への警戒心を持ち続けたことであろう。また、人文面では中国文化に対して、尊崇の心を持ち、独自の儒教的展開を行った。そして、日本人はまた「小中華主義」も心の中に持ち、中国への対抗心を持つ中で刻苦勉励してきた。敗戦後は、アメリカを中心とする勢力の側に立ったが、改革開放政策の中国には協力を惜しまず、いまや中国は世界第二位の経済大国になり、日本人はいつまでも経済的に下にいると思っていた中国の台頭に腑に落ちない不安を感じている。すでに、中国に一目置く感覚を持つ人も増えてきている。旧来の固定観念に固執する日本人もいる。日本人は元来、勤勉、誠実を旨とし、仕事を通して「修行」し、「自己実現」を行ってきた。「和」を重んじ、誠実に生きようとする日本人は、敗戦後の七五年間、アメリカに学んだ拝金主義（前提となる物資主義、大量生産・大量消費賛美、エコという名の新商売）の瀰漫《びまん》する現在の日本社会で、今一度、来し方を振り返り、日本の中国観を省察することによって、行く末に思いを致すべき時点に立っていると思うのは私一人ではないであろう。日本の中国観の考察は日本とは何か、日本は世界の中でどのようにあるべきかという問いかけに答えようとすることにつながる考察でもあることを、最後に付言しておきたい。

〔引用文献・参考文献〕

（1）保坂正康（二〇〇七）『昭和史入門』文藝春秋　文春新書　五六四
（2）加藤陽子（二〇〇七）『満州事変から日中戦争へ　シリーズ日本近現代史〇五』岩波書店　岩波新書（新赤版）一〇四六
（3）孫崎享（二〇一二）『戦後史の正体一九四五―二〇一二』創元社
（4）阿部博行（二〇〇五）『石原莞爾　生涯とその時代〔上〕』法政大学出版局
（5）石川禎治（二〇一〇）『革命とナショナリズム　一九二五―一九四五　シリーズ中国近現代史③』岩波書店　岩波新書　一二五一
（6）吉野作造（一九九五）『吉野作造選集』（『選集』と略す。）岩波書店
（7）松本三之介（二〇一一）『近代日本の中国認識　徳川期儒学から東亜共同体論まで』以文社
（8）小林英夫（二〇〇七）『日中戦争―殲滅戦から消耗戦へ』講談社　講談社現代新書　一九〇〇
（9）利根川裕（二〇〇三）「第一章　満蒙に理想は実現せず　世界最終戦論と石原莞爾」半藤一利編著（二〇〇三）所収
（10）半藤一利編著（二〇〇三）『「昭和」を振り回した六人の男たち』小学館　小学館文庫
（11）加藤陽子（二〇〇七）『満州事変から日中戦争へ　シリーズ　日本近現代史⑤』岩浪書店　岩波新書（新赤版）一〇四六
（12）久保田「解説」（昭和四七年）三二九―三三〇頁　石川達三（昭和四八年）所収
（13）石川達三（昭和四八年）『生きている兵隊』新潮社　新潮文庫
（14）一九二八年（昭和三）五月五日号「社説」「無用なる対支出兵」（昭和四六）『石橋湛山全集』第六巻　所収
（15）（昭和四六）『石橋湛山全集』第六巻
（16）一九三八年（昭和一三）一月二二日号「社論」「今後の支那対策と事件費予算調整の必要」（昭和四七）『石橋湛山全集』第十一

巻　所収

(17) (昭和四七)『石橋湛山全集』第十一巻

(18) 孫崎享(二〇一二)『戦後史の正体　一九四五―二〇一二』創元社

(19) 馬場公彦(二〇一〇)『戦後日本人の中国像　日中敗戦から文化大革命・日中復交まで』新曜社

(20) 馬場公彦(二〇一四)『現代日本人の中国像　日中国交正常化から天安門事件・天皇訪中まで』新曜社

(21) 竹内実編(一九九三)『日中国交基本文献集』下巻　蒼蒼社

(22) 久保亨(二〇一一)『社会主義への挑戦　一九四五―一九七一　シリーズ　中国近現代史④』岩波書店　岩波新書(新赤版)一二五二

(23) 岡部牧夫　荻野富士夫　吉田裕編(二〇一〇)『中国侵略の証言者たち―「認罪」の記録を読む』岩波書店　岩波新書(新赤版)一二四二

(24) 姫田光義(一九九五)『「三光作戦」とは何だったのか―中国人の見た日本の戦争』岩波書店　岩波ブックレット

(25) 中嶋嶺雄(一九七一)『増補現代中国論』青木書店

(26) 中嶋嶺雄(一九八七)「いまなぜ「儒教文化圏」か―東アジアの活力とその文明的位相」『中央公論』一九八七年八月号所収

(27) 『中央公論』一九八七年八月号

(28) 莫邦富(二〇〇五)『日中はなぜわかり合えないのか』平凡社　平凡社新書

(29) 服部龍二(二〇一四)『岩波全書　〇二九　大平正芳　理念と外交』岩波書店

(30) 天児慧(二〇一三)『日中対立―習近平の中国を読む』筑摩書房　ちくま新書　一〇一六

(31) 高原明生　前田宏子(二〇一四)『開発主義の時代へ　一九七二―二〇一四　シリーズ　中国近現代史⑤』岩波書店　岩波新書(新赤版)一二五三

(32) 藤野彰(二〇一三)『「嫌中」時代の中国論』柏艪舎発行　星雲社発売

(33) 揚棟梁主編　田慶立　程永明著(二〇一二)『近代以来日本的中国観』第六巻(一九七二―二〇一〇)江蘇人民出版社

(34) 小倉和夫(二〇一三)『日本のアジア外交　二千年の系譜』藤原書店

# Ⅱ　共時的考察

# 解題

## （日本の中国観（十一）（二〇一四・九―二〇一五・八）―日本の中国観（十七）（二〇二〇・九―二〇二一・八））

日本の中国観研究（十一）（二〇一四・九―二〇一五・八）から日本の中国観研究（十七）（二〇二〇・九―二〇二一・八）までの解題である。各解題の最初の部分は、当該年度の日中間の関係の概況を述べたもので、各中国観研究の一序　に加筆、修正したものである。この解題を読むことによって、二〇一四年九月から二〇二一年八月の間の、日中間の出来事とその間の主要な日本の中国観（政治・経済・社会・語学・文学・芸術・文化・比較文化等の日本の中国観）が了解できる。詳しくは、各、日本の中国観をご覧いただきたい。

### 日本の中国観（十一）（二〇一四・九―二〇一五・八）

日中両国で二〇一四年実施された世論調査によると、相手国に対して良くない印象を持つという回答が日本で九割超に上り、二〇〇五年の調査開始以来過去最悪となった二〇一三年よりもさらに悪化した。中国は八割台と、やや改善した。日本の民間団体「言論ＮＰＯ」が九月九日、東京都内で会見し、そう発表した。（時事通信　二〇一四年九月九日（火）二一：〇三　掲載によるネット記事閲覧。）【北京＝矢板明夫】村山富市元首相は二〇一五年四月三日までに香港系テレビ局、フェニックスのインタビューに応じ、九月三日に北京で行われる軍事パレードを含む抗日戦争勝利七〇周年の記念イベントに出席する意向を明らかにした。同イベントについて、中国当局は「関係諸国の要人を招待する」としており、ロシアのプーチン大統領らが参加を表明したが、安倍晋三首相は出席するかどうかについて態度を明らかにしなかった。（産経新聞　二〇一五年四月三日（金）一八：二〇 掲載によるネット記事閲覧。結果として参加しなかった。）二〇一五年八月一四日、夜の戦後七〇年談話発表で、安倍首相は「中国」などの「寛容」によって日本が戦後、国際社会に復帰できたことに感謝しつつ、「積極的平和主義」の旗を高く掲げることを明言した。中国の華春瑩外務省副報道局長はコメントを出し、この戦後七〇年談話について「日本はあの軍国主義侵略戦争の性質と責任に対してはっきりかつ明確な説明を行」うように要求し（時事通信 二〇一五年八月一五日ネット記事閲覧。）、韓国外務省は一五日、植民地支配と侵略に対する「日本の現政権の歴史観を国際社会に如実に示した」とする報道官論評を発表した。（時事通信 二〇一五年八月一五日ネット記事閲覧。）日本と中、韓では「具体性」、「明言」の「文化」（＝何に重きを置き、何を明言するかの傾向、価値観）が異なる。こうした「文化」の相違にも留意して、今年度も「日本の中国観」を四つのカテゴリーに分けて考察してみた。以下、日本の中国観上、とりわけ重要な書について、再度、言及してみたい。

半藤一利／保阪正康（二〇一四・一〇）『日中韓を振り回すナショナリズムの正体』は、ナショナリズムには「国家ナショナリズム」と「庶民ナショナリズム」の二つがあり、「国家ナショナリズム」が「庶民ナショナリズム」を完全に支配下に置くようになったのは、満州事変がきっかけであり（保阪　一一頁）ナショナリズムの扇動者は巧みで、庶民ナショナリズムで感情を誘導しておいて、国家ナショナリズムに吸収させようとする、国家を個人の上において、国家に対する服従の姿勢を取る涙っぽい話を美談として語る（保阪　八二頁）と述べているが、重要な指摘である。集団的自衛権の行使を可能にし、米軍への後方支援を大幅に拡大することを柱とする安全保障関連法が二〇一五年九月一九日、成立し、「国の存立が脅かされる明白な危険」などの要件を満たした場合、自衛隊が海外で武力を行使できることになり、日本の安全保障政策は大きく転換された。安倍政権は「抑止力の強化につながる」と強調しているが、野党や憲法学者らからは「憲法違反」との指摘も出た。（時事ドットコムニュース【図解・社会】平成を振り返る、二〇一五年一〇大ニュース　二〇二〇年一〇月七日　ネット記事閲覧。）

高原明生（二〇一四・一二）『日中関係と国民感情』は一九七二年から二〇一二年までの四〇年間を四つの時期に分けて、それぞれにどういう要因が働いていたのか、国民感情を中心にして説明している。日本の中国への国民感情は、一〇年を区切りとして、支持、良好、「世界の工場」としての中国、悪化と変化した。**一九八九年**の**天安門事件**によって、政治的に遅れた国、中国という対中イメージが主流となり、研究者もチャイナ・ウォッチャーが席巻するようになった。一九九一年のバブル崩壊とそれとは対照的な中国の経済発展は日本に中国脅威論と歴史修正主義を生じさせ、中国も経済成長とともに日本からの投資、技術、専門家のアドバイスに依存するだけではなく、アメリカやヨーロッパ、東南アジアとの関係も視野に入れるようになった、という指摘は重要である。

**日本の中国観（十二）**（二〇一五・九―二〇一六・八）

安倍晋三首相は二〇一五年九月初旬に検討していた中国訪問を見送る方針を決め、九月三日に中国が北京で開く抗日戦争勝利七〇年記念式典を欠席した。同じ時期に安全保障関連法案の国会審議が大詰めを迎えることや、米国などの首脳が式典への出席を見送る方向になっていることなどを踏まえての決定であった。式典は軍事色や反日的な色彩が強く、日本政府内にも式典前後の訪中は誤ったメッセージを送ることになるとの慎重論があり、首相は米国などに歩調を合わせるべきだと判断したもようだ。（日本経済新聞　二〇一五年八月四日　一〇：一六　ネット記事閲覧。）日中関係は、日本の米国への共同歩調が基本にある。

一一月一日に三年半ぶりにソウルで行われた日中韓首脳会談と、翌二日の安倍晋三首相と朴槿恵大統領の初めての日韓首脳会談は今後の動向が注目されたが、急には友好的になれない様子が窺えた。日中韓では「歴史」についての文化的考え方が違うことも大きく影響している。朱子学的に善悪をいつまでも峻別する文化と、過去のことは「水に流すことを善しとする文化」の相違もある。

二〇一六年、韓国の朴槿恵《パククネ》大統領の長年の親友、崔順実《チェスンシル》被告が、自らが主導して設立した財団に、大統領府の後押しで財閥から寄付金を拠出させたほか、大統領の演説草案などが事前に提供されていたことなどが発覚。崔順実被告が政策や政府人事に介入したとされる。検察は崔被告らを一一月に起訴し、朴大統領も「共謀関係にあった」と認定した。大統領の支持率は四％まで下落し、ソウル中心部で一九八七年の民主化以降、最大規模の退陣要求集会が開かれた。大統領は翌年四月辞任の意向を表明したが、世論の憤りは収まらず、一二月九日、弾劾訴追案が野党三党と与党非主流派などの賛成で可決された。憲法裁判所が妥当性を判断するが、翌年前半には退陣する公算が大きかった。任期途中の大統領辞任は民主化以降、初めてとなる。（時事ドットコムニュース　図解【図解・社会】平成を振り返る、二〇一六年一〇大ニュース　二〇二〇年一〇月七日　ネット記事閲覧。）二〇一七年三月一〇日午前一一時二一分、憲法裁判所により罷免が裁判官八人全員の一致で宣告され、朴槿恵氏は直ちに失職した。これにより、一九八七年の民主化の際に大統領の弾劾制度が導入されて以降、朴槿恵氏は、史上初めて弾劾で罷免されたことにより失職した大統領となった。（ウィキペディア　二〇二〇年一〇月一八日　閲覧。）民主化後も、民主化以前の政治文化は色濃く存在するもののようである。中国、日本の政治文化の解明も行い、日中韓朝の政治文化の比較文化学的解明を行う必要がある。

日本の中国観について、今年度も四つの範疇で、考察した。以下、とりわけ重要な書について、再度、言及してみたい。

高口康太（二〇一五・九）『なぜ習近平は激怒したのか―人気漫画家が亡命した理由』は「ネットの大衆化こそがネット論壇瓦解の要因だった」と言う。伝統的に中国では、善導、教化されるべき対象＝「愚民」（村民）と皇帝や「徳のある官」は共犯関係にあり、「悪しき官」の不正をただして互いの「利」を得る（二〇四―二〇六頁）という指摘は、中国的伝統的統治のあり方を示唆していて重要である。榊原英資（二〇一五・一〇）『世界を震撼させる中国経済の真実』とポール・クルーグマン・浜田宏一（二〇一六・二）『二〇二〇年　世界経済の勝者と敗者』では中国を「脅威」「敵」と見るか（後者）、みないか（前者）の明瞭な相違がある。中国経済については、予見的な脅威論、崩壊論が多い中で、榊原氏の中国経済論は、そうした決めつけから自由である。栗田直樹（二〇一六・二）『共産中国と日本人』はかつての中国賛美をした「進歩的文化人」への明らさまな批判の書である。一九八九年の天安門事件以来、日本の中国研究は、アメリカ流のチャイナ・ウォッチャーが主流であるが、こうした露骨な、過去の「進歩的文化人」批判は、この時期の首相の性向と軌を一にしているように思われる。日本人は他者認識を好か悪（お）のどちらか一色で行う傾向があるのではないか。日本の感性文化が悪く出る例のように思う。

### 日本の中国観（十三）（二〇一六・九―二〇一七・八）

安倍晋三首相（当時）は二〇一六年九月五日に中国の習近平国家主席と会談した。両首脳の会談は、二〇一五年四月以来三度目で、安倍首相が二〇カ国・地域（G二〇）首脳会議（杭州サミット）に出席するために訪れた中国・杭州で約三〇分間、行われた。会談では、尖閣諸島の問題については平行線をたどったし、東シナ海で偶発的な軍事衝突を避けるための「海空連絡メカニズム」は、事務レベルの協議を加速することで合意したが、これはかなり前から首脳間で合意している事項である。今回、運用開始の時期を明確にしなかったことは、結果的に結論を先送りした形と言える。同年九月一〇日の日本経済新聞社「電子版（Ｗｅｂ刊）」の意識調査の実施結果によると、今後の日中関係がよい方向に向かうと「思わない」人が六六・六％、「変わらない」と思う人が二八・三％であった。注目すべきは「北朝鮮は九日に五度目の核実験を実施しました。この挑発行為を封じ込めるにあたり、どの国にもっとも大きな役割を担ってほしいですか」という質問に五九・六％の人が中国と答え（第一位）、二五・六％がアメリカと答えている（第二位）ことである。日中関係はよくならないだろうが、北朝鮮のことは中国にちゃんとしてほしいというのが「多くの日本人」の中国への希望ということになるのであろう。日本人は中国を「敵」「異質」として見て、アメリカを「味方」として見る味方に慣れているように思われる。（数字は「日中関係、今後は良くなる?」第二八八回二〇一六年九月一〇日　六：〇〇　日本経済新聞社「電子版（Ｗｅｂ刊）」の有料・無料読者を対象とした週一回の意識調査の実施結果による。第二八八回は今後の日中関係と核実験を実施した北朝鮮に関して意見を聞いた。　二〇一七日五月二三日　ネット記事閲覧。）二〇一七年四月二七日二一：〇〇の同意識調査では、軍事的緊張の発端となっている北朝鮮による核・ミサイル開発について、その行為を阻止するために米国は中国に大きな期待を寄せているが（同解説　編集委員　木村恭子）、アンケートでは中国にその役割を期待できるとは「思わない」との回答が七〇・五％を占めた。（二〇一七年五月二三日　同ネット記事閲覧。）日本の中国不信は根強いものがあるようである。その中心にいるのが安倍首相（当時）であるが、祖父が岸信介元首相であることが中国の安倍首相観に大きく影響しているのは確かであろうし、中国の儒教的な「血統」論、血筋論にも注意する必要はある。

今回もこの一年間に日本で出版された日本の中国観関係書籍を資料として、日本の中国観について、考察したが、以下の書はとりわけ重要である。杉山祐之（二〇一七・二）『張作霖　爆殺の軌跡一八七五―一九二八』は張作霖再評価の書である。杉山氏は善玉悪玉決定論には反対のようである。現在の日本人は文革を全く評価せず、研究者は、チャイナ・ウォッチャーの視点から「独裁国家」中国を見るのが日本の中国観の主流となっているが、杉山氏が「民族の大義と言うべき伝統的な価値観に忠実であった」（三二七頁）張作霖の姿を張作霖の次の言葉に見出しているのは、硬直した歴史認識への反措定をもくろんでいるのかもしれない。「馬賊になる、土匪になるなど大したことではない。事が成れば王となり、敗れれば賊になるだけのことだ。何とでも言える。だが、何があっても漢奸（民族の裏切り者）になってはならない。死んだ後もののしられることになってしまう」（同）。郭春貴（二〇一七・一）『誤用から学ぶ中国語　続編二』には日本語母語学習者という視点の徹底を意識していただきたい。日本人は近視眼的で、自文化と他文化を比較し、相対的に見るということが下手であるし、そもそも、そのことを「自覚」していない。イザヤ・ベンダサン著　山本七平訳（二〇一六・一二）『日本人と中国人　―なぜあの国とまともに付き合えないのか』は中国観を通した日本論である。日本の小中華主義をよく把握している。中島岳志（二〇一七・七）『アジア主義―西郷隆盛から石原莞爾へ』のように大学でヒンディー語を専攻し、東南アジア、中国、日本と視野広く勉強した人によって「アジア主義」について、このように包括的で明晰、かつ分かりやすい本が書かれるのは、稀有のことである。グローバリズムとは、本来、自文化への志向を内包しつつ、外を志向するものであろう。エキゾチシズムが失われた、かつて存在した自己と世界の一体性への回帰運動であるように。グローバリズムは拝金主義のアメリカニズムの流布と決して同義ではない。

## 日本の中国観（十四）（二〇一七・九—二〇一八・八）

二〇一七年九月三日、北朝鮮は核実験を咸鏡《ハムギョン》北道《ブクト》吉州郡《キルジュグン》豊渓里《プンゲリ》付近で行った。北朝鮮が核実験を行うのは二〇〇六年、二〇〇九年、二〇一三年、二〇一六年一月、二〇一六年九月に続いて六度目である。核実験から八日後の九月一一日、国際連合安全保障理事会は北朝鮮に対する制裁決議を全会一致で可決した。日本とアメリカは北朝鮮に更に「圧力」を加えることを主張したが、ソ連と中国は「対話」の必要性を重視した。従軍慰安婦問題についての韓国政府との考えの相違もあったが、安倍首相は二〇一八年二月の平昌《ピョンチャン》オリンピック開会式へは参加した。平昌オリンピックでは北朝鮮の「ほほえみ外交」が印象的で、三月六日、北朝鮮を訪れた韓国の文在寅《ムンジェイン》大統領の特使団は南北首脳会談を四月末に南北軍事境界線のある板門店《パンムンジョム》で行うことで北朝鮮と合意し、四月二七日、南北首脳は南北「完全非核化」を共通目標とする「板門店宣言」に署名した。北朝鮮の激変は更に六月一二日の米朝会談を実現させ、中国もそれを支持した。それぞれの国家の思惑の中で東アジアでは変動が生じているが、マスコミを中心とする日本の一般的中国観は相変わらず単線的で、多様性がみられない。

今回の日本の中国観関係の書で、特に重要と思われるのは、「国民国家」の問題を扱う書である。一七八九年のフランス革命によって身分制度と絶対王政が批判され、「国家は国民のものである」＝「国民主権」という考え方への転換がなされた。フランス革命は「国民国家」（ネイション・ステート）の生みの親であった。羽田正（二〇一七・一二）『東インド会社とアジアの海』は東インド会社の興亡（王権の衰微と国民国家の成長とともにあった）を通して、一七〜一八世紀の世界全体を描いている。野嶋剛（二〇一八・六）『タイワニーズ　故郷喪失者の物語』はタイワニーズという新たな国民国家の実態を明らかにしている。川端基夫（二〇一七・九）『消費大陸アジア―巨大市場を読みとく』は中国の医療事情を活写し、譚璐美（二〇一七・一〇）『近代中国への旅』は近代中国の「省」が過去、「国」の様なものであったことを教えてくれる。天児慧（二〇一八・四）『習近平が変えた中国』は習近平を冷静に記述する。習近平の「一帯一路」戦略は南シナ海問題と表裏の関係にある。中国的なのは習近平が二〇一三年七月に第八回共産党政治局集団学習会で「海洋強国」建設の重要性を強調し、南シナ海を「核心的利益」としつつも、同年一〇月のインドネシア国会で演説した際には「二一世紀海上シルクロード」建設を提案していることである。硬軟、緩急、強気と協調の両面政策を同時に発動するのである。

一九八九年一二月、米ソ二大国のブッシュとゴルバチョフ両首脳が地中海のマルタ島でのマルタ会談において「冷戦の終結」を宣言して第二次世界大戦の戦後世界を、約半世紀にわたって規定した「冷戦」は終わりを迎えた。しかし、冷戦後の世界は地域紛争、民族紛争、テロが一気に吹き出してきて、予想外の困難な時代が到来した。その中で、アメリカ合衆国が軍事的なプレゼンスでは他を圧倒し、唯一の超大国として世界の平和に責任を持つという理念の下で行動するようになった。湾岸戦争では「正義の戦争」として国連と共に行動したが、九・一一同時多発テロ以降のアメリカはその単独行動主義（ユニラテラリズム）が顕著になっている。そして、経済のあり方はいわゆるグローバリゼーションの進行によって、その規模の巨大化、空洞化が顕著となり、環境破壊が一段と深刻となった。冷戦終結から二〇年目にあたる二〇〇九年、新たな世界恐慌という危機を感じさせるリーマン＝ショックが生じ、アメリカ自体もいやおうなく転換せざるをえない気配を見せ始めた。冷戦の終結という動きの中で、取り残されたのが、朝鮮半島の分断であった。改革開放に大きく舵を切った中国が、共産党政権の下で資本主義化するという、かつては考えられなかったような大転換が進行している。このようなアジア情勢の変動のなかで、北朝鮮は独裁体制を強化しつつ核開発を急ぎ、国際的な孤立を深めている。（世界史用語解説　授業と学習のヒント　二〇二〇年一〇月二〇日　ネット閲覧。）日本の中国観は、常にアメリカの中国観を意識し、アメリカに配慮したものである。国家を超える時代を日本が模索するなら、中国、コリア、東南アジアなどについての比較文化学的な相互認識が必要とされるであろう。日本が過去、相手をどう見てきたか、相手が過去、日本をどう見てきたかという通時的、歴史的考察と、現在、日本が相手をどう見て、相手が日本をどう見ているかという共時的考察のいずれもが必要とされる。本、日本の中国観もその枠組みの中にある。

## 日本の中国観（十五）（二〇一八・九―二〇一九・八）

北朝鮮の金正恩《キムジョンウン》朝鮮労働党委員長とアメリカのトランプ大統領の二回目の会談（二〇一九年二月二七日、二八日の両日、ベトナムの首都ハノイで行われた）はうまくいかず、その結果、北朝鮮はロシアや中国に接近した。二〇一九年六月下旬のG二〇が大阪で開催される一週間前の六月二〇日、中国の習近平国家主席は北朝鮮・平壌に到着し、二日間の訪問中、金正恩朝鮮労働党委員長と会談した。核の全面廃棄か部分廃棄かで北朝鮮とアメリカで考えが一致しなかったことに起因するのであろう。G二〇後の米朝サプライズ会談はトランプのイメージ戦略であろう。アメリカの二者択一的で、強圧的な態度は他国から嫌悪されている。北朝鮮が核開発を本格的に行い始めたのは、一九八九年の米ソ冷戦終結後である。中国もロシアも、緩衝地帯としての北朝鮮の崩壊を望みはしない。日本は天安門事件以降、アメリカのチャイナ・ウオッチャー的視点から中国を見るのが常態化している。かつての「尊崇」という中国観は今の日本には存在しないと言っても過言ではない。こうした状況のなかで、この一年の日本の中国観について、日本で出版された書籍の中から考察した。以下、重要と思われるものについて、再度、述べておく。

日本の中国観は大きくは「尊崇」「脅威」「小中華主義」の三つに分けられるが、「小中華主義」は時代の趨勢で支持されたことがあったことを河上（二〇一九・三）『古代日中関係史―倭の五王から遣唐使以降まで』は教えてくれる。聖徳太子の「日出処」「日没処」は「日の出の勢いの国」対「夕日の沈む国」として従来、理解されていたもので、太平洋戦争から戦後も多く支持されたが、近年、東野浩之氏によって「単に東西を意味する表現に過ぎないことが証明された」ことを明らかにしている。「尊崇」にしろ、微妙な差が生じて、日本的なものが生まれてきたことは彭丹（二〇一八・一〇）『いにしえの恋歌　和歌と漢詩の世界』・小林（二〇一八・一一）『日本水墨画全史』・別冊炎芸術（二〇一八・一二）『天目　てのひらの宇宙』によって知ることができる。彭丹（二〇一八・一〇）は、和歌が漢詩と異なる独自の世界を創りあげてきた方法の一つとして、村田珠光の「和漢の境《さかい》を紛《まぎ》らかす事」を援用し、和物・唐物に拘泥しないところから「わび」が生まれたように、和歌と漢詩も同様に、葛藤の中から和歌の世界に「もののあはれ」が現出した（二六五頁）と言う。「脅威」の念の反対が軽侮の念であろうことは藤村　雷（二〇一九・四）『飛躍するチャイナ・イノベーション—中国ビジネス成功のアイデア一〇〇』を通して理解できる。日本の輸出入総額の相手国は二〇〇七年に中国が米国を抜いてトップに躍り出て、それから二〇一七年までの一〇年間、中国は一貫してトップの座を占めて、中国との関係が重要であることは誰もが認めざるを得ない。「米国追従」だけでは日本の国益を損ねてしまうから、ほかの国ともバランスよく付き合っていく必要があり（一六二頁）、中国を無視することはできない。日本は「中国市場観」を大きく変えてしかるべきなのに、現実は、日本企業が競争力、優位性を有していた一九九〇年代の中国市場観が今でも日本には根強く残っている（四八頁）。「上から目線」から抜け切れない日本（はじめに　Ⅲ）は東京オリンピック後の内需の落ち込みを考えて、巨大化していく中国市場を抜きにして、日本の将来像を描きにくいのではないか（はじめに　Ⅴ）と本書は言う。日本の中国観の考察は、日本自体を「自覚」して知ることに通じている。異文化理解という手あかのついた言葉も自文化理解と一組にすることによって生きてくる。

## 日本の中国観（十六）（二〇一九・九―二〇二〇・八）

二〇一九年九月二六日、孔鉉佑駐日大使は、同国の建国七〇周年を記念して東京都内で開かれたレセプションであいさつし、「二〇一九年は日本の令和元年でもあり、両国関係は歴史の新たなスタートラインに就いている。両国各界が歴史的チャンスを逃さず、中日関係をより高い水準へ発展させるよう希望する」と強調した。習近平国家主席が来春国賓として訪日できるよう努力しているとも述べた。（時事ドットコムニュース「日中関係「より高い水準へ」＝建国七〇周年式典で中国大使」二〇一九年〇九月二六日　ネット記事閲覧。）同年一二月以降、中国湖北省武漢市で発病した病原体不明の肺炎患者は、後にそれが新型のコロナウイルスによるものと判明し、全世界に蔓延していった。習近平国家主席の訪日は、天安門事件後の天皇訪中のように、二〇一九年―二〇二〇年香港民主化デモ（二〇一九年三月から香港で継続して行われているデモ活動。二〇一九年逃亡犯条例改正案に反対するデモが発端となり、一〇月時点では「五大要求」の達成を要求する反政府デモとなっている。二〇二〇年二月七日　ウィキペディア閲覧。／二〇二〇年八月一二日、一〇日に逮捕された民主派メディアグループ創業者の黎智英（ジミー・ライ）氏が保釈された。一〇日逮捕された一〇人は周庭（アグネス・チョウ）氏や黎智英（ジミー・ライ）氏を含め全員保釈された。二〇二〇年八月二六日、抗議デモに参加したとして、民主派議員二人（林卓廷議員と許智峯議員）を含む一六人が新たに逮捕された。二〇二〇年九月二十九日　ウィキペディア閲覧。／中国の全国人民代表大会（全人代、日本の国会に相当）常務委員会は二〇二〇年六月三〇日、「香港国家安全維持法案」を全会一致で可決し、翌七月一日から香港で施行された。香港での反逆や扇動、破壊行為、外国勢力との結託などを禁止するもので、断続的に続いてきた抗議活動を抑えるものとなる。ＢＢＣの取材では民主派の市民が、この法律は「一国二制度」を奪ってしまうものだと心配の声をあげた。一方、この法律の支持者は、民主派運動によって社会不安が広がった香港に、安全をもたらしてくれると話した。ＢＢＣニュースジャパン　二〇二〇年七月一日ネット記事閲覧。）による中国イメージのダメージを挽回することに利用されるのではないかとの「反中」主義者の批判、懸念もあったが、コロナ禍の影響が大きく、延期された。

北朝鮮の核廃棄も遅々として進まない。北朝鮮が核開発を本格的に行い始めたのは、一九八九年の米ソ冷戦終結後である。中国もロシアも緩衝地帯としての北朝鮮の崩壊を望みはしないだろう。日本は天安門事件以降、アメリカのチャイナ・ウオッチャー的視点から中国を見るのが常態化している。かつての「尊崇」という中国観は日本には存在しないと言っても過言ではない。すでに何度も述べたとおりである。こうした状況のなかで、今年度も日本の中国観について、日本で出版された書籍の中から考察した。とりわけ、以下の書籍は重要である。

大島隆（二〇一九・一〇）『芝園団地に住んでいます　―住人の半分が外国人になったとき何が起きるか』は、著者がベトナム系アメリカ人の元妻との間にできたマイノリティとして生きる子を持つ親として外国人との共生社会の在り方を切実な課題とし（あとがき　二二九頁）中国人を主とする外国人住民が過半数を超える埼玉県の芝園団地に引っ越して、生活した記録である。現在日本の団地の一状況を活写していて、興味深い。国民国家の「国民」は共通の「ネーション」を意味し、それは「国家」というハードを支える「一体感」「共通意識」であるが、領土、領空、領海といったハード面だけでなく、「国民」というソフト面の再考が必要とされる時代に我々は生きている（再録）。

同じ団地について、悪い面だけを書いている本もあるが、そうした種類のものは取り上げない。蔡昉著　丸川知雄監訳・解説　伊藤亜聖・藤井大輔・三竝康平訳（二〇一九・一二）『現代中国経済入門　人口ボーナスから改革ボーナスへ』によって、農村の労働人口が「盲流」となって都市を襲って、貧農が都市に押し寄せたというテレビ等マスコミでなされた報道が虚偽であることが、理解できる。「農村の労働力が農業の成長に必要とされる水準を上回って増えた分が第二次産業や第三次産業に流れてきたのであ」り、農村はどんどん貧しくなり、都市はますます豊かになるというマスコミによって流されたイメージが、一面的であることを教えてくれる。日本のマスコミ、とりわけテレビ報道は恣意的で、中国の暗黒面、否定面を中心にしたものが多いのは、日本のコリア報道とよく似ている。人々の政治文化の相違を自覚的に報道する姿勢は見られない。

## 日本の中国観（十七）（二〇二〇・九―二〇二一・八）

安倍首相は二〇二〇年九月に退任した。次の菅義偉首相が安倍首相と同様に、順調に日米関係を続けられるかどうかはわからない。トランプ政権下で日本は多額の兵器を買わされ不満が募っていたが、トランプは選挙で負け、バイデンが新大統領となった。菅義偉首相は二〇二一年四月一六日、米首都ワシントンのホワイトハウス（White House）で、ジョー・バイデン大統領と会談した。バイデン大統領は「私たちはインド太平洋地域で重要な二つの民主主義国家だ」と指摘。菅首相は「自由や民主主義、人権という普遍的価値で結ばれた日米同盟はインド太平洋地域と世界の平和、安定、繁栄の礎で、重要性はかつてないほど高まっている」と応じた。首相は「『自由で開かれたインド太平洋』の実現に向けた協力や地域のさまざまな課題、新型コロナウイルス、気候変動など国際社会に共通する課題に対応するため、じっくり議論して連携を確認したい」とも述べた。首相は同月一五日に米中西部インディアナ州インディアナポリスで起きた銃撃事件の犠牲者への弔意も表明した。（毎日新聞　二〇二一年　四月一七日　〇九：一八　ネット記事閲覧。）

二〇二一年六月一一日から一三日までイギリス南西部のコーンウォールで三日間開催されたG７サミットは一三日、一連の日程を終え、討議の成果を取りまとめた首脳宣言を発表した。首脳宣言では、来年までに新型コロナウイルスの感染を終息させるため、途上国などにワクチン一〇億回分に相当する支援を行うとしている。また中国の海洋進出などに深刻な懸念を表明し、台湾海峡の平和と安定の重要性に初めて言及したほか、東京オリンピック・

パラリンピック開催への支持が盛り込まれた。（ＮＨＫウェッブニュース　二〇二一年六月一四日　〇四：三三　ネット記事閲覧。）また、首脳宣言では、中国の巨大経済圏構想「一帯一路」への対抗を念頭に、途上国のインフラ整備に向けた具体的な支援の方策を検討するため、タスクフォースを設立し、ことしの秋に報告を求めるとしている（同）。アメリカ・イギリス・カナダは中国への強硬策を、ドイツ・フランス・イタリアは中国との経済関係から温厚策をと、温度差がある。日本は基本的にアメリカ追従で、強硬策寄りであるのはいつものとおりである。もっとも、アメリカは日本に単なる「追従」ではなく、日本の「同盟国」としての具体的な行動を期待しているようだ。招待国として、インド・オーストラリアが参加したのは、二〇一七年一二月、トランプ前大統領の「国家安全保障戦略（National Security Strategy：NSS)」文書の踏襲であろう。菅義偉首相も二〇二一年四月一六日の、右の発言を確認した形だ。中国包囲網は築かれるであろうか。途上国のインフラ整備に向けた具体的な支援策も、一九四七年のアメリカのマーシャルプランが米ソ対立、冷戦の始まりの象徴的支援策であったことを想い起こすと、いたずらな対立は、不毛な結果しか生まないであろう。Ｇ７中の、六月一二日、昨年一二月に無許可集会を扇動したとして禁錮一〇か月の刑を受けた香港の民主活動家、周庭さんが出所したが、無言のままであった。

中国の全国人民代表大会（全人代、国会に相当）常務委員会は二〇二〇年六月三〇日、「香港国家安全維持法案」を全会一致で可決し、同法は翌七月一日から香港で施行されている。香港での反逆や扇動、破壊行為、外国勢力との結託などを禁止するもので、一昨年から断続的に続いてきた抗議活動を抑えるものとなっている。二〇二一年七月一日、中国共産党は、北京天安門広場で、中国共産党創建一〇〇年記念の祝賀大会を開き、七万人が参加した。習近平総書記（国家主席）は、グレーの中山服（人民服）姿で天安門の楼上から演説した。以下、演説の骨子である。「小康社会」全面達成を宣言し、我々をいじめ、抑圧し、奴隷にしようとする外部勢力を中国人民は絶対に許さず、そうしようと妄想する者は、「十四億人の血と肉でできた鋼鉄の長城に頭をぶつけ血を流すだろう」。台湾統一は党の歴史的任務である。香港で国家安全法制を着実に実行した。中央の全面的な管轄統治権を実行する。（京都新聞　朝刊【北京共同】二〇二一年七月一、二、三日　閲覧。）経済発展は国内安定の上で至上命令であるから、「一帯一路」政策等は堅持し、政治は中国共産党の指導・支配のもとに、世界一流の軍隊を実現し、国家主権を守る、他国には内政干渉させないというのが基本的な立ち位置であろう。今後、欧米・日本の「人権」「自由」「民主主義」との対立がどのように中和されるかは、世界の安定の上で必須の課題である。「小康」は「大同」へ向かうべきである。「大同」は区別、差別のない、道徳が中心となる社会である。

こうした状況のなかで、今年度も日本の中国観について、日本で出版された書籍の中から考察した。とりわけ、以下の書籍は重要である。

張雲（二〇二〇・一二）『日中相互不信の構造』は、二〇一〇年の漁船衝突事件の際も、解決のための外交努力は、当事者の日中間ではなく、日米間と米中間で行われており、真のゲームは後者で行われたことを明らかにし、日中間の相互戦略軽視は、冷戦下に始まったわけではなく、第一回目は、日清戦争の時に、第二回目は第二次世界大戦中に起こり、第二回目の時、日本は中国を欧米と戦うための経済的後方基地とし、日本の対中認識はほとんど傲慢と軽蔑の念で占められていたとしている。小森陽一（二〇二〇・九）『読み直し文学講座　夏目漱石『心』を読み直す病と人間、コロナウイルス禍のもとで』は、夏目漱石の『心』という小説を、日清戦争が大日本帝国と日本人の生活をどのように変質させたかという視点から読み解いた（あとがき　二一四頁）書である。時代と文学の関係を論ずる研究手法は、清水多吉氏や前田愛氏と通じるものがある。文学は総合的に、比較文化学的に社会との関係で論じるべきである。孫軍悦（二〇二一・二）『現代中国と日本文学の翻訳　テクストと社会の相互形成史』は、日本では中国の文学と政治の関係が単純化されていて、政治に従属してプロパガンダになるか、政治に抵抗して出版禁止になるか、あたかも文学の運命がこの二つしかないように考えられがちで、すべての問題をいわゆる「全体主義的一党独裁」の政治体制に固有のものと考え、「異形の大国」としての「中国像」に固執する言説が回避し続けているのは、むしろ「他者に映し出される自己像ではないだろうか」と言う。孫氏のこの言辞は、現在の日本の中国観の一つ＝偏狭な、決めつけの中国観への厳しい批判となっている。吉野裕子（二〇二一・四）『陰陽五行と日本の民俗』新版は、従来、注目されなかった陰陽五行による民俗の考察を行い、それが本書の特徴となっている。過去の日本文化理解には、当時の人々の信じていた陰陽五行の中国哲学の理解が必須であり、そうした比較文化学的理解なしには、表層的理解しかできないであろう。近代主義は、過去の不可解な事実を迷信の一言で片づけたが、より深い理解のためには、まず過去に謙虚に学ぶ姿勢が必要であろう。

# 日本の中国観（十一）（二〇一四・九—二〇一五・八）

## 一　序

日中両国で二〇一四年実施された世論調査によると、相手国に対して良くない印象を持つという回答が日本で九割超に上り、二〇〇五年の調査開始以来過去最悪となった二〇一三年よりもさらに悪化した。中国は八割台と、やや改善した。日本の民間団体「言論ＮＰＯ」が九月九日、東京都内で会見し、そう発表した。（時事通信　二〇一四年九月九日（火）二二時三分掲載による。）【北京＝矢板明夫】村山富市元首相は二〇一五年四月三日までに香港系テレビ局、フェニックスのインタビューに応じ、九月三日に北京で行われる軍事パレードを含む抗日戦争勝利七〇周年の記念イベントに出席する意向を明らかにした。同イベントについて、中国当局は「関係諸国の要人を招待する」としており、ロシアのプーチン大統領らが参加を表明したが、安倍晋三首相は出席するかどうかについて態度を明らかにしていない。（産経新聞　二〇一五年四月三日（金）一八時二〇分掲載による。）（結果として参加しなかった。）二〇一五年八月一四日、夜の、戦後七〇年談話発表で、安倍首相は「中国」などの「寛容」によって日本が戦後、国際社会に復帰できたことに感謝しつつ、「積極的平和主義」の旗を高く掲げることを明言した。中国の華春瑩外務省副報道局長はコメントを出し、この七〇年談話について「日本はあの軍国主義侵略戦争の性質と責任に対してはっきりかつ明確な説明を行」うように要求し（時事通信二〇一五年八月一五日）、韓国外務省は一五日、植民地支配と侵略に対する「日本の現政権の歴史観を国際社会に如実に示した」とする報道官論評を発表した。（時事通信二〇一五年八月一五日閲覧。）日本と中、韓では「具体性」、「明言」の「文化」（＝何に重きを置き、何を明言するかの傾向、価値観）が異なる。こうした「文化」の相違にも留意して、今年度も「日本の中国観」を四カテゴリーに分けて、以下、考察してみたい。

## 二　日本の中国観研究（二〇一四・九―二〇一五・八）

### Ⅰ　社会関連書籍（政治・経済を含む）考察

**半藤一利／保阪正康（二〇一四・一〇）『日中韓を振り回すナショナリズムの正体』東洋経済新報社**

ナショナリズムには「国家ナショナリズム」と「庶民ナショナリズム」の二つがあり、前者は上部構造（国家）のナショナリズムで、政治家とか官僚など政策決定者が国益の守護あるいは国権の伸長を企図して政策を決める基準であり、後者は下部構造（庶民の共同体）のナショナリズムで、江戸時代から近代になっても共同体に引き継がれてきた倫理観、生活規範、人生観など個人、民草の中にあるナショナリズムである（保阪　二二―二三頁）。保阪氏は下部構造のナショナリズムについて、日常生活でもメディアの言論でも避けたりしないで、堂々と「ナショナリズム」だと評すべきであると言う。なぜなら上部構造（国家）のナショナリズムが下部構造（庶民の共同体）のナショナリズムを圧迫して、抑圧してきたのが、日本の近代史以降の歴史だと見るからである（保阪　二三頁）。**「国家ナショナ**

リズム」が「庶民ナショナリズム」を完全に支配下に置くようになったのは満州事変がきっかけである（保阪　一一頁）。ナショナリズムの扇動者は巧みで、庶民ナショナリズムで感情を誘導しておいて、国家ナショナリズムに吸収させようとする、国家を個人の上において、国家に対する服従の姿勢を取る涙っぽい話を美談として語る（保阪　八二頁）。

日本が韓国併合したのは、国防のためだったが、韓国の人たちにとっては、たとえ防衛でも日本の身勝手だったことに変わりはない（半藤　一四三頁）。韓国の反日の底の方に「侮日」という古層があり、日本の今日あるのは韓国文化を上手く取り入れて、それを消化したからであり、韓国の方が兄貴なんだという抜きがたい優越感が底の方にある（半藤　三〇二頁）。日本の有名俳優の出自は韓国だと公然と考える事や日本語の祖語は韓国語だ（だから韓国の方が上だ）と考えるのも同じ思い入れの表れであろう。

国と国の付き合いには三つのレベルがあり、①上のレベルであるA層は政府と政府の関係で、互いに国益を代弁しての付き合いで、このレベルで国家ナショナリズムの要素が不気味に見え隠れする②中間にあるB層は良識的に付き合おうという中間層で、相互理解を心がける双方の良識的な国民の関係である③下にあるC層のレベルは感情だけのレベルで何も知らず考えていないとしか見えないような人たち、日本で言えばヘイトスピーチをしている人たちによって構成されていて、同様の人たちは日本だけでなく中国や韓国にもいる（保阪　一七六頁）。

戦前の日本のナショナリズムはアジアの盟主たらんとする国家目標のために個人の献身を求める国家主義（半藤　一九五頁）で、「日本が世界で一番良い国」と信じることで成り立っていた（保阪　二二二頁）。真の日本人の庶民ナショナリズムの姿は、たとえば、戦前、戦争が不可避の状態で「それならば我々の世代が戦争に行こう。（省略）子供のためを思えば仕方がない、我々が運命を受け入れて、死の危険を引き受けよう」（保阪　二三〇―二三一頁）というある学徒兵の言葉の中にあると保阪氏は言う。「「父母《ちちはは》の国」のために礎になろうという精神」は庶民ナショナリズムを国家ナショナリズムが吸収した例であろう。

戦前の陸軍指導部の軍人に昭和四〇年代に保阪氏が取材をした折に、その軍人は「息子を死なせたくなかったら、陸大（陸軍大学校）に入れることだよ。」と保坂氏に言ったと言う。その軍人は庶民の子供が死んでも、自分の子供が死なないのなら構わないと考えていた（保阪　二三七頁）のである。

軍隊を海外に出せない日本、戦争をできない日本は他国からナメられていると日本の自称ナショナリストたちは思っているらしいが、むしろ逆で、戦争という選択肢を捨てた（戦後）日本は国際的評価を得ている（保阪　二四〇頁）。

保阪氏はこの一〇年間、ナショナリズムの歪みについて一貫して関心を持ち、昭和のナショナリズムについても検証を進めてきたが、昭和のナショナリズムの歪みは更に徹底して深く検証しなければならない、その作業は保阪氏に残されていて、今なおその作業に取り組んでいる（保阪　二五二頁）と述べている。

国家は必ず過ちを犯す。しかし、国家は容易にそれを認めようとしない。国家「権力」とはそういうものである。「庶民ナショナリズム」で「国家ナショナリズム」に対抗するしかないが、「ケガレ」思想の瀰漫する日本では、すべてを「汚」か「清」かのどちらかに分類、色分けすることしかできず、戦前の「昭和前期」は「汚」の時代として語られず（司馬遼太郎の言説の悪しき影響もあるであろう）、無視されてきた。戦前の「昭和前期」＝「狂気の時代」＝「汚」＝「語るに値せず」と言うわけである。学校でも明治、大正、昭和前期はざっと流すだけ。歴史の亡霊が今、蘇る。「歴史は繰り返す」。保阪氏の言う昭和のナショナリズムの歪みの検証は必然的に「日中戦争」のプロセス（どうやって戦争になっていったか）の再検証に通じていく。そしてどこが間違っていたかをハッキリさせ、次代に伝えることである。

**橘玲（二〇一五・三）『橘玲の中国私論』ダイヤモンド社**

橘玲氏は『新世紀の資本論』と評された『お金持ちになれる黄金の羽の拾い方』幻冬舎が三〇万部のベストセラーとなった作家である。（本書、裏の頁による。）〝関係〟（クワンシ）は〝幇〟（パン。人間的な絆。）を結んだ相手との密接な関係で、これが中国人の生き方を強く規定している（七四頁）。〝幇〟は〝自己人〟（筆者語注：ツーチーレン。自分のことをよく知ってくれている自分の分身のこと。／一旦〝幇〟の関係を結ぶと、家族同様に、時には家族以上に絶対的な信頼を置く。（同頁））。〝幇〟の外にいるのは〝外人〟（ワイレン）で自分と〝関係〟のない存在である。

日本では、安心は組織（共同体）が提供するが、中国では〝自己人〟の〝関係〟によってもたらされる。日本では「村」や「会社」が私的関係より優先されるのに対して、中国ではたとえ会社をクビになっても〝関係〟から新しい仕事が紹介されるので困ることはない（七九頁）。

孫文は軍政（軍事独裁）→訓政（政治独裁）→憲政（憲法に基づく民主政治）という「三序」構想を掲げて民主化の推進を説いたが、中国人は「愚人」だから「賢人」による支配が必要と考えていた（二四四頁）。それは「おろかな人民はエリートによって支配されたほうが幸福だ」という愚民主義を孫文が持っていたからで、儒教的、士大夫的価値観の影響によるものであり、そのことが中国の民主化を妨げてきた（同頁）。

日本の政治家や評論家、マスメディアは「中国」という統一された意思を前提に話をするが、現実にはそんなものはどこにもないのかもしれない（二六二頁）。富坂聡氏も同様のことを言っている。

中国の「大統一のメカニズム」は宗族という同姓集団による地域支配＝宗法的家族と皇帝を神と崇め、頂点とする士大夫（科挙官僚）による中国特有の封建的官僚制の同型構造にあるとする説（〈金観濤・劉青峰の説〉二三四―二三五頁）、士大夫と宗族の族長が利益をむさぼると農民は困窮し、自作農から小作に転落して、やがて流民の群れとなって溢れ出し、秦から清に至る三〇〇〇年の間、中国の王朝はいずれもこの負のスパイラルを止められず、農民反乱によって衰退し、崩壊していった（二六頁）。

制度的に管理可能な限界を大きく超えて人口が多すぎる中国は「近代世界に近世的なルールで統治するほかないきわめて不安定な国家」（二七〇頁）であり、日本にとっての「中国という大問題」とはこの巨大な隣人を待ち受ける運命に巻き込まれることから逃れることができないことである（同頁）。こうした一種の中国警戒論で橘氏は本書をしめくくっている。

## Ⅱ　語学・文学・歴史・哲学関連書籍考察

### 藤井省三（二〇一四・一二）「村上春樹と中国―『ノルウェイの森』から『一Ｑ八四』まで」

中国語圏における村上春樹の受容に関して四つの法則があると藤井省三氏（当時、東京大学文学部教授）は言う。曰く　一「時計回りの法則」。（一九八七）『ノルウェイの森』はまず一九八九年に台湾で翻訳され、すぐに香港で流行、約一〇年後に上海で突如ブームとなり、それが北京に飛び火していく格好で、『ノルウェイの森』ブームは東京から始まり、台湾、香港、上海、北京と東アジアを時計回りに進んで行った（二九二頁）。二「経済成長踊り場の法則」。『ノルウェイの森』は高度成長が終わった、いわばその踊り場に差し掛かったときに高度経済成長時の社会や人間関係が大きく変化していった時期を思い返す、思い出す小説として読まれている（二九二―二九三頁）。三「ポスト民主化運動の法則」。八〇年代末、台湾でも中国でも民主化運動が活発化したが、若者たちは大半が非常に疲労し、傷つく結果となり、そうした民主化運動に参加した若者たちが傷ついた心を癒してくれるものとして『ノルウェイの森』、村上春樹を求めていった（二九三頁）。四「『森』高『羊』低」。（一九八七年）『ノルウェイの森』は圧倒的な人気を誇るが、三作目の（一九八二年）『羊をめぐる冒険』はあまり人気がない。しかし、それは東アジアのことで、欧米、ロシアでは『羊をめぐる冒険』が評価されていて、『ノルウェイの森』はほとんど評価されることがなかった（二九三頁）。

『ノルウェイの森』は高度経済成長期が終わったときに、高度成長期を回顧するという各国共通の現象についての普遍的小説であろう。石橋湛山は「文明上の原則」は「文明は常に客観に始まって主観に入る」ことであると述べ、明治文芸が政治小説→写実小説、人情小説→観念小説、心理小説、宗教小説→自然主義と変遷したのは、その原則の潮流の現れだとした。（石橋湛山（明治四五）「明治時代の文芸に現れた思想の潮流」石橋湛山（昭和四六）『石橋湛山全集』第一巻　所収三三頁。）『ノルウェイの森』を自然主義小説の一種と考えれば、自然主義の潮流は経済成長を遂げた世界各国の通過すべき文芸流派の潮流であると考えられる。経済成長を遂げると、人々は個人を一番大切なものと考え、自己を中心とする文芸が主流を占めるようになる。日露戦争の最中から後二、三年、日本では自然主義が流行している。『ノルウェイの森』は日本での新たな自然主義の流行であったと考えることも可能ではないだろうか。（筆者注：筆者は『ノルウェイの森』の日本での流行は、新たな自然主義の流行であったと考える。）

大陸中国での村上春樹受容の特色は政治的あるいは商業的に村上を中国化する、土着的傾向が強いこと（二九八頁）で、一九八九年版の『ノルウェイの森』の表紙は和服姿の女性のセミヌードを斜め後ろから描いた表紙で、『ノルウェイの森』は日本資本主義の暗黒面を暴いていると紹介された。しかし、一九九八年（鄧小平が亡くなった翌年）に突如上海で沸き起こった村上ブームでは『ノルウェイの森』の表紙は富士山やツツジの花と若い女性の顔写真を配したものとなり、二〇〇一年版の表紙には富士山も女性の顔もない、きれいな花があしらわれただけの洗練されたものとなっている（三〇二―三〇三頁）。桜美林大学・北京大学学術交流論集編集委員会編（二〇一四・一二）所収（二九一―三〇六頁）

**岸田知子（二〇一五・三）『漢語百題』大修館書店**

岸田氏は中国哲学・日本思想を専門とする。（本書奥付の〔著者略歴〕による。）岸田氏は「中国伝来の字音語（中国製漢語）と日本製の字音語（和製漢語）とを合わせて漢語ということにする」と言う。（まえがき iii。）本書は氏が勤務先（中央大学）のホームページ上で書いたものをまとめたもので（あとがき 二七一頁）、【紫】の項では『論語』陽貨篇に「子曰はく紫の朱を奪うを悪《にく》む」とあるように、孔子が正色の朱色より間色の紫が目立つのを嫌い、漢代でも間色であることから、紫は評価が低く「紫色蛙声《ししょくあせい》」（『漢書』王莽伝）という言葉がある。六朝頃から北斗の北の紫微垣という星座を天子の居場所にし、仙人の居所を紫室や紫宮と言うようになり、紫には高貴な神秘的なイメージが生じた（七頁）。また、明の太祖洪武帝が一三七三年、南京に宮城を新しく造営して「紫禁城」と呼び、成祖永楽帝が一四一七年、北京に遷都し、一四二〇年、完成した宮城を紫禁城と呼び、清もそれを継承したが、「紫」はもともと「神域」のことを言い、そこから天子の居所や禁止の意味ができたこと（七頁）が述べられている。

山片蟠桃《やまがたばんとう》は中国の西方、崑崙山に蟠桃という桃の木があり、三千年に一度開花し実を結び、これを食べると長寿が得られるというところから、蟠桃と号した。しかし、それは一度きりのペンネームで、迷信を嫌い、伝説、伝承を否定した彼は番頭（升屋という店の大番頭であった）を蟠桃と言い換えた、たった一度のネーミングを後悔していることであろうと氏は述べている。「弱冠」とは「二十曰弱冠」（「二十を弱と曰ひ冠す」＝二〇歳になった者を弱と呼び、成人の証である冠を着ける、という意味。）（『礼記《らいき》』曲礼《きょくらい》篇）に由来する。（八九頁。【志学・弱冠】の項。）

孔子の字《あざな》、仲尼《ちゅうじ》は尼丘《じきゅう》という山に祈って授かった子であったから名を丘、字を仲尼としたと言われており（『史記』孔子世家）、仲は次男を示す。仲尼の尼は尼《あま》の意ではない。（一五四—一五五頁【尼】じ／に　の項。）本書を読むと、漢語の由来、深さが理解でき、それが偉大な文化遺産であることがよくわかる。

昔の日本人（江戸時代や明治時代、戦前の日本人）にとって、勉強とはまず第一に漢字、漢語を覚えることであったと言っても過言ではない。我々はその原点を忘れてはいけない。頭脳の緻密さは漢字、漢語の学習、漢字の音・訓の使い分け等と密接な関係があると思う。


**瀬戸山玄（二〇一五・六）『狙撃手、前へ！　ある父島移民の戦争』岩波書店**

本書は父島生まれの横山丈夫氏が戦争中、狙撃手としてどのように日中戦争と係わったかのドキュメントである。兵士といってもいろいろで、殺人鬼のような者もいれば、一人も殺さずに帰還した者もいる。しかし、軍隊自体が「アメとムチ」の世界である以上、新兵には上下関係への服従を暴力で刷りこみ、時には見せしめの集団リンチを行い、徹底的に反抗心を削ぎ落とすので誰も逆らえず、軍隊は「恐怖政治の小さな巣窟」であった（六七—六八頁）。

ドキュメントの著者、瀬戸山氏は言う。「相手国から仕掛けられて日本領土が脅かされた戦争なら、きっと若い兵士も喜び勇んで従う。無数の石ころと括られても、我が身の名誉をかけて戦火に飛びこむ若者がいたって不思議はない。けれど彼が目撃した中には、仕方なく送り込まれた挙句、嗜虐的と思える残虐さで相手を気まぐれに殺す、日本軍の一兵卒や下士官が多くいた」という（一一一頁）。

戦争根絶には内村鑑三のような絶対平和主義しか根本的な方策はないであろう。

「戦後、日本政府は戦争を総括しなかったので戦争の目的、戦場の実態を学校教育の中で生徒に教えることができなかった」（石川文洋氏の言辞　二二四頁）。

戦争の真の姿が伝わらないもう一つの大きな理由は「毎日新聞以外の朝日、読売、同盟通信ほかのメディアが戦争犯罪追求の不利になるとして戦争中に撮影したネガを焼却してしまったことである。ネガだけでなく関係官庁は書類を焼いてしまった」（同）からである。

**内藤湖南（二〇一五・七）『中国近世史』岩波書店　岩波文庫**

本書は神田喜一郎・内藤乾吉編（一九六九）『内藤湖南全集』筑摩書房　第十一巻　に収められた「支那近世史」を定本とした文庫本であるが、元々は一九二〇年（大正九）と一九二五年（大正一四）に京都大学で湖南が行った「支那近世史」の講義記録を湖南の親族が整理、校訂して一九四七年（昭和二二）に出版されたものである。

内藤湖南は本書で見るとおり、近世の始まりを政治、経済、文化のすべてが大きく変化した宋代と定めて、王安石の青苗法や募役法を人民の土地所有権の確認（前者）や労働の自由の保障（後者）の例として挙げ、宋代は独裁君主政治と平民発展の時代であるとした。（一七―二〇頁。　徳永洋介　解説　三二六頁。）欧米史観を安易に中国にあてはめない、中国に即してのユニークな湖南の中国近世観は夙に有名である。湖南は宋末から元の間に形成された読書人たちが政治とは一線を画して生きる姿に「自由な平民」の実態を重ねあわせ、この種の読書人が明清時代を経て民国期に至るまで確固たる勢力を形づくり、今なお中国文化の指導的存在であり続けているという確信を持っていたと徳永氏は言う（解説　三三〇頁）。

唐末五代の中国を応仁の乱の頃の日本と照応させ、次いで民国期の中国情勢とも重ね合わせて見せる（解説　三三一頁）湖南は本質的に「分析」よりは「総合」の人である。根が未来を予測しようとするジャーナリストである。湖南の文章、見識がわれわれをとらえて離さないのは、その比較文化学的な視野の広さと見る目の確かさ、独創性のゆえであろう。

## Ⅲ　文化・比較文化関連書籍考察

**漫画　小道迷子　原案　渡邉豊沢（二〇一四・一〇）『中国人女子と働いたらスゴかった』幻冬舎**

「この漫画は中国女子の小鳳さんを通して中国人から見た「さっぱりわからない日本人」、日本人から見た「なかなか理解に苦しむ中国人」をほんのちょっぴりでも「なるほどねぇ〜」と思ってもらえれば嬉しいです」（はじめに二頁）と「日本猫のワタナベ」＝シュールな主人公「ワタナベ」は言う。ワタナベは働いている会社の中国出張で小鳳と知り合い、小鳳は押しの強さをワタナベと同じ会社の部長に買われて日本で働くことになる。小鳳は言う。「朝、他人のデスクまで拭く日本の会社の日課は他人のプライベートを侵すからいけない。」（二五―二六頁）。「電話がかかってきたとき、まず自社の名前を言うのは情報漏洩だよ。」（二九頁）。「毎月家賃を払うわたしがお客さんなのにどうして礼金を払うの？」（四九頁）。「日本の駅のアナウンスは親切過剰で、他人からのサービスが多すぎると自立心がなくなるよ！」（十一四頁）。ワタナベが中国人女性からネクタイをもらって喜んでいると李君が言う。「ワタナベさん、中国の女性が男性にネクタイをプレゼントするのは相手を自分のものにしたい！という意味があるんですよ。中国語のネクタイは〝領帯〟、〝領〟は「連れる」〝帯〟は「持つ」、つまり「連れて持っていく」という意味。ワタナベさん。それでいいんですか？」（七八頁）。愕然とするワタナベ。小鳳も日本批判をするだけではない。商談は得意で、会社の商品の販売台数を大いに上げる。

比較文化は優劣をつけるためにではなく、本書流に言うと、「なるほどねぇ〜」と実感するために行う。井上純一『中国嫁日記』といい、この本といい、漫画本の比較文化ものが最近、元気で面白い。

**相田洋（二〇一四・十二）『シナに魅せられた人々』研文出版　研文選書一二三**

本書は「シナ通」＝戦前、シナの文化・風俗・文学・芝居・料理・紅灯の巷等に魅せられたチャイナ・フリーク（チャイナ中毒）＝についての本である（はじめに　三頁）。

「シナ」という言葉は「チャイナ」と同起源の言葉で、本来、満州・蒙古・西蔵と並ぶ中国本土を指す概念である。日清戦争以後、「シナ」という言葉は日本人の蔑視意識の象徴として「彼の国」では嫌われ出し、本書で取り上げられている代表的な「シナ通」後藤朝太郎が「支那服」「支那帽」を着用して日本の町に出て、非常な侮辱を受けたことなどから、著者は「支那」という言葉を使わないようにしてきた（はじめに　五—六頁）。本書では「戦前の人々の言葉を引用する場合には、「支那」という漢字をそのまま使用する。しかし、戦前のことを述べる地の文では「シナ」という言葉を使うことにする」（はじめに　七頁）。それはカタカナで「シナ」とするのは「彼の国」の人々が「支那」という漢字を忌み嫌う理由（ハッキリとは言わないが）の一つに「支」は「枝葉」で、もともと大中華の支店の日本が「本」を名乗り、大中華本店を支店呼ばわりするという反発があるように思われるからである（はじめに　七頁）と言う。

東京帝国大学卒業でアカデミズムの世界からドロップアウトした後藤朝太郎はシナを愛するあまり、シナの「ダークサイド」になるべく目をつぶろうとした（一六〇頁）。しかし、中野江漢はシナの暗黒面にもメスを入れた（一六〇頁）。井上紅梅は『グロテスク』という雑誌に「支那革命畸人伝」（第二巻十号、一九二九年十一月）を掲載したが、それはもとは『上海日日新聞』に掲載した魯迅の『阿Q正伝』の翻訳であった（二三四—二二五頁）。「支那革命畸人伝」は雑誌に掲載された最初の魯迅の翻訳として注目されているが、魯迅研究者の丸山昇は神聖な魯迅の小説がエログロ雑誌にへんてこな題で掲載されたことに対して穢らわしいという態度である。（丸山昇は「『阿Q正伝』の日本語訳が最初に国内雑誌に載ったとき、こういう形であったこと（筆者注：魯迅の名も『阿Q正伝』の名もない形であったこと。）は記憶されるべきであろう」と言っている（二二五頁）。）

井上紅梅は白紙の状態で上海に行き、その知識はシナ一色で、「純粋培養」された知識であって「和臭」の混入があまりなく（二三九頁）、この点、日本人の書いた漢詩文の類を一切目にするな、中国人の原典のみをすべて中国人の解釈で読め、食べ物もせいぜい油っこいものを食べろ、と狩野直喜によってシナの士大夫階級（知識人）として人工培養的に仕立て上げられた吉川幸次郎と似ている（二三九頁）と言う。中野江漢が王道思想家、佐藤胆斎に師事し玄洋社に入社していて、ナショナリズムのバイアスに強く覆われていたのに対して、井上紅梅は無色でシナの色に染まったのであり貴重である（二三九頁）と相田氏は本書で述べている。

「シナ通」といっても多種多様であったことが理解できる。新しい種類の日本の中国観の本である。過去に学問によって相手にされず排除され無視されてきたものが、再評価され本となることは時々ある。学問と言っても、権威や「お作法」と無縁ではない。否、非常にそれらと親和性がある。

## Ⅳ　その他の書籍考察

### 高原明生（二〇一四・一二）『日中関係と国民感情』［引用文献・参考文献］（5）（6）参照

高原明生氏は現代中国政治、東アジアの国際関係が専門の東京大学教授である。この四〇年間の日中関係を相互の国民感情を視野に入れてコンパクトにまとめている。四〇年間の日本の中国観、中国の日本観が要領よくまとめられている。高原氏は日中関係を分析する枠組に関して相互関係を研究すべき領域の一つとして、国内政治、経済的利益、国際環境・安全保障・主権の問題とともに「国民感情や国民の相互認識がどのようなものであるか」を挙げている（三三六頁）。一九七二年から二〇一二年までの四〇年間を四つの時期に分けて、それぞれにどういう要因が働いていたのか、国民感情を中心にして説明している。

一九九二年は前半二〇年と後半二〇年を分ける境となる年である。日本経済はバブル崩壊と経済の低迷が始まり、中国では鄧小平氏の南方巡話から改革開放が飛躍的に進み始め本格的な高度成長期に入るが、そのきっかけとなったのが一九九二年であった（三三七頁）。

①**一九七二～八二年**：六〇年代後半の学生運動の影響もあってアジアの社会主義に日本人はアレルギーを持つことはなく、むしろ中国の社会主義に理想を見出そうとした人もいたし、日中戦争への贖罪意識も強く存在していた。パンダブームでは日本中が盛り上がった。中国の八〇年代初めに始まった改革政策、強化された開放政策を日本は支援した。一方、中国の日中関係の中心的関心は安全保障、主権にかかわる問題、つまり対ソ統一戦線の構築と日台関係であった（三三七―三三九頁）。

②**一九八二～九二年**：日本では基本的に良好な対中感情が持続したが、その一つの要因となったのがＮＨＫが一九八〇年に取材して放映したドキュメンタリー・シリーズ『シルクロード』の大ヒットであった（三一九頁）。もっとも一九八二年には第一次歴史教科書問題が起こり日本の歴史問題や台湾問題についての中国の批判も徐々に出てくるようになる（三四〇頁）。一九八九年（平成元）六月四日の天安門事件は日本人の対中感情に水を差したが、日中間の政治的関係は良好で、八〇年代半ば頃の親密な中曽根―胡耀邦関係はその象徴と言えよう（同頁）。ただ教科書

問題、靖国神社参拝問題、日台関係、光華寮問題などから、日本への警戒感や危惧も中国の一部では高まっていく（同頁）。

③一九九二～二〇〇二年：二〇〇二年、日本のメディアに「世界の工場、中国」という言葉が登場し、日本の対中イメージは経済的に遅れた国から「世界の工場」へと変わり、一九九一年のバブル崩壊は、日本と対照的に発展する中国を見て中国脅威論が出たり、自信の喪失から自国の歴史を美化しようとする者も出てきた（三四一頁）。そうした歴史修正主義的な動きがある一方で、一九九三年、自民党長期政権終了後の細川護熙、村山富市二人の総理は日中戦争が侵略であったこと、そしてそれについてのお詫びを以前に比べてはっきりした言葉で語った（三四一頁）。

李登輝総統の下での台湾の民主化は日中関係の中で大きな問題となっていく（三四一頁）。天安門事件後の九〇年代以降の中国の愛国主義教育は中国がどれほど列強にひどい目に遭わされたかという被害者意識を再生産するような内容が前面に出て、八〇年代までの自国の栄光ある歴史をアピールすることが中心内容であった愛国主義教育とは異なる中身となっている（三四三頁）。

④二〇〇二～二〇一二年：二〇〇四年のサッカーアジアカップのときの反日騒動が転換点となり、日本の対中イメージは次第に悪くなっていく。二〇〇五年には大規模な反日デモが中国で起こり、日本の対中イメージは二年続けて大幅に落ち込んだが、それ以降、何も起こらなかった年は対中イメージは回復を見せている（三四四頁）。

二〇一二年、尖閣の三つの島を国が買うこととなったが中国側の強硬派と穏健派という二つの解釈のうち前者が勝った。その原因の一つは世論戦に勝ったから、つまり、中央宣伝部門に強硬派がかなりおり、牛耳っていたメディアを通して夏の頃から激烈な反日宣伝キャンペーンを繰り広げ、それで世論の流れが変わっていき、九月には一気に逆転したと高原氏は言う（三四九頁）。

情報と情緒（気持ち）の両方を共有することによって日中間の交流は双方の常識、認識のズレを克服できると高原氏は最後に述べている（三五〇頁）。

**一九八九年の天安門事件によって日本の対中イメージは民主化しない政治的に遅れた国というイメージが主流となり、研究者もチャイナ・ウォッチャーが席巻するようになる。**一九九一年のバブル崩壊とそれとは対照的な中国の経済発展は日本に中国脅威論と歴史修正主義を生じさせた。中国も経済成長とともに日本からの投資、技術、専門家のアドバイスに依存するだけではなくなり、アメリカやヨーロッパ、東南アジアとの関係も視野に入れるようになった。日本の中国観としては日清戦争以来の中国への考え方、見方を再確認する必要がある。日清戦争の原因は何であったか、八幡製鉄所の建設資金はどこから来たかなど再確認する必要がある。勝海舟は「其軍更無名　其の軍《いくさ》更に名無し」（その戦争に理由なし）として一貫して日清戦争に反対している。（桜美林大学・北京大学学術交流論集編集委員会編（二〇一四・一二）所収（三三五―三五〇頁）。）

**大森和夫・弘子（二〇一五・六）『中国大学生一万二〇三八人の心の叫び』日本僑報社**

本書は二〇一四年一二月から二〇一五年三月まで「戦後七〇年・これからの日中関係を考える」をテーマに実施された「アンケート調査」（中国の大学生（日本語科）対象、一万二〇三八人からアンケート結果が寄せられた）の結果の公表である。

第三回アンケート調査（二〇〇五年）と今回（二〇一五年）を比べてのアンケート調査結果の相違は以下のものである（二八―三六頁）。「日本に親しみを感じる」（中国人大学生（日本語科））は一〇年前より二〇％増えて七〇・一％である。一方「日本に親しみを感じない」は一五％減って二三・一％である。「日本人に親しみを感じる」は一〇年前より十一％増えて七一・六％であり、「日本人に親しみを感じない」は五・五％減って一九・五％であった。一〇年前は「四人に一人」が日本に親しみを感じなかったのが「五人に一人に減った」（三〇頁）。日中の「相互理解はできている」は一〇年前の三〇・八％から六七・四％に増え、二倍以上になっている。「相互理解はできていない」は六六・八％から二六・四％に四〇％減った（三一頁）。「十年後の日中関係」については「今より親しい関係になる」が三〇・八％から四九・一％に増え、「今より問題の多い関係」「敵対関係」が一〇年前の六六・八％から二〇・四％に減っている（三二頁）。

「日本に親しみを感じる」（七〇・一％）の詳細として、日本が嫌いだったが日本語を勉強して日本の文化、社会を知り日本のことが好きになった　六一—六七（頁）、日本のアニメ、漫画、ドラマが好き（六七—七〇頁）という意見が多いのが印象的である。逆に「親しみを感じない」（二三・一％）の詳細として、ほとんどが「歴史問題（侵略戦争、靖国神社、釣魚島など）」（八一—八五頁）であるのが印象的である。

「日本人に親しみを感じる」（七一・六％）の詳細として日本人、日本語教師の「親切さ」「勤勉」は好評である（九〇—九八頁）が「親しみを感じない」（一九・五％）では日本人の「歴史認識」「距離感」を挙げる声も多い。

総じて日中の相互理解、相互感情融和を妨げているのは歴史問題などの「政治」問題と「よく知らないこと」であり、相互理解を促進しているのは民間、個人、個人の（文化）交流、等身大の相手のことを知ることであることが本書によって理解できる。

## 三　結語

半藤一利／保阪正康（二〇一四・一〇）は戦争という選択肢を捨てた（戦後）日本は国際的評価を得ていることを伝えている。藤井省三（二〇一四・一二）は『ノルウェイの森』は高度成長が終わった、いわばその踊り場に差し掛かったときに高度経済成長時の社会や人間関係が大きく変化していった時期を思い返す、思い出す小説としても中国で読まれているとする。岸田知子（二〇一五・三）は「漢語」のすばらしさに迫っている。橘玲（二〇一五・三）内藤湖南（二〇一五・七）は優れた中国論である。内藤湖南は現在でも色あせていない。（筆者注：内藤湖南は歴史を「坤與（こんよ）文明」（世界文明）という視点から考えている。「坤與文明」に寄与する中国、日本ということを若い頃の政教社時代に考えていて、当時の多くの世論とは異なり、中国に「坤與文明」の「普遍性」を見出そうとしていたのは特筆すべきことである。中江兆民の「文明」と「野蛮」の相違についての考えと相通じるものもある。歴史の一方向の進化を否定しているのである。）相田洋（二〇一四・一一）は中国に魅せられた人を描き、漫画　小道迷子　原案　渡邊豊沢（二〇一四・一〇）は日中比較文化を優劣をつけるためにではなく、本書流に言うと、「なるほどねぇ～」と実感するために行っている。高原明生（二〇一四・一二）はこの四〇年間の日中関係を相互の国民感情を視野に入れてコンパクトにまとめ、大森和夫・弘子（二〇一五・六）によって、総じて日中の相互理解、相互感情融和を妨げているのは歴史問題などの「政治」問題と「よく知らないこと」であり、相互理解を促進しているのは民間、個人、個人の（文化）交流、等身大の相手のことを知ることであることが理解できる。日本の中国観も多様であり、決して多くのテレビ報道のような単色のものではないことがよくわかる。日本は「空気」の支配する国だと言ったのは山本七平氏だが、日本の中国観もその中にあることに注意する必要がある。

〔引用文献・参考文献〕

（1）半藤一利／保阪正康（二〇一四・一〇）『日中韓を振り回すナショナリズムの正体』東洋経済新報社
（2）漫画　小道迷子　原案　渡邊豊沢（二〇一四・一〇）『中国人女子と働いたらスゴかった』幻冬舎
（3）相田洋（二〇一四・一一）『シナに魅せられた人々』研文出版　研文選書一二三
（4）藤井省三（二〇一四・一二）「村上春樹と中国―『ノルウェイの森』から『一Q八四』まで」桜美林大学・北京大学学術交流論集編集委員会編（二〇一四・一二）所収
（5）高原明生（二〇一四・一二）『日中関係と国民感情』桜美林大学・北京大学学術交流論集編集委員会編（二〇一四・一二）所収
（6）桜美林大学・北京大学学術交流論集編集委員会編（二〇一四・一二）『教育・環境・文化から考える日本と中国』はる書房
（7）岸田知子（二〇一五・三）『漢語百題』大修館書店
（8）橘玲（二〇一五・三）『橘玲の中国私論』ダイヤモンド社
（9）大森和夫・弘子（二〇一五・六）『中国大学生一万二〇三八人の心の叫び』日本僑報社
（10）瀬戸山玄（二〇一五・六）『狙撃手、前へ！　ある父島移民の戦争』岩波書店
（11）内藤湖南（二〇一五・七）『中国近世史』岩波書店　岩波文庫

# 日本の中国観（十二）（二〇一五・九—二〇一六・八）

## 一　序

安倍晋三首相は二〇一五年九月初旬に検討していた中国訪問を見送る方針を決め、九月三日に中国が北京で開く抗日戦争勝利七〇年記念式典を欠席することにした。同じ時期に安全保障関連法案の国会審議が大詰めを迎えることや、米国などの首脳が式典への出席を見送る方向になっていることなどを踏まえた結果である。式典は軍事色や反日的な色彩が強く、日本政府内にも式典前後の訪中は誤ったメッセージを送ることになるとの慎重論があり、首相は米国などに歩調を合わせるべきだと判断したもようだ。（日本経済新聞　二〇一五年八月四日 一〇：一六　ネット記事閲覧。）

一一月一日に三年半ぶりにソウルで行われた日中韓首脳会談と、翌二日の安倍晋三首相と朴槿恵大統領の初めての日韓首脳会談は今後の動向が注目されたが、急には友好的になれない様子が窺えた。日中韓では「歴史」についての文化的考え方が違うことも大きく影響している。二〇一六年五月一五日、新しい中国大使として着任した横井裕大使は翌一六日北京で会見し、中国は急速な発展により世界第二位の経済大国に成長するなど、両国をとりまく状況は大きく変化したとして、今の時代にふさわしい新しい日中関係の構築に意欲を示した。横井大使は、外務省で中国語に堪能ないわゆる「チャイナスクール」の出身で、中国の駐在経験は研修を含めると今回で六度目となる。（NHK NEWS WEB 二〇一六年五月一三日　ネット記事閲覧。）日本のマスコミの中国報道は利害を中心とするものが大半であるが、それが日本の中国観のすべてではない。

日本の中国観について、今年度も四つの範疇で以下、考察してみることにする。なお、筆者の「比較文化学」の内容については拙著（二〇一五）（二〇一八）をご覧いただきたい。具体的には、筆者の日中比較文化学は言語の対照研究（日中対照表現論）を基礎として、日本の中国観（従として中国の日本観を含む）の通時的考察と共時的考察を行うものであり、本章の考察は十年以上行っている共時的考察の一部をなすものである。

## 二　日本の中国観研究（二〇一五・九―二〇一六・八）

### Ⅰ　社会関連書籍（政治・経済を含む）考察

**高口康太（二〇一五・九）『なぜ習近平は激怒したのか―人気漫画家が亡命した理由』祥伝社　祥伝社新書四三五**

風刺漫画家、辣椒《ラーチャオ》（本名、王立銘）は当局から睨まれて日本に亡命した。本書は辣椒とその風刺漫画を扱っているが、真っ向からの中国政治批判の漫画を中国共産党が許すはずはない。中国は伝統的に〝不談政事〟の国柄である。

第二章では習近平体制以後、ブログ、替え歌、アニメなどのさまざまなポップなツールを使いこなすとともに、リベラル派ブロガーや人権派弁護士への弾圧という硬軟織り交ぜた手法でネット論壇のゲリラ的手法が簒奪されたことについて述べている（九頁、六六―一二九頁）。

第三章では経済発展によって新たに生まれた中産層が自立的な市場と社会を希求するのではなく、独裁体制に迎合し既得権益集団として自分たちの権利を守る方向に動いたことが述べられている（九頁）。

第四章では中国のネット論壇はネットユーザーが増えるにつれて、野次馬を巻き込んで数を集めてネット世論を作り出し、政権に圧力をかけるというネット論壇の力、回路を失っていった、そしてそれぞれが自分たちの人間関係だけに関心を持ち、芸能ゴシップや映画やドラマ、投資指南、健康マニュアル、アニメなどのオタク趣味といったタコ壷的に細分化された話題へとネットの興味は拡散している（二〇〇頁）としている。たとえば二〇一一年の温州高速鉄道衝突脱線事故（死者四〇人）の際は微博《ウェイボー》が大きな影響力を発揮し、盛んに議論されたが、二〇一五年六月一日湖北省の長江水域で大型客船が沈没した事故で四四二人が死亡するという中華人民共和国建国以来最悪の水難事故ではわずか数日でネットなどの関心が薄れていった。その理由を高口氏は「ネットの大衆化こそがネット論壇瓦解の要因だった」と言う（一九八―二〇〇頁）。なぜネット論壇が瓦解したのか他の面から言うと、中国的文脈では歴史的に「愚民」として振る舞うこと、それ自体が民としてお上の譲歩を引き出す戦略ともなりえたのであり、「愚民」を演じることは最終的に支配者の恩恵を待つ客体であり続けることを意味するからである、「これでは変革、市民社会の希求など遠のくばかりではないか」（二〇七―二〇八頁）と高口氏は言う。

こうした氏に対して筆者は欧米モデルの「市民社会」、対立・闘争に価値を置いて考えるだけで中国はよくなるのかと尋ねたくなる。中国的特殊をどのように生かすかという視点が必要なのではないか。

中国では、伝統的に、善導、教化されるべき対象＝「愚民」（村民）と皇帝、「徳のある官」は共犯関係にあり、「悪しき官」の不正をただして互いの「利」を得る（二〇四―二〇六頁）という指摘は鋭く、的を射ている。「愚民」観は中国理解のキーワードである。魯迅は「暴君治下の民衆は暴君よりも暴である」と言った。

## 榊原英資（二〇一五・一〇）『世界を震撼させる中国経済の真実』ビジネス社

榊原英資氏は一九九七～九八年、大蔵省財務官を務め、驚異的な円高ドル安を処理して「ミスター円」の異名をとった人である。榊原氏はＡＩＩＢ（アジアインフラ銀行）は「中国版マーシャルプラン」であると言う（二九頁）。中国が地政学的に西方を重視し、中央アジア、南アジア、中東、東アフリカ、更にアフリカ全体に影響力を持とうと、きわめて自覚的に動いていることに注目し、ＡＩＩＢ、一帯一路、シルクロード基金など最近の中国が打ち出す世界戦略には日本が参考にすべき点があるように思うと述べている（三五頁）。

中国経済の懸念材料として、第一に中国の輸入依存度が三六・六％（二〇一〇年。日本は一七・四％。）と高いことを挙げ、欧米経済の悪化によって中国の輸出が大幅に減り成長が鈍化してしまうと言う（一六六―一六八頁）。第二の懸念材料はいわゆる「中進国のわな」で、それは輸出品の競争力を失った中進国のステージに進んだ途上国が先進国との競争にも負けてしまい、次の段階に進めないことを指している（一六九―一七二頁）。中進国のわなに陥らないために、中国は、手っ取り早くは建設業に力を入れることだが、そうして出来上がったインフラが建設以外の内需を増やし、個人の消費を拡大させるようにしなければならない、しかし中国経済から「中進国のわな」の懸念が払拭されるのはまだまだ先になりそうだとしている（一七四―一七五頁）。

中国を独裁国家と見るのは大きな間違いで、民主政治ではないが（七四頁）、実際には中国共産党中央政治局常務委員会という党の最高意思決定機関が合議制で物事を決めていくルールがあり（七四頁）、中国は最高権力者の恣意的な判断にはよらず、あらかじめ決められた一定の「ルールに従って動く国」だ（七七―七八頁）と榊原氏は言う。

**井村雅代著　松井久子聞き書き（二〇一五・一一）『シンクロの鬼と呼ばれて』新潮社　新潮文庫**

井村雅代氏は一九五〇年大阪生まれ、一九七八年からシンクロ日本代表コーチ。八四年のロス五輪から二〇〇四年のアテネ五輪まで六大会連続メダル獲得。二〇〇六年、中国代表のヘッドコーチに就任、〇八年の北京五輪、一二年のロンドン五輪で中国にメダルをもたらす。二〇一五年一月より日本代表ヘッドコーチに復帰（裏表紙の紹介文より）。中国代表のヘッドコーチをしたとき、井村氏が一番大変だったのは、中国のシンクロの選手に「オール中国」の意識を持ってもらうことで、省同士のライバル意識や他の省の子と仲良くしてはいけないような雰囲気があったと言う（五一頁）。

オリンピックを半年後に控えた二〇〇七年一二月、北京五輪の出場選手を決める最終選考会で一三人いた選手を一〇人に絞り込むとき、井村氏は南京出身の朱政選手をチームのメンバーからはずす決断をした。朱政選手に実力が不足していたからだったが、中国にはあちこちの省から来た選手をバランスよく選ぶという長い間守られてきた政治的不文律があり（七七頁）、案の定、上層部の強い反対に遭ったが、井村氏は譲らなかった。

なんでもはっきり言うのが中国の選手のいいところだが、中には言い過ぎの子がいて、練習日程に文句をつけてきたことがある。井村氏がそれなら自分で考えろと言うと、その選手は一日分の練習計画しか作れず、「先生わかった。先生がどれだけ全体を考えて私たちを見てくれているかがわかりました。先生の計画通りにやります。ほんとにごめんなさい」と泣いて謝ってきたと言う（一二三頁）。

日本のスタッフや選手は、海外の試合に行って、日本人だけで輪を作って、ぼそぼそ話をしていて、なかなか外国人に話しかけていこうとせず、そういう閉鎖的なところが、日本人の悪いところだと思うと井村氏は言う（一三八頁）。

**ポール・クルーグマン・浜田宏一（二〇一六・一）『二〇二〇年　世界経済の勝者と敗者』講談社**

本書は浜田宏一氏とポール・クルーグマン氏の「対論」の仕上げで、日本・アメリカ・EU・中国の経済について語っている。浜田氏は「アベノミクス」の理論的指導者である。

第四章　中国バブルの深度　では次のように言う。中国経済を牽引してきたのは輸出だが、一方で内需が伸びず、それは内需を伸ばすための中流層が欠けているからだ（一八九―一九〇頁）、中国では投資額がGDPの五〇％近くなのに対して、消費が三〇％という異常な水準……投資が過剰になっており、バランスが悪い状態だ（一九八頁）、経済の規模では日本を凌駕したとされる中国だが、実態は発展途上国で、一人当たりのGDPに関して言えば、中国より日本のほうがはるかに高い（二〇〇―二〇一頁）、中国の経済構造は将来的に不確定だから、AIIB（アジアインフラ銀行）に加入するのは待って、様子を見たほうがいい（二〇三―二〇四頁）。

今後の日中関係は「ゲームの理論」的なセンスを持ちながら（注：「もし裏切ったらしっぺ返しがあるぞ」という構えをとること）、ニクソンやレーガンのように安倍首相も「タカ派」的に中国との関係を構築していくべきである（二一八―二一九頁）。さすがは「アベノミクス」の理論的指導者、安倍首相のブレーンである。中国にはまず強硬策で行く、そして折を見て和解に転ずるという策をとることを勧めている。相手も同様の強硬策をとってきたら、戦争も辞さないということか。そのときには浜田氏に真っ先に戦地に赴いていただきたいと思う。

## Ⅱ　語学・文学・歴史・哲学関連書籍考察

**井沢元彦（二〇一五・一二）『脱・中国で繁栄する日本　国を滅ぼす朱子学の猛毒を排除せよ』徳間書店**

井沢氏は「朱子学は毒」だと言う（四頁）。朱子学の毒の悪影響は今も中、韓に残っていて、毒の回りが弱かったとはいえ、日本にも残っている、本書の目的は日本における朱子学の悪影響を見ることで、いまだに日本に残る朱子学の毒の特徴を知り、中韓との関係改善に役立てることである（五頁）。

井沢氏は儒教には「来世」がないが、来世がないゆえに悪事を行うとき、歯止めがきかず、それが「家」への貢献と重なると自分たちの「家」のことしか考えない行為に発展すると言う（二一〇―二一一頁）。来世がないから来世の救いもなく、悪人に対する厳しさは日本人の比ではなく、秦檜《しんかい》像への唾の吐きかけはそれを端的に表している（二一一―二一二頁）。日本は中国、韓国と異なり朱子学を受容するとき、「科挙」を導入せず、「武士＝士」として「士農工商」の身分制度を採用した（二一七―二一八頁）。

儒教では史実ではなく「こうあるべきだった」ということが優先されるので、儒教は宗教であり、歴史学の最大の敵だと井沢氏は言う（四二頁）。儒教は、「科挙」を通った「士」に儒教を学んでいない「農工商」は絶対服従すべきだと考え、「商」は「不当な利益」を得る最も卑しい身分と考えた（六〇―六一頁）。

朱子学の本家の明が滅ぶと、日本人は日本こそ正統な朱子学を受け継いだ朱子学の本場だと考えるようになり（六一頁）「血統の永続（＝万世一系の天皇）は有徳の証である」という自分たちの考えを正当なものとして朱子学の教義に組み込んだ（七九頁）。その発想を定着させたのが水戸徳川家の第二代当主である徳川光圀で、それは最悪の事態が生じても「徳川家」が生き残るために水戸家を天皇家に忠誠を尽くす家柄とすることを家康が選んだからだと井沢氏は推測する（八二―八三頁）。

儒教では真実を重んじ嘘を軽蔑するから、ノベルさえも「小説」（＝「小人の説」という侮蔑語）と称してその価値を認めなかった（一七九頁）。それに対して、日本人はフィクションの有効性を「言霊信仰」と「怨霊信仰」の影響で認めた（一八三頁）。菅原道真は死後、生前の右大臣から太政大臣に二階級特進したが、それは鎮魂のためで、日本人はそういったフィクションの世界で名誉回復することで怨霊を鎮魂できると考え実行したのであり、フィクションの効用を認めていたのである（一八三―一八四頁）。

試験（国家公務員採用試験やかつての海軍兵学校、陸軍士官学校への入学試験）を通ればエリートになれ国家を動かせるというのは朱子学の「科挙」の悪影響で、「年長者を重んじる」ことともに「試験制度」は日本に残る朱子学の呪縛であると井沢氏は言う（二五二―二五七頁）。朱子学の呪縛が解ければ、東アジアはもっと自由闊達ないい社会になっていくと井沢氏は述べている（二六一頁）。

祖先崇拝を極端にして、「祖法」＝祖先が決めたルールを変えることは祖先が間違ったことになるので、絶対やってはならないことだと考えるのも朱子学の持つ毒の一つである（五一頁）。中国、コリアを見るとこれは当たっているのではないかと思うこともないではない。

**岩井伸子（二〇一六・二）『こんなとき、どう言う？　中国語表現力トレーニング』ＮＨＫ出版**

本書は「日本語でよく使う表現をテーマとして取り上げ、それぞれの代表的な用法から五つのパターンを提示し、パターンに従って練習ができるように」（はじめに　二頁）したものである。

具体的には、一　いくら　二　～と思う　三　から　四　くらい　五　さすが　六　～しました、～でした・・・二四　らしい――について、たとえば、一　いくら　という日本語のひとつの形にある五つの意味に対応する中国語の五つの表現、文型を挙げて、Training Step 一、Step 二の二段階でパターン練習を行っている。一　いくら　では①この服、いくらしたと思っているんだ。②このカレー、いくら何でも辛すぎる。③彼のあの癖はいくら言っても直らない。④ここから駅までいくらもない。⑤この料理がいくらおいしくても毎日、来て食べる気はしない。――

に対応する中国語表現を提示している。①〝～知道＋多少钱。＋吗？〟②〝也～太～了。〟③〝无论怎么～也～〟④〝没有多少〟⑤〝再＋形容詞＋也～〟という中国語の文型（や例文）の提示である。

日本語の形式一（（母語）（意味一～五））対　形式一～五（外国語）（意味一～五）という形を実際に応用したものである。ようやく中国語でこうした語学学習書が出るようになって来た。Training Step二　の「手元にいくらもない」↓〝手里没有多少钱。〟（一四―一五頁）という例文など新鮮である。中国語ワールドで完結していないからである。学習者の母語との関係で外国語学習を行うというのは筆者の長年来の一貫した主張である。次は、さらに一歩進んで、不対応の場合を説明してもらいたい。パターン化できるものとパターン化できないものの両方を見て初めて、言語の対照が成立する。

**栗田直樹（二〇一六・二）『共産中国と日本人』成文堂**

中西輝政、谷沢永一、中嶋嶺雄、大宅壮一、林健太郎の言辞を支持し、「戦後の日本人が抱いた壮大な中国幻想」（二頁）を断罪する本である。これだけ戦後の「進歩的文化人」を徹底批判した本も珍しい。「安倍一強」という二〇一六年一月（当時）の時勢のなせる業《わざ》か。竹内実、大江健三郎、杉村春子、河原崎長一郎、高峰秀子、井上靖、西園寺公一、西園寺一晃、安藤彦太郎、新島淳良、竹内好、井上清、山田慶児等々の大躍進、毛沢東、文革を肯定的に評価した人間はすべて批判の対象になっている。大躍進の誤りは否定のしようもないが、〈客体観察型認識経路〉（馬場公彦（二〇一〇）四二二頁）だけでいいのだろうか。中国を「学ぶ」対象でなく「眺める」対象とする（馬場公彦（二〇一四）『現代日本人の中国像　日中国交正常化から天安門事件・天皇訪中まで』新曜社　二六頁）だけでいいのだろうか。昔からの陳腐な中国蔑視論に陥っていないだろうか。政治だけでなく、経済、文化など多方面から中国を考えるべきである。中国賛美はなぜ起こったのか、日本人の文化（＝傾向）の問題として考えるべきである。もっとも竹内好についての谷沢永一の言辞―「もともとシナの歴史も勉強しない無学そのものの人でしたから」（二一頁）、中国人の現実主義さえ理解しなかった「夢見る乙女」（同）――は全面的には否定できないであろう。中国はすべてよく、日本はすべてだめというムーディーな傾向を作った張本人の一人は竹内好であったから。冷戦構造の中でアメリカの陣営に有無を言わさず、取り込まれた日本。そうした日本への反発、反動として、中国賛美が起こった。日本人は潔癖症でオール・オア・ナッシング、殲滅戦略戦争（＝相手が滅びるか、自分が滅びるかという戦争形式。）しか出来ないのは敗戦前と同じなのではないだろうか。

**巴金作・立間祥介《よしすけ》訳（二〇一六・三）『寒い夜』岩波書店　岩波文庫**

本書は一九九一年刊『集英社ギャラリー〔世界の文学〕二〇中国・アジア・アフリカ』所収の巴金作・立間祥介訳『寒い夜』を文庫化したものである。（五〇一頁　岩波文庫編集部の〔編集付記〕による。）

文庫版でも四八四頁の大部の本である。立間氏は「解説」で次のように述べている。「『家』をもって頂点とする初期の作品群を仮に社会への抗議を高らかに謳い上げた彼の青春文学とすれば、『小人小事』『憩園』『第四病室』『寒い夜』とつながる後期の作品群は、不合理な社会への抗議を声なき声の底から円熟した筆で掬い上げたものであり、『寒い夜』はこの一連の作品群を代表するものといえる。家を書くことで作家として出発した彼は、作家として活動した全期間を通じて家を追及しつづけ、『寒い夜』においてその最高の達成に到達したというわけである」（四九九―五〇〇頁）。

肺の病に冒され、ゆきづまった生活を送る無力なインテリがその妻と自らの母親の嫁姑の対立に苦しみ、最後、亡くなる話である。その日は日本が無条件降伏した二週間後であった。
現実の苦しさを長々とひたすら述べて述べて述べ続けるという現代小説が中国にはある。何の希望も未来もない。現実の救いようのない状態を描くことも中国では「載道主義」の（ネガの）現れの一つとして許容されるようである。リアリズム自体に意味を見出すのである。日本ではエンターテインメント性がなければ、相手にされないであろう。「最高の達成に到達した」というのは少し言いすぎではないだろうか。日本の中国観の一つ、中国尊崇の現れのように思える。

**上田正昭（二〇一六・六）『古代史研究七十年の背景』藤原書店**

二〇一六年三月に亡くなった上田正昭氏の「七十年におよぶ研究誌の内実をまとめ」た（まえがき三頁）書である。第二章　中央史観の克服　の「東アジアと古代の日本―日本版中華思想」の項では次のように言う。「天平十年（七三八）のころに書かれた「大宝令」の注釈書である『古記』（『令集解』所収）に「隣国は大唐」、「蕃国は新羅」なりと表現しているが、「大宝令」や「養老令」に記載する隣国は新羅（統一新羅）ではなく唐であり、しかもこれを畏敬して「大唐」と表記し、新羅や渤海は日本に朝貢する「蕃（藩）国」とみなしていたことがわかる。（中略）「日本版中華思想」である（五七―五八頁）。中国から見れば日本は「東夷」だが七、八世紀の日本の為政者は日本は東夷の中の「中華」で日本国内では東北の人々（蝦夷）や南九州の人々（隼人など）を「夷狄」とみなした（九八頁）。「小中華主義」がもう七、八世紀には日本にあったということである。
上田氏は第五章　朝鮮通信使と雨森芳洲　では雨森芳洲が「豊臣秀吉らの文禄・慶長の役（壬辰・丁酉の倭乱）をみごとに「豊臣家無名之師《むみょうのいくさ》（大義名分のない戦争）を起し、両国無類之人民を殺害せられたる事に候」と批判しているのに眼から鱗がおちる想いであった。」（一〇六頁）と記している。私は日清戦争を「其軍更無名」（其の軍《いくさ》更に名無し）と評した勝海舟を想起した。この「名」も同様に「大義名分」の謂いである。

## Ⅲ　文化・比較文化関連書籍考察

### 彭丹（二〇一六・二）『唐物と日本のわび』淡交社　淡交新書

唐物（からもの）は「きゃらもの」で「香り高き憧れの物、極上の美しい物という意味も込められていたと私は思う」（はじめに　七頁）と彭丹氏は言う。沈香の優品を「伽羅《きゃら》」と呼び、最高の薫物《たきもの》として平安貴族に珍重されたことを踏まえている。「日本の茶人は漢の唐物を以て和のわびを創り出した、ということではないか」（同　九頁）と言う彭丹氏は、結局のところ「わびとは何かを問い続けてきた。だが、わびはあまりに奥深くて、私の手に負えない。不完全の美や粗相の美など、いろいろ解釈できるわびの中身は、古代中国にあったにもかかわらず、中国人はそれをわびと名づけて呼ばない。もちろん、現代中国にはそれを見出すことはできない。」（おわりに　招魂　一三頁）と述べている。

花らしい花がないとして、彭丹氏が見向きもしなかった紫陽花の白花一輪と下野草二、三枚の紅葉を茶花用に生ける、氏のお茶の師匠に「残花とりどりを生ける茶人の精神」（同　二一四頁）を見出し、そこには「わび」があると言う。

彭丹氏の母方の一家は地主で、新中国成立のとき、打倒の対象となり、家屋の蘭の花鉢も小作人に砕かれ家族は四散した（同　二一一頁）。「あのとき壊されたのは、蘭でも花鉢でもない。蘭を尊ぶ中国人の誇りであった。」（同　二一三頁）と言う彭丹氏は「現代の中国人であるわれわれが、祖先が造り得た唐物を造り得ないのは、われわれが蘭を愛する精神を失ったからではないか」（同　二一四―二一五頁）、「遠い海のかなたで絢爛たる文化を生みつづけた大地。その大地に対する憧憬を日本の茶人は唐物に求め、わびを創り上げた。」（同　二一五頁）と述べている。彭丹氏は日本にいて日本と中国両方の文化を考察して、最後を次のように結んでいる。「私は唐物に古の中国を思い出し、今の中国に問いかけ、失われた中国があの大地に再び還ってくることを念じ、招魂の曲を詠い続けるだろう。／長い長い歴史の中で培われてきた、天下に冠絶する唐物を創り出した中国の魂、蘭を心から愛する中国人の誇りがよみがえる日が来ることを願いつつ。」（同　二二五頁）。蘭は孔子、屈原、黄庭堅等に愛された、世俗に汚れない、高潔の精神を象徴する花。梅、竹、菊とともに「四君子」と名づけられた（同　二二二頁）。

「芝蘭は深林に生ず、人無きを以て芳しからずんばあらず。」（同　二二一頁）は「芝蘭は深林に生ず、人無きを以て芳しからざるにあらず。」であろう。蘭は気高く、人のいるいないに関係なく高い香気を放つ。人も逆境にあって、人が見ていようが見ていまいが、節を屈することなく、強く生きぬく。彭丹氏は自らそうありたいという思いを蘭に投影しているのであろう。現代中国を批判するのは不帰を覚悟の上での発言であろうか。

## Ⅳ　その他の書籍考察

**宋文洲（二〇一六・二）『日中のはざまに生きて思う』日経Ｂ社**

宋文洲氏はソフトブレーン創業者。二〇〇五年に東証一部に上場。本書は「日中双方で経営と生活を体験し、愛情を持って日中双方を真剣に考えている宋文洲が書いたもの」だから、隣国の経済実態を知り、前向きに日中関係を考えている読者には必ず参考となると信じる（まえがき　viii）と言う。

中国は毎日、崩壊し続け、そして静かに毎日再建され続けている（一一頁）。文革の良いところがあるとすれば、徹底的に女性解放した点で、女性の社会的立場や家庭内立場は男性とかなり対等になっている（一一五—一一六頁）。現在の資本主義とバランスをとるための対立軸が必要であり、日本や中国などアジアの国々から、その新しい社会システムが生まれることを期待してやまない（二八—二九頁）等々、示唆に富む意見を本書で述べている。

最後の「対立軸」の必要性を述べることから次のことを想起する。中国の「対」の思想に注目した駒田信二氏は（昭和四四）『対《つい》の思想—中国文学と日本文学—』勁草書房で、AとBが対になるとき、Aの中に更にAとBがあり、Bの中に更にAとBがあるのが本来の「対」であると言ったことがある（同書一九—二〇頁）。A、Bを善、悪と考えればわかりやすい。二を基本とするが、対立だけではなく、内に更なる二つの対立する要素を視野に入れる論である。〇〇異質論とは異なる考え方である。反対に、善悪渾然一体の一を二に分けて、要素としての悪を排除し善だけ残し、更にその善を善悪の二に分けて、要素としての悪を排除し、その行為を繰り返して、全き善だけにしようとしたのが「毛沢東の哲学」であると言ったのは故新島淳良氏である。中国には、善悪についての対立、闘争だけではない考えが存在するように思う。それはたぶん共同体の思想だと思う。

**譚璐美《たんろみ》（二〇一六・七）『帝都東京を中国革命で歩く』白水社**

本書は白水社のホームページに著者が『帝都・東京を中国革命で歩く』と題して、一年半にわたり連載したものに大幅な加筆・修正をしてまとめたものである（二四五—二四六頁）。Ⅰ早稲田　Ⅱ本郷　Ⅲ神田　に分けて、一九世紀末から二〇世紀初頭、辛亥革命、五四運動、日中戦争勃発頃まで日本にいた有名中国人留学生の居所を地図的に明らかにして、彼らの足跡、事績をまとめて書いている。一九〇五年八月、孫文らは東京で中国革命研究会を結成した。まさに東京は中国革命の電源地で日本人の中にも頭山満や犬養毅、宮崎滔天といった支持者がいた。本書では彼らのことにも言及している。

孫文のことを本書は悪くは言っていないが、当時、早稲田にいた宋教仁が自身の日記に孫文のことを「専制跋扈《ばっこ》に近し」と記していることは書いている（五一頁）。宋教仁の盟友、北一輝は宋教仁が暗殺されたとき、孫文が刺客を放ったのではないかと真剣に疑っている。本書によって梁啓超が『和文漢読法』では非常に有名だが、それ以外にはあまり評価、言及されていないのは、マルクス主義に懐疑的であった（四二頁）ことにもよるのであろうと推測できる。中国の近現代史は、極めて「朱子学」的観点（筆者注：井沢元彦（二〇一五・一二）参照。）で断罪するものが多い。本書に物足りなさを感じるとすれば、そうした「朱子学」的な無言の圧力への著者の「配慮」が働いているからではないだろうか。魯迅について書くなら、魯迅留学時の、魯迅の自然主義への全くの無関心、無視を取り上げて論じるべきであろう。過酷な政治を知らない日本人の戯言であろうか。

## 三　結語

高口康太（二〇一五・九）は「ネットの大衆化こそがネット論壇瓦解の要因だった」と言う。伝統的に中国では、善導、教化されるべき対象＝「愚民」（村民）と皇帝や「徳のある官」は共犯関係にあり、「悪しき官」の不正をただして互いの「利」を得る（二〇四―二〇六頁）という指摘は鋭く、的を射ている。榊原英資（二〇一五・一〇）とポール・クルーグマン・浜田宏一（二〇一六・一）では中国を「脅威」「敵」と見るか見ないかの相違がある。岩井伸子（二〇一六・二）は学習者の母語を意識化した中国語テキストである。栗田直樹（二〇一六・一）はかつての中国賛美をした「進歩的文化人」への明示的批判書である。もっとも批判するだけでは始まらない。批判の理由、原因、批判の事態の生じた時代状況を探求すべきである。

中国の経済力、政治力の増大によって、日本の中国観も「尊崇」「脅威」「小中華主義」とさまざまである。そうした従来の枠組みを超えた新たな中国観が日本にこれから生まれることを切望し、今後も日本の中国観についての比較文化学的事例研究を続けていきたいと思う。

**〔引用文献・参考文献〕**


(1) 高口康太（二〇一五・九）『なぜ習近平は激怒したのか―人気漫画家が亡命した理由』祥伝社　祥伝社新書四三五
(2) 榊原英資（二〇一五・一〇）『世界を震撼させる中国経済の真実』ビジネス社
(3) 井村雅代著　松井久子聞き書き（二〇一五・一二）『シンクロの鬼と呼ばれて』新潮社　新潮文庫
(4) 井沢元彦（二〇一五・一二）『脱・中国で繁栄する日本　国を滅ぼす朱子学の猛毒を排除せよ』徳間書店
(5) 岩井伸子（二〇一六・一）『こんなとき、どう言う?　中国語表現力トレーニング』NHK出版
(6) 栗田直樹（二〇一六・一）『共産中国と日本人』成文堂
(7) ポール・クルーグマン・浜田宏一（二〇一六・一）『二〇二〇年　世界経済の勝者と敗者』講談社
(8) 彭丹（二〇一六・二）『唐物と日本のわび』淡交社　淡交新書
(9) 宋文洲（二〇一六・二）『日中のはざまに生きて思う』日経B社
(10) 巴金作・立間祥介（二〇一六・三）『寒い夜』岩波書店　岩波文庫
(11) 上田正昭（二〇一六・六）『古代史研究七十年の背景』藤原書店
(12) 譚璐美（二〇一六・七）『帝都東京を中国革命で歩く』白水社
(13) 馬場公彦（二〇一〇）『戦後日本人の中国像　日中敗戦から文化大革命・日中復交まで』新曜社
(14) 馬場公彦（二〇一四）『現代日本人の中国像　日中国交正常化から天安門事件・天皇訪中まで』新曜社
(15) 駒田信二（昭和四四）『対《つい》の思想―中国文学と日本文学―』勁草書房

(16) 新島淳良（一九六六）『毛沢東の哲学』勁草書房
(17) 藤田昌志（二〇一五）『日本の中国観Ⅱ―比較文化学的考察―』晃洋書房
(18) 藤田昌志（二〇一八）『比較文化学Ⅱ―日本・中国・世界―』朋友書店

# 日本の中国観（十三）（二〇一六・九―二〇一七・八）

## 一　序



安倍晋三首相（当時）は二〇一六年九月五日に中国の習近平国家主席と会談した。両首脳の会談は、二〇一五年四月以来三度目で、安倍首相が二〇カ国・地域（G二〇）首脳会議（杭州サミット）に出席するために訪れた中国・杭州で約三〇分間、行われた。会談では、尖閣諸島の問題については平行線をたどったし、東シナ海で偶発的な軍事衝突を避けるための「海空連絡メカニズム」は、事務レベルの協議を加速することで合意したが、これはかなり前から首脳間で合意している事項である。今回、運用開始の時期を明確にしなかったことは、結果的に結論を先送りした形と言える。同年九月一〇日の日本経済新聞社「電子版（Web刊）」の意識調査の実施結果によると、今後の日中関係がよい方向に向かうと「思わない」人が六六・六％、「変わらない」と思う人が二八・三％であった。注目すべきは「北朝鮮は九日に五度目の核実験を実施しました。この挑発行為を封じ込めるにあたり、どの国にもっとも大きな役割を担ってほしいですか」という質問に五九・六％の人が中国と答え（第一位）、二五・六％がアメリカと答えている（第二位）ことである。日中関係はよくならないだろうが、北朝鮮のことはちゃんとしてほしいというのが「多くの日本人」の中国への希望ということになるのであろうか。日本人は中国を「敵」「異質」として見て、アメリカを「味方」として見る味方に慣れているように思われる。（数字は「日中関係、今後は良くなる?」第二八八回　二〇一六年九月一〇日　六：〇〇　日本経済新聞社「電子版（Ｗｅｂ刊）」の有料・無料読者を対象とした週一回の意識調査の実施結果による。第二八八回は今後の日中関係と核実験を実施した北朝鮮に関して意見を聞いた。　二〇一七年五月二三日　ネット記事閲覧。）二〇一七年四月二七日二一：〇〇の同意識調査では、軍事的緊張の発端となっている北朝鮮による核・ミサイル開発について、その行為を阻止するために米国は中国に大きな期待を寄せているが（同解説　編集委員　木村恭子）、アンケートでは中国にその役割を期待できるとは「思わない」との回答が七〇・五％を占めた。（二〇一七年五月二三日　同ネット記事閲覧。）日本の中国不信は根強いものがあるようである。その中心にいるのが安倍首相（当時）であるが、祖父が岸信介元首相であることが中国の安倍首相観に大きく影響しているのは確かであろうし、中国の「血統」論、血筋論にも注意する必要はある。

今回もこの一年に日本で出版された中国関係書籍を資料として、日本の中国観について、以下、四つの範疇に分けて記述してみることにする。（共時的な「日本の中国観」の考察はすでに一三年目に入る。過去のものについては拙著（二〇一〇）同（二〇一五）等を参照していただきたい。）日本の中国観の典型例を提示する質的事例研究である。書籍自体の引用頁を明記することによって、できるだけ書籍自体にその中国観を語らせるようにしてある。

# 二　日本の中国観研究（二〇一六・九―二〇一七・八）

## Ⅰ　社会関連書籍（政治・経済を含む）考察

### 石川禎浩　三好伸清編訳（二〇一六・一〇）『陳独秀二―政治論集一　一九二〇―一九二九（全三巻）』平凡社　東洋文庫　八七六

中国共産党は一九二〇年代初めに陳独秀が中心となって結成したもので、結党後、数年で大きく成長し、陳独秀は中共指導者として総本山のモスクワのコミンテルンとの折衝に心を砕き、合作のパートナーである国民党との関係調整という重荷を背負うことになった。（第二巻解説　四四五、四五一―四五二頁。）一九二二年秋にコミンテルンの第四回大会に出席するためにモスクワを訪れた陳独秀は外国語ができなかったこともあり、無名の中国代表にすぎず、コミンテルンの指導者の厚遇もなく、個別の意見交換の場も設けられなかった（同四五三頁）。一九二五年三月の孫文の死後、国共合作は軋みを見せるようになり、国民党と共産党の軋轢は増大したが（一九二六年三月二〇日の中山艦事件は蔣介石の共産党への疑心暗鬼によるものである）、スターリンは蔣介石を信頼するに足る革命派軍人とみなし、つなぎとめようとし（同　四六四頁）一九二七年三月上海に臨時政府を樹立した共産党（中共系労働者武装糾察隊）に隠忍自重を求めた。蔣介石の同年四・一二クーデターで武装糾察隊は壊滅し、更に江南・華南の経済先進地はあらかた「反共派」国民党の支配に帰することとなった（四六四―四六五頁）。

陳独秀への名指し批判が高まっていくのは、スターリンとそれに従う（中）共首脳部を陳独秀が公然と批判するようになってからである（同　四六八―四六九頁）。

本巻の最後の二篇「全党同志に告げる書」と「われわれの政治意見書」は除名処分を受けた陳独秀が処分に理のないことを訴えた抗議書で、トロツキー派となった陳独秀の強烈な中共・コミンテルン・スターリン批判である（同四七二頁）。石川禎浩氏はこの二篇を「彼の内省と沈思がトロツキー著作を通じて得られた覚醒と反応することにより、憤激となってほとばしり出た傑作である」（同　四七三頁）と評している。

現在の中国でも陳独秀評価は「陳独秀を代表とする右翼日和見主義の誤り」という表現の文脈の中にある（同　四七六頁）。

**中島恵（二〇一六・一〇）『中国人エリートは日本をめざす　なぜ東大は中国人だらけなのか？』中央公論新社　中公新書ラクレ　五六五**

本書著者の身近に住む中国人たちの目から見た「草の根の日本人論」であり（一二頁）、在日中国人を取材した著者、中島恵氏の中国論でもある。東大が北京大より上だと言う中国人留学生は多いし、早稲田大学は李大釗や陳独秀の出身大学であることから中国で圧倒的な人気を誇っている（三〇—三五頁）。東大大学院博士課程在籍中の陳思青（女性）はアメリカに留学する中国人はとくにアメリカが好きなわけではなくても大学ブランド、ランキング、研究内容などから総合的に見て留学先を決めているのに対して、日本に留学する中国人は実のところ、シンプルに日本が大好きだから日本に留学した者が多いと思うと言う（五四—五五頁）。

本書の中で、ある中国人が指摘していたように、日本の企業の一部は、表面的には耳触りの言い「ダイバーシティ」（多様性）や「国際化」を掲げつつ、実際は「日本人優先」で優秀な中国人の「いいとこ取り」という高飛車な側面があるのではないかと中島氏は感じている（二三五—二三六頁）。

本書ではこれまで日本のメディアではほとんど取り上げられてこなかった中国人留学生の〝爆留学〟と〝爆就職〟という二つの観点に的を絞り、中国人の考え方や日本への思い、そして彼らを受け入れる日本の大学や企業の採用活動と対応、ダイバーシティとの関りなどについて紹介した（二二頁）と中島氏は言う。

中島氏は中国人の日本への〝爆留学〟はある一定のところまで達したら、急速に終息していく可能性もある、留学にあまり魅力を感じなくなった今の日本人と同じように…と述べている（二三六―二三七頁）。

**梶谷懐（二〇一六・一二）『日本と中国経済　―相互交流と衝突の一〇〇年』筑摩書房　ちくま新書**

経済関係が良好でも政治が邪魔をする、政治関係が悪化しても経済のつながりはなくならない。それは近代以降、日中間の交渉で何度も繰り返されてきたことである。日本人は中国人をどのように理解し、付き合ってきたかを経済関係を軸に、政治・社会状況の考察を織り交ぜながら解き明かす（表紙見返り）。以上が本書のスタンスである。

在華紡（直接投資によって中国に進出した日本の紡績業）は〝包工頭〟という中国式の請負人による人員募集を行わず、直接、職工を募集したために中国人との間に軋轢が生じた（四〇―四三頁）。それは現在の在中国日系企業も注意すべき点だ（四二―四三頁）。

近代以降の日本が中国に対して向けてきたまなざしには（一）「脱亜論」的中国批判（二）実利的日中友好論（三）「新中国」との連帯――という三つの類型がある（八七―八九頁）。

ＡＩＩＢ設立に関する一連の報道で梶谷氏が気になったのは「中国や諸外国の動きについて日本政府が独自に情報を収集し判断を下す姿勢がほとんど感じられず、それどころか、政府関係者の間で中国政府の外交手腕を明らかに軽視する姿勢が見られた点」である（二七六頁）と言う。日清戦争以来の日本の中国軽侮論は近代から現代、そして現在へと脈々と流れてきている。例えば以下のものがある。満州事変後の、中小の商工業者を中心とする中国「土着派」の日本人の強硬論（四九頁）。蒋介石の国民政府が成立した時の日本における評価（八一頁）。「脱亜論」的中国批判（八八頁）。

## Ⅱ　語学・文学・歴史・哲学関連書籍考察

### 閻連科《えんれんか》　谷川毅《つよし》訳（二〇一六・一二）『年月日』白水社

訳者の谷川毅氏は日本の読者も「閻連科と聞けば禁書作家、反体制、反骨、破天荒などの言葉を思い浮かべる方も多いのではないかと思います。」（訳者あとがき　一四九頁）と言う。閻連科の一九九二年発表の『夏日落』は兵士の暗黒面を描いたものとして批判され、発禁処分を受けた。二〇〇五年の『人民に奉仕する』も発禁処分を受け、翌年の『丁庄の夢』も一時販売中止となる。二〇一一年に大飢饉の内幕を暴露した『四書』も発禁処分を受け、台湾で出版された。しかし、二〇〇四年の『愉楽』は「反革命」「反国家」と酷評されながらも、権威ある魯迅文学賞、鼎鈞《ディンジュン》双年文学賞を受賞し、二〇一四年には村上春樹に続いてアジアで二人目となる、フランツ・カフカ賞を受賞している。現在、中国人民大学文学院教授。（以上は、折り返しの著者紹介による。）

本『年月日』は未曽有の大日照りに襲われ、村人たちが村を出ていくが、年老いた農民の「先じい」一人が残り、両目の見えない犬のメナシと自分の畑に一本だけ残ったトウモロコシの苗を守ろうと、さまざまなサバイバルを繰り広げる物語である（訳者あとがき　一四九―一五〇頁）。読者をひきつけて読ませていく力を持った小説である。

「この小説には閻連科文学のエッセンスが詰まっています。寓意に満ちた設定、音や色、そして日の光の強さで重さが変わるなどの独特の描写、ネズミとの壮絶な戦いやオオカミとの行き詰まる対峙など、物語を盛り上げる起伏のあるストーリー展開、そして未来へのかすかな希望を暗示する結末など。そしてなにより作品の中に、ゆるぎのない愛と尊厳があります。」（同　一五二頁）。

閻連科は「尊厳は人生の時間の中にあるのではない。時間の中に割り当てられた人生の重みによって決まるのだ。尊厳は（中略）人生の中の気品と活力なのだ。（中略）人間が内包する意志の力である。簡単に言えば、人生において示される気骨と風格である。」（飯塚容訳（二〇一六）散文集『父を想う』河出書房新社）と述べている（同一五二頁）。

「先じい」や他の閻連科の主人公にはその尊厳が備わっていて、絶望の中にほんのり感じる温かさの根源のすべてがこの作品の中にあるように思うと訳者は述べている（同　一五二頁）。

本書は二〇〇九年にフランス語版が出され、二〇一〇年にフランス国家翻訳賞を受賞し、さらにフランス国家教育センターから中高生の読み物として推薦図書に指定されている（同　一四九頁）。

**伊藤桂一（二〇一七・二）『螢の河』潮書房光人社　NF文庫**

光人社名作戦記　〇〇九　として平成一五年六月に単行本として出版された本の文庫化されたものである。伊藤桂一氏は大正六年、三重県生まれ。昭和一三年より終戦まで三度にわたる満七年の軍隊勤務をして上海で終戦を迎え、戦後十数年、出版社の編集部勤務をして後、昭和三七年『螢の河』で第四六回直木賞、昭和五八年「静かなノモンハン」で第三四回芸術選奨文部大臣賞及び第一八回吉川英治文学賞を受賞している（表紙見返りの著者紹介による）。

戦争という（本書では日中戦争）異常な状況の中で生活する兵士にも心和むときや喜びもある。『螢の河』の兵士が螢の群れに遭遇した時の次の描写は美しい。「船の進むにつれて、螢はぼくらの額や唇にぶつかって流れすぎる。行けども行けども螢火の国で、それらは水の底にも映り乱れ、眠たく甘い幻覚の中をさ迷っている気がした。回り灯籠のなかを、一緒に回っているような情感だ。未明に敵と遭遇するかもしれぬという実感など遥かに遠のき、嫋々《じょうじょう》として沸き立ち、幻々として立ち迷う螢火の中で、ぼくらはしたたかに酔わされる気がした。いまだかつてぼくはこれほどみごとな螢の集団をみたことがなかった。」（二一―二二頁）。

この小説は戦争を美化しているわけではないが、しかし戦争を批判しているわけでもない。戦争をただ懐かしんでるわけでもないが、しかし絶対否定しているわけでもない。戦争の「日常」の姿を淡々と、しかし感動を思い出しながら綴っているのである。戦争は内村鑑三のような絶対否定論によってしかなくならない。そういうことをこの小説集は何も感じさせてくれない。戦争参加者の「懐旧談」には注意する必要がある。それが、「事実」であり「真実」だとしても。その先には戦争美化という罠が待っているから。「道義」の視点を忘れてはいけない。

**郭春貴（二〇一七・二）『誤用から学ぶ中国語　続編二』白帝社**

本書は郭春貴氏の（二〇一四）『誤用から学ぶ中国語　続編一』白帝社　の続編で「介詞、数量詞、助動詞、接続詞を中心に、代名詞、形容詞、比較文などの誤用例を集めて、さらに詳しく説明」（まえがき　i頁）したものである。英語の言語研究は、対照研究→誤用研究→中間言語研究と進んできて、対照研究や誤用研究は過去のものとしてあまりかえりみられていないようであるが、日本語と中国語の対照研究や誤用研究は英語の言語研究とは異なり、盛んである。本書には同じ「作る」（日）でも中国語では①「学校を作る」→〃盖房子〃②「野菜を作る」→〃种菜〃③「愛好会（組織）を作る」→〃组织爱好会〃等いろいろな中国語表現が対応することを指摘したり（一五―一六頁）、受身を表す〃被〃（中）の誤用でも日本語との対照による誤用の説明がなされている（ex・中国語の自動詞は受身文に使えない（二〇五頁）、〃被问〃（中）は状態補語以外ではあまり使わない（二一〇頁）等）がまだまだ「不十分」である。そもそも「誤用から学ぶ」というが「日本語母語中国語学習者」の誤用であるということが徹底して、明確に意識化されていないことに「不十分」さの根本的原因がある。それは「中国観」などにも通底することで、母語や母語文化を通して外国語や外国のことを見ているということを「自覚」し徹底しないと「不十分」ものになってしまう。「言語の対照」や「比較文化」に普遍的に存在する問題である。無意識なことを意識化するというのは一種の「革命」「発見」である。二十世紀に「二大発見」があったと言った人がいる。一つはマルクスによる社会の中の「階級」の発見、もう一つはフロイトによる個人の中の「無意識」の発見であると。そして、それらは同時並行的に行われたと言う。外国語は母語との関係で研究、教育すべきであるという私の考えは、外国語研究、外国語教育の中で、いまだ確立されていない。

**杉山祐之（二〇一七・二）『張作霖　爆殺の軌跡一八七五—一九二八』白水社**

張作霖の全体像がはっきりしないのは中国共産党が「革命の正当性を強調するプロパガンダの都合から、作霖を含む軍閥という実体を絶対悪として単純化」し「思考がそこで止まっていた」（はじめに　一頁）からであると杉山氏は言う。しかし、改革開放後、軍閥の時代に関する史書、報道などが続々と世に出て、張作霖を含む軍閥期の群雄たちが、ほぼ一世紀の長い時を経て、ようやく姿を現し始めた（同　一—二頁）。

杉山氏は現代の中国で張作霖の評価は、張作霖が共産党を敵視し弾圧した事実からすれば「反動軍閥」、日本と結び、日本の力を利用して成長した経緯からすれば「売国行為で成長した軍閥」、満洲で権益拡大を図る日本に激しく抵抗した姿に焦点を当てれば「愛国軍閥」と複雑に揺れていて、近年は「愛国者」の側面が強調されているように思うと言う（三二七頁）。そして、その理由を近年「共産主義イデオロギーの権威が失墜し、党が愛国主義、ナショナリズムを政治的求心力として利用するようになった」（同）からであるとしている。ちなみに杉山氏は現在、読売新聞の中国駐在編集委員である。

杉山氏は「民族の大義と言うべき伝統的な価値観に忠実であった」（三二七頁）張作霖の姿を張作霖の次の言葉に見出している。「馬賊になる、土匪になるなど大したことではない。事が成れば王となり、敗れれば賊になるだけのことだ。何とでも言える。だが、何があっても漢奸《かんかん》（民族の裏切り者）になってはならない。死んだ後ものののしられることになってしまう。」（同）。

一九二八年（昭和三）六月三日の張作霖爆殺事件（満洲某重大事件）について近年、ソ連、コミンテルン説が出て、中国でも注目されたが、「圧倒的な量の証拠、河本大作本人のものを含む膨大な証言を覆すだけの決定的な新事実が出てくる可能性は小さいだろう」（三二〇頁）と杉山氏は否定している。

**池田知久訳（二〇一七・五）『荘子　全現代語訳（上）』講談社　講談社学術文庫**

本書は『荘子　全訳注』（上）（講談社学術文庫　二〇一四）の〔読み下し〕・〔注釈〕を割愛し再構成したものである。池田知久氏による「始めに」は金谷治訳注（一九七一）『荘子〔全四冊〕』岩波書店　岩波文庫の「解説」とは異なっている。金谷治（一九七一）「解説」が荘子の人生哲学を万物斉同《せいどう》の哲学に基づく因循《じゅん》主義（自ら然るものに因り循う）であるとするのに対して、池田（二〇一七）の「始めに」は『荘子』という書物は「重厚な文章と軽妙な文章との複雑な交錯から成っている」（三頁）と述べ、「重厚」というのは「自己の内面に向かって沈潜しつつ思索しているところから来る重さ」で、「同時にそれは（作者の思索の行く手にある）あの真の世界「道」それ自体の有する重さでもあろう」（三頁）とし、「軽妙」とは作者が世界の真の姿をとらえることのできない世間的な知識と言葉を批判する際、「それらを乗り越えていく行く手に真の世界があると予感されるところから来るかるさであり、また自己の外面に向かって飛翔しつつ人間としての自由や独立を獲得していくことの中にある軽さ」である（七頁）と文章面から『荘子』に迫っている。池田（二〇一七）も、もちろん斉物論篇や逍遥遊篇について説明しているが、金谷治（一九七二）を踏まえつつ、新たに文章面から『荘子』について説明を加えたのであろう。『荘子』を哲学面だけでなく、文学面、文章面からとらえるのは、寓話性の顕著な『荘子』の理解として首肯できるものである。

## Ⅲ　文化・比較文化関連書籍考察

**イザヤ・ベンダサン著　山本七平訳（二〇一六・一二）『日本人と中国人　―なぜあの国とまともに付き合えないのか』祥伝社**

本書は「文藝春秋」に一九七二年から一九七四年に断続的に連載され、後、一九九七年に「山本七平ライブラリー一三巻『日本人とユダヤ人』（文藝春秋）に収録されて、二〇〇五年に祥伝社より注を加えて単行本化された（絶版）ものを今回、改めて新書として世に問うたものである。（本書についての祥伝社の説明より。）

山本七平氏は一九七一年キッシンジャーの秘密訪中に始まる米中接近以後に日中復交消極論・慎重論・否定論を展開した反中論の受け皿となった、一九六九年創刊の『諸君』の主な寄稿者の一人である（馬場公彦（二〇一〇）四〇六頁）。

山本七平氏は中国の文化的支配権からの独立宣言の例として明治の教育勅語を挙げる。教育の「淵源」を「中国」から「理念としての日本国内の中国」に切り替えたのが教育勅語であり、後にこれが「理念としての中国」を、逆に、現実の「中国」へ押し付けて行こうとする結果になる、それが「尊中」が「尊皇」に切り替わった理由であり、同時にこれは「尊皇」がまた「尊中」にすぐ切り替わる理由である（一〇七頁）と山本氏は述べている。

朱舜水の「尊中攘夷（満）」を日本人にあてはめれば「尊皇攘夷」となる。満州族の国について「あれは夷であって中国ではなく、日本こそ本当の中国だ」という考えが出てくるのは不思議ではなく、事実、山鹿素行（一六二二―一六八五）は天皇家を中心に再構成した過去の日本を「中朝」と呼ぶ「日本＝中国」論者（筆者注：日本こそ「本来の中国」であると考える人々）である（一二〇―一二二頁）。

日本人は憧憬の「外国」（中国、アメリカ等）を「理念化」し、その「外国」が日本人の「理念」に耐えられないと、「自国」＝「日本」こそ真の中国だ」「日本こそ（アメリカ）民主主義の本家だ」と言い出し、山鹿素行化する（二一八―二一九頁）。

「内なる天皇」と「外なる天皇」、「内なる中国」と「外なる中国」。「内」は理想化された尊皇思想の帰結としての自らの内にあるイメージ（二七〇頁）である。日本人は「内なる天皇」「内なる中国」を現実の中国＝「外なる中国」に押し広げようとしたのである。これが山本氏の日本論（対中国認識論）である。周辺国家日本の特殊性を明らかにしているが、そこには「道義」や「信義」というものはかけらもない。小中華主義の日本の中国観の顕現であろう。

## Ⅳ　その他の書籍考察

**高島俊男（二〇一七・三）『お言葉ですが…別巻七　本は面白ければよい』連合出版**

著者による『漢語と日本人』（文春新書）は日本人の漢字とのかかわり方を洞察したユニークな本で、著者にはそのほかに、本業とも言える水滸伝、三国志に関する著書がある。

本書は本の書評、紹介を集めたもので、とりわけ注意を引くのは、幸田露伴と周作人関係の記述である。露伴は道教ないし神仙関係に造詣が深い。「幸田露伴『活死人王害風』」（一四〇―一四七頁）の『活死人王害風』は「論仙」三篇の一つで、大正一五年に書かれた、道教の一派である全真教の教祖、王重陽の伝記である。王重陽は金代前半＝一二世紀の人で自作の詩がたくさん残っていて、それが面白いから露伴は調べて伝記を書く気を起こしたのだろうと高島氏は言う（一四二頁）。露伴の文章は漢文を訓読したような文章で、これなら中国の学者が漢字だけ読んでも完全にわかるというものだった（一四六頁）。梁啓超の日本語速習可能論が出てくる背景には、こうした日本人、中国人両方の漢字、漢文についての共通の教養、素養が存在した。現在では無理である。

「周作人著、木山英雄訳『日本文化を語る』（筑摩書房）」（一四八―一五一頁）では周作人が「日本大好き」人間であったことが述べられ（一四八頁）、周作人の『日本文化を語る』と訳者の木山英雄氏による日本語訳について「中国語のリズム」「日本語のリズム」「双方ともそれぞれこころよい」、「両者が過不足なく対応している」、「これを越えるものを知らない」（一五〇―一五一頁）と周作人の中国語、木山氏の日本語訳を絶賛している（同）。

周作人についてのもう一つの「木山英雄『北京苦住庵記　日中戦争時代の周作人』」では同居家族が九人もいたことが日本占領下の北平を離れることを周作人に不可能にしたことが述べられている。高島氏はこの本の特徴を次のように概括している。「この本はふしぎな本で、あるいはよくできた本で、この間の周作人が躊躇し、逡巡し、あるいは当惑し、呻吟するとともに、それを叙述する木山氏の文章も躊躇し、逡巡し、当惑し、呻吟する。つまり木山氏の文体そのものが周作人の行蔵（筆者注：出処進退のこと。）であり思いである、という仕掛けになっている」（一五四頁）。原文とその翻訳文が内容、形式、精神ともに混然一体となっているという木山氏の文体への最高の賛辞である。

**中島岳志（二〇一七・七）『アジア主義―西郷隆盛から石原莞爾へ』潮出版社　潮文庫**

本書は二〇一四年七月に潮出版社より刊行された単行本を文庫化したものである。（本書の末尾の記載による。）竹内好や丸山眞男、橋川文三の言説も俎上に載せ、アジア主義、超国家主義、アジアのアイデンティティー（自己同一性）について考察し論じる。日本の中国観を包括した、日本のアジア観の一つである「アジア主義」を概説した書である。

アジア主義が西郷隆盛、玄洋社、頭山満、孫文、岡倉天心、大川周明、田中智学、石原莞爾、ユダヤ・エチオピア・タタールといったアジア主義の辺境、日中戦争関係の人物、トピックに即して考察、論究されている。これだけ包括的に、わかりやすくアジア主義について説明された書は現在、他にないであろう。（筆者注：中島岳志氏は大学でヒンディー語を専攻した人で、アジア、中国、日本と視野の広い研究をしている。）日本が日露戦争以来、一貫して「満州」に固執したのに対して、孫文らのスローガンは辛亥革命後、「滅満興漢」から「五族共和」へと、漢民族主義から中華民族主義へと大きく変貌した。日本のアジア主義者の多くはそのことを理解しようとせず、中華民族主義者と齟齬を生じ、反日運動が中国では激化していく。

社会進化論一六八（頁）を排し、「バラバラでいっしょ」「いっしょでバラバラ」という東洋的多一論（五六二頁）を「アジアは一つ」であると言う時のアイデンティティーと位置づけ、岡倉天心、西田幾多郎、三木清、鈴木大拙らにその具体的顕現を見出している。

竹内好（筆者注：竹内好は主観的教条性の非常に強い人で、それはこの人の近現代中国観に如実に表現されている。）については「（筆者注：岡倉天心などの）その思想的アジア主義の価値を掘り下げることができませんでした。ここに竹内の限界が存在します。」（五七七頁）と近現代中国礼讃主義者＝近現代日本否定論者である竹内好について的確な評価を下している。アジア主義の淵源、評価は西郷隆盛にまで遡らなければならないと竹内好は言ったが、言いっ放しで終わるのが竹内という人の特性であった。主観教条主義者であることは、魯迅の「幻灯事件」解釈に端的に表れている。何らの根拠もなしに、幻灯事件は魯迅が医学救国から文学救国への転機になったものでは絶対ないと執拗にこだわったのは、太宰治の小説『惜別』での魯迅像への反発もあったであろうが、客観性を重んじる文学研究としては、現在、取り上げる者すらいない。日本の現代中国研究のいい加減さを表す事例と言ってもいいかもしれない。

## 三　結語

石川禎浩　三好伸清編訳（二〇一六・一〇）は陳独秀の再評価に積極的である。杉山祐之（二〇一七・二）も張作霖再評価の書である。両書とも共産党による善玉悪玉決定論には反対のようである。現在の日本人は文革を全く評価せず、チャイナ・ウォッチャーの視点から中国を見るのが日本の中国観の主流となっていることを考えれば、その反映とも取れる。伊藤桂一（二〇一七・二）のような戦記物には注意を要する。郭春貴（二〇一七・一）には日本語母語学習者の視点を徹底していただきたい。日本人は近視眼的で、自文化と他文化を比較し、相対的に見るということが下手であるし、そもそも、そのことを自覚していない。閻連科　谷川毅訳（二〇一六・一一）が日本で注目されるのもノーベル賞受賞に近い作家であるからというのではなんとも情けない。イザヤ・ベンダサン著　山本七平訳（二〇一六・一一）は中国観を通した日本論である。日本の小中華主義をよく把握している。高島俊男（二〇一七・三）は日本のことも中国のこともよく見ている「両見え」のする人の書である。日本の中国観も多様である。中島岳志（二〇一七・七）のように大学でヒンディー語を専攻し、東南アジア、中国、日本と視野広く勉強した人によって「アジア主義」について、このように包括的で明晰で、かつ分かりやすい本が書かれるのは、すばらしいことである。本当の学問には総合性・普遍性がある。筆者の「日本の中国観」も「日本のアジア観」「日本の世界観」の中で位置づける必要がある。本来のグローバリズムとは自文化への志向を内包しつつ、外を志向するものであろう。エキゾチシズムがそうであるように。

〔引用文献・参考文献〕


（1）石川禎浩　三好伸清編訳（二〇一六・一〇）『陳独秀二―政治論集一　一九二〇―一九二九（全三巻）』平凡社　東洋文庫八七六

（2）中島恵（二〇一六・一〇）『中国人エリートは日本をめざす　なぜ東大は中国人だらけなのか？』中央公論新社　中公新書ラクレ　五六五

（3）閻連科　谷川毅訳（二〇一六・一二）『年月日』白水社

（4）イザヤ・ベンダサン著　山本七平訳（二〇一六・一二）『日本人と中国人　―なぜあの国とまともに付き合えないのか』祥伝社

（5）梶谷懐（二〇一六・一二）『日本と中国経済　―相互交流と衝突の一〇〇年』筑摩書房　ちくま新書

（6）伊藤桂一（二〇一七・一）『螢の河』潮書房光人社　NF文庫

（7）郭春貴（二〇一七・一）『誤用から学ぶ中国語　続編二』白帝社

（8）杉山祐之（二〇一七・二）『張作霖　爆殺の軌跡一八七五―一九二八』白水社

（9）高島俊男（二〇一七・三）『お言葉ですが…別巻七　本は面白ければよい』連合出版

（10）池田知久訳（二〇一七・五）『荘子　全現代語訳（上）』講談社　講談社学術文庫

（11）中島岳志（二〇一七・七）『アジア主義―西郷隆盛から石原莞爾へ』潮出版社　潮文庫

（12）馬場公彦（二〇一〇）『戦後日本人の中国像　日本敗戦から文化大革命―日中復交まで』新曜社

（13）藤田昌志（二〇一〇）『日本の中国観―最近在日本出版中国関連書籍報告―（〇四・九―〇九・八）』朋友書店

(14) 藤田昌志（二〇一五）『日本の中国観Ⅱ—比較文化学的考察—』晃洋書房
(15) 藤田昌志（二〇一六）『明治・大正の日本論・中国論—比較文化学的研究—』勉誠出版

# 日本の中国観（十四）（二〇一七・九―二〇一八・八）

## 一　序

二〇一七年九月三日、北朝鮮は核実験を咸鏡北道吉州《ハムギョンプクトキルチュ》郡豊渓里（プンゲリ）付近で行った。北朝鮮が核実験を行うのは二〇〇六年、二〇〇九年、二〇一三年、二〇一六年一月、二〇一六年九月に続いて六度目である。核実験から八日後の九月一一日、国際連合安全保障理事会は北朝鮮に対する制裁決議を全会一致で可決した。日本とアメリカは北朝鮮に更に「圧力」を加えることを主張したが、ソ連と中国は「対話」の必要性を重視した。従軍慰安婦問題についての韓国政府との考えの相違もあったが、安倍首相は二〇一八年二月の平昌《ピョンチャン》オリンピック開会式へは参加した。平昌オリンピックでは北朝鮮の「ほほえみ外交」が印象的で、三月六日、北朝鮮を訪れた韓国の文在寅《ムンジェイン》大統領の特使団は南北首脳会談を四月末に南北軍事境界線のある板門店で行うことで北朝鮮と合意し、四月二七日、南北首脳は南北「完全非核化」を共通目標とする「板門店宣言」に署名した。北朝鮮の激変は更に六月一二日の米朝会談を実現させ、中国もそれを支持した。それぞれの国家の思惑の中で東アジアでは変動が生じているが、マスコミを中心とする日本の一般的中国観は相変わらず単線的で、多様性がみられない。そうした状況下で、今回もこの一年間の多様な日本の中国観を、日本で出版された書物の中に探ってみたい。（すでに一四年目になる。）

## 二　日本の中国観研究（二〇一七・九―二〇一八・八）

### Ⅰ　社会関連書籍（政治・経済を含む）考察

**川端基夫（二〇一七・九）『消費大陸アジア―巨大市場を読みとく』筑摩書房　ちくま新書一二七七**

本書は「意味づけ」の次元でアジアの消費をとらえなおした書である（まえがき　四頁）。「意味づけ」には消費者の歴史的な中で身に付けてきた「クセ」に基づく「意味づけ」と「社会の仕組みに基づいた「意味づけ」がある（七四―七五頁）。後者の例として、中国人観光客の日本のドラッグストアでの爆買いと中国でのロッテのキシリトールガムの好評価、爆発的な市場開拓劇をとりあげている。

中国人観光客のドラッグストアでの爆買いは日常薬（熱さまシート、龍角散等）が主で、それは中国の医療事情と密接に関係している（七七頁）。中国では個人医院の開設が認められておらず、診察料や診療費も決まっておらず、ベテランの医師の診察には莫大な費用がかかる。市販の医薬品で病気を治すことを政府も勧めているという医療事情がある。品質の信頼できる日本の医療品が爆買いされるわけである。ロッテはキシリトールガムを二〇〇二年に中国市場に投入した（八四頁）が一人っ子政策により四人の祖父母の誰かに子供がせがめば、ガムなどの甘い菓子を与えることが中国では一般化していた。そして、そのことが子供の虫歯の多さにつながっていた。歯科医療費が高い中国で、子供の虫歯に予防効果があるという効用は絶大な支持を受け、キシリトールガムは非常によく売れた（八七頁）。

本書は「フィルター構造」「市場コンテキスト」「地域暗黙知」といった市場（地域）レベルで意味や価値を生み出す仕組みをとらえる概念を検討している点が大きな特徴となっている（二六頁）。「文化」を制度、慣習、暗黙の了解、暗黙知（制度化されたものからそうでないものへの順番になっている）の四層構造でとらえているのは、ともすれば、あいまいな、「文化」という概念を具体化していて興味深い（二〇五頁）。

**天児慧（二〇一八・四）『習近平が変えた中国』小学館**

鄧小平時代と習近平時代の相違について①前者が〝先富起来〟という「格差是認」政策をとり、政治面で腐敗が蔓延したのに対して、後者は〝共同富裕〟、政治腐敗撲滅を呼びかけている②前者は経済発展のために「韜光養晦《とうこうようかい》」政策を堅持したが、後者は「核心的利益」には積極的に行動する「大国外交」を展開し「一帯一路」戦略を経済圏構想として展開している③改革開放時代は西洋モデルを追求したが、習近平時代は中国独自の発展モデルを提示しようとしている——と本書の「はじめに」（六—七頁）で編者の天児氏は述べている。

①の「蝿《はえ》も虎もたたく」腐敗撲滅政策は習近平の権力拡大につながる面がある。②の「一帯一路」は南シナ海問題と表裏の関係にある。中国的なのは習近平が二〇一三年七月に第八回共産党政治局集団学習会で「海洋強国」建設の重要性を強調し、南シナ海を「核心的利益」としつつも、同年一〇月のインドネシア国会で演説した際には「二一世紀海上シルクロード」建設を提案していることである。硬軟、緩急、強気と協調の両面政策を同時に発動するのである。③については西洋中心の人権といった価値観や三権分立、選挙といった制度、メカニズムへの歴史的な挑戦かもしれず（八頁）、また底辺の経済構造、上層の儒教正統のイデオロギー構造と皇帝直轄の巨大な官僚構造の

三者が相互補完的に関係しあい、安定のメカニズムが働く中国王朝体制（四四頁）の復活＝習近平独裁体制の確立を意味するのかといったことが他国からは懸念される。

## Ⅱ　語学・文学・歴史・哲学関連書籍考察

### 中島隆博（二〇一七・九）『思想としての言語』岩波書店　岩波現代全書一〇七

特殊と普遍。特殊はいかにして普遍と折り合いをつけるのか。かつて日本という「特殊」にとって中国は「普遍」であった。しかし本居宣長は「「てにをは」に基づいて日本語を特殊化し、日本を特殊のまま普遍化」した（七七頁）。それは夏目漱石に言わせれば「誤った結論」に陥ったものでしかなく、漱石は「趣味（＝判断）の普遍」に向かう方法として①「自己本位」の基準を立てる方法と②西洋人の趣味と趣味の関係を論じる方法を提案し（八五頁）、関係性を通じて普遍に自らを晒そうとした（同）。「漱石は本質よりも翻訳（趣味と趣味の関係であり、趣味それ自体も関係である）に基づいて、普遍を構想しようとしたということができるであろう」（八六頁）と中島氏は述べている。

井筒俊彦は老荘思想を南方のシャーマニズムの系譜に位置づけようとした（一六六頁）が、それは老荘思想に中国の神秘思想を見いだすという井筒の大きな戦略に基づくものであった（一六七頁）。

井筒は老荘思想の神秘主義に向上道（善のイデアに向かう道）と向下道（暗い洞窟の中にいる人たちに善のイデアを見た自分の経験を伝える道）の二つを見ていた（一八三—一八四頁）。井筒の考える老荘思想はギリシアの神秘思想やイスラームのイブン・アラビーのスーフィズムとほとんど同じように「何か根源的な道、ある一者の絶対的な道というものが存在していて、そこに向かっていくと同時に、そこから戻っていくものであった」（一二五頁）と中島氏は言う。個の悟りは個人にとどまらず、他者の救済へ向かうということであろう。仏教にもそうした考えはある。仏は「極楽」に安住していない。

**譚璐美《たんろみ》（二〇一七・一〇）『近代中国への旅』白水社**

中国共産党員の父と日本の陸軍中将の長女の間に生まれた著者、譚璐美氏が「これまで雑誌や新聞に発表してきたエッセイなどから数十篇を選び出し、大幅に加筆修正して一冊にまとめたもの」（あとがき　一九六頁）が本書である。

天安門事件について「ひたすら無関心を装った」方励之《ほうれいし》（筆者注：方励之（ほう　れいし、一九三六年二月一二日―二〇一二年四月六日）は、天体物理学者、中国の民主化運動家。）に対しては「方励之は、天安門事件は民主化要求運動であって、政治の問題だと再三にわたって強調した。……だから私はかかわりがない……とでもいいたいのだろうか？もしかかわりがないのなら、以前主張していたことはいったい何だったのか、どうも解釈しにくい。」（一〇三頁）と手厳しい。（筆者注：一九八九年六月三日深夜から始まった六四天安門事件の一連の中国人民解放軍による学生市民への銃撃で多数死傷者がでる惨事となるが、中国当局は動乱の首謀者として方励之の拘束を図るも、方励之および彼の家族は六月五日にアメリカ大使館に保護を求め入館する。ヘンリー・キッシンジャーと鄧小平の交渉の結果、一九九〇年六月二五日、方励之は家族ともども、イギリスへの出国の許可を中国政府より得る。ケンブリッジ大学や、アメリカのプリンストン大学を、転々としたのち、一九九一年にアリゾナ州ツーソンにあるアリゾナ大学の教授となる。なお、ニューヨークに本部のある中国人権理事会の共同議長にも選ばれた。二〇一二年四月六日、ツーソンで死去。七六歳であった。（ウィキペディア　二〇一八年九月一二日　閲覧）。）中国の民主化運動はすべて一回ごとに断絶してきており、それは「中国政府の徹底した弾圧によって、わずかな痕跡すら後世に伝えられてこなかった」からであり、「中国人にとって、最大の悲劇はここにあるのではないかと、私はおもう」（一〇九頁）と譚氏は中国の政治の過酷さを弾劾する。

広東人の孫文には革命支援の資金援助と引き換えに、日本に対して「満州租借」をすることなど、痛痒を感じないことであった、なぜなら「そんな土地は広東人にとって、ちっとも惜しくない」からである（一五一頁）。革命運動は決して一枚岩ではなく、湖南派と広東派、それに浙江派も加わり、中国革命同盟会の結成当初から争いは絶えず、辛亥革命の成功後まで尾を引き、とりわけ湖南派と広東派の派閥争いは湖南省出身の毛沢東や劉少奇の時代まで延々と繰り返される（一八四頁）。「武昌蜂起」に孫文は一切関知しておらず、それは湖南派のもたらした成功であった（一九〇頁）。こうした指摘から中国の「省」という「地域」が、ひとつの「国」のような存在であったことが理解できる。魯迅は北京では一時、紹興会館に住んだことがある。「一九一二年五月、魯迅は初めて北京に来た際、紹興会館の藤花別館に住み、その後一九一六年五月、再び紹興会館の補樹書屋に転居し、そこで「狂人日記」「孔乙己」「薬」「一件小事」などの小説を書き、「我们現在怎样做父親」などの雑文を書いた」（二〇一八年三月一三日　ウィキペディア　閲覧。）

「会館とは、中国で商工業者が親睦のために建てた組織および、その建物。転じて日本でも集会場をさすようになった。宋代に始まり、明以後整備されて発展し、清代に最盛期となったが中華民国以降衰退した。その目的は先述の親睦、協議、互助、祭祀と多岐にわたり、規模も省単位から県単位まで、独立の建物を持つものから建物の一部を借りるものまで様々だった。また、大きな施設には、宿舎や倉庫、京劇などを演じる舞台（魯大鳴『京劇入門』音楽之友社　四六頁）、客死した関係者が故郷に葬られるまで棺を預かる設備までも備えていた。宿舎は科挙受験者などの宿泊用に用いられていたが居住する者もおり、（後略）……。北京など中国各地には商人たちが業種ごとや出身地ごとに会館を作って集まり、後には中国国外の中華街にも同郷会館が作られた。同郷会館には山西会館、潮州会館、安徽会館、湖広会館など、同業会館には質屋の当商会館、銭荘の銭業会館などがある。また客家のように出身地の同郷会館とは別に客家会館を作るような例もあった」（二〇一八年三月一三日　ウィキペディア　閲覧。）中国の「会館」は同郷、「同国」者の拠点だったのである。

**荒川清秀（二〇一八・三）『日中漢語の生成と交流・受容―漢語語基の意味と造語力』白帝社**

本書は「近代における日中の訳語交流の諸相を概観したあと，日中の漢字・漢語論，とりわけ日中の漢語語基の比較から始まり，（中略）天文，地理用語等，具体的な語の分析を通し，日中で漢語がつくられ，伝わるときの法則について考察したもの」（あとがき　四二五頁）である。「空気」「健康」「電話」等の語の出自にフィロロジー（文献学）から迫る忍耐強い執拗さには敬服するばかりである。

現代日本語における漢字の意味は現代日本語の中から帰納すべきで、古代中国語や古代日本語の意味は関係なく、その存在条件は「音」と「訓」である（二六三頁）と氏は言う。共時性の徹底を説く。

漢字の造語力も、同様に時代を超えた造語力は存在せず、大きな基盤となるのは「訓よりも音であることを強調した」（四二六頁）と述べている。そのことは「同訓異字（異字同訓）」においてはっきり現れるとし、意味の違いを「音」の意味の違いに求めざるを得ないとしている（四二六―四二七頁）。日本語と中国語の漢字の意味の違いも「音」の違いから説明している。氏は日本語と中国語の「両見え」のする人である。もっとも、それは語レベルのことで、句レベル、文レベル、文章レベルの「両見え」の成果は今後を俟つものである。もう一つ。和語についての生成の世界がある。和語と漢語の生成の関係はどうなるのであろうか。このことについて一部、「覚える」と「おぼゆ」についての氏は述べている。「「おぼえる」の元は「おぼゆ・おぼほゆ」で，それには「感じられる」も「記憶する」（の意味）もあった。「覚」という字も，本来は「感じられる」のほうの意味に当てるために使われたものであろう。それが「おぼゆ」自身の多義性のために「記憶する」という意味の時にも使われるようになったのである」（二六九—二七〇頁）。漢語と和語の「からみ」を含む、両語の生成の歴史の解明、研究は今後の後続の研究者のなすべき大課題である。本書は中国語との関係で日本語の漢語を考究した画期的な研究書である。

**林田慎之助　監修　小山三郎　著（二〇一八・三）『魯迅　人と思想一九五』清水書院**

〝兄弟失和〟＝「魯迅と周作人の絶交」は魯迅と周作人の妻、羽太信子との肉体関係が露呈したことによるものであることが、鮑耀明氏が公開した周作人の子息、周豊一氏の日本語で書かれた通信文（一九八二年二月二三日付）によって明らかになっている。魯迅は「聖人」「神様」であるから、今まで、悪いのは「漢奸」の周作人か「浪費家」の弟嫁、羽太信子であるというのが「決めつけ」による定説であったから、反中一辺倒論者は朱子学流善悪二元論的な「決めつけ」が「真実」によってひっくり返されたと、小躍りして喜ぶことであろう。どっちもどっちである。

竹内「魯迅」も丸山「魯迅」もすでに過去のものだという時代はいつ来るのだろうか。本書のように、穏健にまとめた「魯迅」ではまだまだ今までの枠を出ているとは言えない。魯迅の暗殺は蒋介石の許可なくして行えるものではなかった（一二五頁）というのはリアリティーがあり、そうした観点からの記述がもっと欲しい。歴史との関係で文学を論じる視点である。時代思潮と魯迅について、私は魯迅日本留学中、自然主義全盛時代であったにもかかわらず、魯迅がそれに見向きもしなかったことを述べたことがある。

**岡本隆司（二〇一八・七）『近代人の中国観　石橋湛山・内藤湖南から谷川道雄まで』講談社　講談社選書メチエ　六七九**

専門家として中国を見つめた「支那通」は中国の日本との乖離を強調し、中国に「同情」を寄せなかったが、石橋湛山は日本との同一視に基づく「同情」によって「小日本主義」を唱え、中国問題の「実情」、内部構造にまで洞察が及んでいなかった（三〇―三三頁）と岡本氏は言う。氏は本書で彼らと同時代の知識人の中国観を探り、矢野仁一や内藤湖南、橘樸の中国観を考察している。更に第五章　時代区分論争　では「歴研派」を取り上げ、谷川道雄氏の中国観に言及している。

湖南・矢野より下、橘以降の世代に共通してみられる現象は、中国の政治、経済を無前提、無媒介に日本や西洋と同一視した上で対比する認識方法である（一四七頁）。岡本氏はそれが「日本の中国観に定着し」、「習病のようになっている」（同）と批判している。

谷川道雄氏は元歴研派（唐宋の間で古代と中世を分かつ時代区分を認定するスクール＝一九五〇年の歴史学研究大会を端緒とする）であったが、「階級史観」と「共同体」の二者択一的な整理に「不満」を感じた（一九七頁）。二者択一的となるのは「階級史観」と「共同体」概念が二律背反的で、そうなるのは「階級史観」が「神聖」不可侵であるからである（同）、「階級」は「闘争」するものであり、そこから「進歩」「発展」が生まれるのであって、「闘争」のないところには「停滞」しかない（同）。「中国停滞論」の誕生である。歴史を階級支配の基礎としての私有制の発展史と見て、ヨーロッパの発展過程を正常とする「近代主義」に対して、谷川氏は「共同体」論を唱えて激怒を買った（一九七―一九八頁）。マルクス主義史学は日本の東洋史学会、近代日本の（インテリの）中国観に色濃く影響の影を落としていた。そのことが本書によって了解できる。

## Ⅲ　文化・比較文化関連書籍考察

### 石川九楊（二〇一七・一〇）『日本論　文字と言葉がつくった国』講談社　講談社選書メチエ　六五三

加藤周一（一九九五）『日本文化の雑種性』は日本文化を雑種だというが、石川九楊氏は「重箱読み」や「湯桶読み」といった、一部、雑種化したものもあるが、基本的には漢字語とひらがな語、そしてカタカナ語の混合種が日本語であり、そのことが日本文化の基底となっている（五三頁、五六頁、五九頁）と言う。

日本文化を縄文文化と弥生文化に分ける二分法は岡本太郎や梅原猛、谷川徹三に共通しているが、石川氏は前者は無文字の文化であり、後者は有文字文化で「両者はそれぞれ次元をまったく異にする基盤に立っており、対比できるものではない」（七二頁）と書道家としての立場を基礎とし、そこから日本文化を考える。谷川徹三氏の「縄文的原型」と「弥生的原型」は印象的評価に終始しているとするが、谷川氏の主張による貞観の仏像彫刻と藤原の仏像の間の大きな差異は認め、それは「三筆」文化と「三蹟」文化の違いによるものであり、前者はひらがなが成立していない、和歌や和文をまだ生み出せないでいた時代の文化であり、後者はひらがなをつくり上げ、和歌が和文を自在につくり上げることができるようになった文化である（七二—七三頁）と述べている。

分かち書きや尾形光琳の「紅白梅図屏風」、同「八橋蒔絵螺鈿硯箱」、菱川師宣の「見返り美人図」、長谷川等伯「松林図屏風」、「洛中洛外図屏風」を例に挙げ、日本文化の非対称性を指摘し、将来の日本人に次のような提案を行っている。「結論的にいえば、漢字語とひらがな語の「分かち書き」のスタイルに安住しているだけではダメで、「両界曼荼羅」のような左右対称の世界、つまり漢字語・漢詩・漢文・漢語の世界をもう一度再構築し、両者を二重化、二重写しにしなければ、日本人はこれから世界のなかでは十分な表現力を持たないだろうと思います。なぜなら、世界は、ひらがな＝分かち書きの美学ではなく、左右対称の均衡と、均等・均整の美学で成立しているからです。この美学を忘れることは、世界大の美学を捨てることになるからです」（一一一頁）。

中国の皇帝制は「君権天授」「有徳為君」「易姓《えきせい》革命」という三つの思想からなっているが、日本の天皇制は「神人合一」であり、天皇は政治的権力が政治的権威（官位任命権）に変わり、現在でも「「ひらがな」天皇（文化的権威・精神的象徴）としての天皇像が広範な支持を得ることによって、天皇の「権力なき権力」は存続し続けてい」る（一八五―一八六頁、一九〇―一九二頁）と、日中間の「皇帝」と「天皇」の相違について言及しているのは比較文化学的である。

本書はこれまでの日本論や日本文化論を漢字語・ひらがな語・カタカナ語からなる日本語という観点から整理したもの（二〇〇頁）である。「この観点からするもののみが確実にして科学的な日本論であり、これまでの日本論、日本文化論は多分に趣味的な文学やエッセーにすぎなかったといえましょう」（同）（筆者注：拙著（二〇〇七）同（二〇一三）同（二〇一七）参照。）という言辞で石川氏は本書を終わっているが、本書が「確実にして科学的な日本論」であることは具体的に証明されていない。それは言語の対照研究を基礎にしていないからではないだろうか。

**羽田正（二〇一七・一二）『東インド会社とアジアの海』講談社　講談社学術文庫　二四六八**

本書の原本は二〇〇七年一二月「興亡の世界史」第一五巻として講談社より刊行されている。東インド会社の興亡を通して、一七～一八世紀の世界全体を描いてみようとした（はじめに　一二頁）比較文化学の書である。

一七世紀初頭に東インド会社は商業資本家たちが国（＝主権国家）ごとに設立した商事会社で、「王権ないし政府によって東インドの独占を認められたこと」が株式の発行によって多くの資本を集めたこととともに大きな特徴である（三六三頁）が、一九世紀になると「国民国家」という考えが育ち、王や政府は「一部の人や組織だけを優遇し特権を付与すること」が難しくなり、「国」や「国民」全体の利益に配慮しなければならなくなり（三六四頁）、それとともに東インド会社は国民国家と自由の貿易の時代にその存在基盤を徐々に掘り崩されて、消えていった（三六四頁）。

一五世紀末までの日中貿易はさほど規模の大きなものではなかったが、日本の銀の生産量の飛躍的増加（一五三〇年代、石見《いわみ》銀山の発見と朝鮮から灰吹法《はいふき》という精錬技術が伝わったことによる）によって一挙にブームになった（一二一―一二一頁）。

秀吉の朝鮮侵攻は明の朝貢体制への挑戦であり（一三七頁）、日明間の勘合貿易は勘合を発布する明帝国が主体であったのに対して、朱印船制度は徳川政権の意思で朱印状の発布が行われたのは明帝国への朝貢という理念的秩序から徳川政権が離脱したことの必然的結果であり、（陸の政権が海上貿易とそれに従事する人の管理を行うのが当然だと考えられていた）東アジア海域では、それ以外の選択肢はなかった（一四一頁）のである。

羽田氏は明が民間商人の海外渡航と貿易を厳しく禁止した「海禁」を行ったことを異常とし（一一七頁）、「世界全体が貿易によって一体性を強めていた一七～一八世紀に日本が対外貿易を縮小し、一種の自給自足社会を形成していたことは大層興味深い」（三七二頁）と述べている。過去にもグローバリゼーションに掉さす流れがあったことは最近ではイギリスのEUからの離脱を想起させる。それぞれの民族、地域には「適正規模」というものがあるのかもしれない。個人の所有を全的に否定する思想と拝金主義による世界統一の思想はともに極端な過激な暴論である。少なくとも世界統一の思想がアメリカニズムであってはならないことはこの七〇年の歴史が証明している。拝金主義、金銭の物神化（極わずかの最上級富裕層が民衆、世界を支配する構造）が世界を、人類を滅ぼす。

**上垣外憲一《かみがいと》（二〇一八・二）『鎖国前夜ラプソディ　惺窩と家康の「日本大航海時代」』講談社　講談社選書メチエ　六六九**

藤原惺窩《せいか》は日本朱子学の創始者とされるが、弟子の林羅山の教条主義とは異なり、「先駆的に朱子学を儒学の様々な流派の一つとして研究したのであって、朱子学を教条として、絶対的なものとして、宗教のように信じたのではなかった」（二二三―二二四頁）。朱子学の華夷秩序を認めず、日本、中国、朝鮮、ベトナムは対等の国家であるとした（二四〇頁）。藤原惺窩が朱子学を絶対視しなかったことが、徳川時代の思想全体の、異端に対する寛容の態度を生み出し（二二五頁）、惺窩の弟子、松永尺五、その弟子の木下順庵、そのまた弟子の雨森芳洲は惺窩の理想主義を京都という権力の中心から離れた場所で学び継承していった（二一一頁）。

徳川家康と藤原惺窩は西洋文化に対する寛容さで共通するものがあり、外交思想でも家康の中国中心の世界秩序を否定する日本独立路線と惺窩の中国に対する日本の文化的、政治的対等の主張は共通するものがある（一四二頁）。日本独立主義、日本小中華主義は歴史に脈打っている。家康と惺窩の関係は理想主義と現実主義の対立でもあり、協調でもあった（同）。

本書は比較文化学的な広い視野の著書であるが、以下のようなところにその特徴がいかんなく表れている。「豊臣秀吉の対明戦争、文禄・慶長の役は明の万暦年間にあたるが、新大陸の銀がヨーロッパに流入することで、インフレーションいわゆる価格革命が起きるが、市場としてヨーロッパ以上の規模を持っていた中国・明においても新大陸の銀と日本からの銀の流入でインフレ、景気の異常昂進が起こる。万暦赤絵に代表される中国陶磁の絵柄が複雑豪華なものになるのは、おそらくこの銀のだぶつき景気に由来している。あるいは商人西門慶の色と欲の行状を描き尽くした『金瓶梅』も銀の大量流入にともなう、万暦年間の不健全な景気の昂進を背景としているといえる」（六四―六五頁）。文中の「日本からの銀」とは石見銀山と生野銀山のことで、この二つの銀山を合わせると当時、日本は世界の銀の三分の一を産したといわれる（一三〇頁）。著者の上垣外氏は東大の比較文学比較文化の出身である。そこには学統が感じられる。

**諏訪春雄**（二〇一八・三）**『日本の風水』KADOKAWA　角川選書　六〇二**

日本の風水は中国の風水とどこが違うのか。比較文化の書である。

四神（青龍、白虎、朱雀、玄武）論は中国から導入されたが、「中国や朝鮮では墓域、または個人の住宅の守護獣としかみられていなかった四神が王権の守護神として日本で定着した理由は、動物に対する観念の相違」にあり、「日本人が古代から、生命更新の願いを籠めて、動物を神または神の使いとして信仰するのに対し、大陸では除禍増福のための下位神、ときには悪神とみなされてきたから」（八八頁）であると諏訪氏は言う。

日本の神社仏閣は水にゆかりのあるものが多く、日本の風水論は「大陸の天地水ではなく、そこから天が脱落した地水」（一七一頁）であり、その直接の理由は「天の信仰を持たず、地の信仰を育ててきた日本人の大地の信仰」（同）にあった。「気」についても世阿弥が「機」という言葉に籠めた意味は息に通じる、個人が吸ったり吐いたりする具体的な空気で、世阿弥は中国の気との混同を避けて機という文字を使用した、中国や韓国の医療、舞踊、武術でいう呼吸と気は日本と全く異なり、「中韓の呼吸は、個人を超えた天の気を身体に還流させること」（四一頁）である。

日本は抽象的な「天」や「気」ではなく、「地水」という具体的な事物への信仰や具体的な息、呼吸を重んじ、動物も人間との連続でとらえてきた。対する中国は「天」や「気」といった抽象的、絶対的事物を想定し、そこから事物を説明し、秩序づけていったということであろう。本居宣長なら中国は「さかしら」というであろう。「あるがまま」「おのずから」を重視するのが日本であると。

## Ⅳ　その他の書籍考察

**本名信行／羅幸（二〇一八・四）『Q＆Aでわかる　中国人とのつきあい方』大修館書店**

本書は日本人、中国人相互の相手に対する違和感について、日本人と中国人のコミュニケーション事例に基づき①事例→②問題→③解答＆解説→④分かり合いのポイント――の順に記述を進めている（はじめに　ⅳ頁）。例えば例一九では謝罪の仕方の相違をとりあげ、「中国人は謝らないと日本人はよく言う」（四二頁）が、中国人は「謝罪にともなう責任の重圧」（四三頁）のために、つまり「自分の犯した過ちが相手に記憶され、思いがけないときに自分が不利な立場に立たされる」（四三頁）ことを考えるために、謝罪に慎重なのだと説明している。また、例一四では日本語の「すみません」が日本人が「人間関係を円滑に維持しようとしているから」ではないか（六五頁）と言い、「潔くないから」「言い訳をよしとしない」（六六頁）日本文化について説明している。中国人からはどうして日本人はしょっちゅう謝ってばかりいるのか（六四頁）と思ってしまうことが述べられている。こうした事例に基づくコミュニケーションギャップの理由を理解するのが本来の異文化理解である。このほか「面子」や「贈答マナー」の相違についても言及している。全体の記述が話し言葉的で冗長であるから、書き言葉で簡潔な記述にしたほうがよいであろう。こうした種類の、体験に基づく日中間の相違関係の本は同様の冗長な記述のものが多い。

**野嶋剛（二〇一八・六）『タイワニーズ　故郷喪失者の物語』小学館**

台湾出身者の間でも政治的スタンスはかなり違い、中国共産党を支持する左派も多く、故陳舜臣氏はその一人であった（二〇六頁）が、陳舜臣は一九八九年の天安門事件で、中国政府を批判し、中華人民共和国籍を放棄し（二五三頁）、息子の陳立人に「歴史のなかで、民衆を殺すような、ああいうことをする政権は長くは続かない、すぐに滅びる」と言っていたと言う（二五四頁）。

蓮舫はインタビューで「私のアイデンティティは（国籍の異なる父と母の）ダブルだけど、チャイニーズと呼ばれると、そこにメインランド（大陸）が入るニュアンスがあるので、タイワニーズがしっくりくる」と話している（三八頁）。台湾で生まれ、日本語で書く、二〇一五年七月に直木賞を受賞した東山彰良《あきら》（王璇《ワンシュエン》）。「魅せられて」でレコード大賞を獲得したジュディ・オング。客家の血をひく喜びを語る余貴美子。「五五一蓬莱」創業者の羅邦強。チキンヌードルとカップラーメンを「発明」した安藤百福《ももふく》。直木賞作家、経済評論家、食通、投資家の邱永漢。

本書ではそれらタイワニーズの足跡、中国・台湾との心理的距離などを記している。野嶋剛氏は言う。「はっきり言えるのは、大日本帝国から戦後へと続く日本、分断された中国、そして出身地の台湾という東アジアの境界を行き来しながら、失われてしまった自分の帰属すべき祖国・台湾を探し求めてきた人々がタイワニーズなのである」（三〇九―三一〇頁）。「親日」「反日」という言葉で言い表すことが困難な人々がいる。新しい「国民国家」の可能性がそこにある。「文明」と「文化」のイデオロギー性を暴露した故西川長夫氏も台湾に期待するところがあった。

## 三　結語

一七八九年のフランス革命によって身分制度と絶対王政が批判され、「国家は国民のものである」＝「国民主権」という考え方への転換がなされた。フランス革命は「国民国家」（ネイション・ステート）の生みの親であった。羽田正（二〇一七・一二）は東インド会社の興亡（王権の衰微と国民国家の成長とともにあった）を通して、一七～一八世紀の世界全体を描いている。野嶋剛（二〇一八・六）はタイワニーズという新たな国民国家の実態を明らかにしている。川端基夫（二〇一七・九）は中国の医療事情を活写し、譚璐美（二〇一七・一〇）は近代中国の「省」が「国」の様なものであったことを教えてくれる。天児慧（二〇一八・・四）は習近平を冷静に記述する。石川九楊（二〇一七・一〇）はこれまでの日本論や日本文化論を漢字語・ひらがな語・カタカナ語からなる日本語という観点から整理し、本名信行／羅幸（二〇一八・四）は事例に基づいて日本人と中国人のコミュニケーションギャップの理由について説明している。上垣外憲一（二〇一八・二）は儒教の藤原惺窩による受け入れと徳川家康の関係を論じている。諏訪春雄（二〇一八・三）は日本の風水には抽象的な「天」や「気」がないことを明らかにしている。中島隆博（二〇一七・九）は日本という「特殊」と中国というかつての「普遍」について論じている。荒川清秀（二〇一八・三）は中国語との関係で日本語の漢語を考究した画期的な研究書である。林田慎之助　監修　小山三郎　著（二〇一八・三）は新たな魯迅論創出前夜の過去の魯迅論の総括である。岡本隆司（二〇一八・七）はマルクス主義史学が日本の東洋史学会、近代日本の（インテリの）中国観に色濃く影響の影を落としていたことを伝えている。

日本の中国観も多様で、政治、経済、社会、文化等の多岐にわたる。膨大な量の日本の中国観が過去にあるし、現在も量産されている。それらを拙著（二〇一五）では、尊崇、脅威、小中華主義というキーワードに概括して論じたが、拙著（二〇一八）『比較文化学―日本・中国・世界―』朋友書店刊　では、第四章　中国「反日」論と日本「反中」論　として、互いの「反〇」を相対化して論じた。現世には全き善もないし、全き悪もない。そのことを無視している者の言うことには他の目的がある。騙されてはいけない。

**〔引用文献・参考文献〕**

（1）　川端基夫（二〇一七・九）『消費大陸アジア―巨大市場を読みとく』筑摩書房　ちくま新書一二七七

(2) 中島隆博（二〇一七・九）『思想としての言語』岩波書店　岩波現代全書一〇七
(3) 石川九楊（二〇一七・一〇）『日本論　文字と言葉がつくった国』講談社　講談社選書メチエ六五三
(4) 譚璐美（二〇一七・一〇）『近代中国への旅』白水社
(5) 羽田正（二〇一七・一一）『東インド会社とアジアの海』講談社　講談社学術文庫［二四六八］
(6) 上垣外憲一（二〇一八・二）『鎖国前夜ラプソディ　惺窩と家康の「日本大航海時代」』講談社　講談社選書メチエ六六九
(7) 荒川清秀（二〇一八・三）『日中漢語の生成と交流・受容—漢語語基の意味と造語力』白帝社
(8) 諏訪春雄（二〇一八・三）『日本の風水』ＫＡＤＯＫＡＷＡ　角川選書　六〇二
(9) 林田慎之助　監修　小山三郎　著（二〇一八・三）『魯迅　■人と思想一九五』清水書院
(10) 天児慧（二〇一八・・四）『習近平が変えた中国』小学館
(11) 本名信行／羅幸（二〇一八・四）『Ｑ＆Ａでわかる　中国人とのつきあい方』大修館書店
(12) 野嶋剛（二〇一八・六）『タイワニーズ　故郷喪失者の物語』小学館
(13) 岡本隆司（二〇一八・七）『近代人の中国観　石橋湛山・内藤湖南から谷川道雄まで』講談社　講談社選書メチエ　六七九
(14) 馬場公彦（二〇一〇）『戦後日本人の中国像　日本敗戦から文化大革命—日中復交まで』新曜社
(15) 藤田昌志（二〇一〇）『日本の中国観—最近在日本出版中国関連書籍報告—（〇四・九—〇九・八）』朋友書店
(16) 藤田昌志（二〇一五）『日本の中国観Ⅱ—比較文化学的考察—』晃洋書房
(17) 藤田昌志（二〇一八）『比較文化学—日本・中国・世界—』朋友書店
(18) 藤田昌志（二〇〇七）『日中対照表現論』白帝社
(19) 藤田昌志（二〇一三）『日本語と中国語の誤用例研究』朋友書店
(20) 藤田昌志（二〇一七）『日中対照表現論Ⅱ—事例研究を中心として—』朋友書店

# 日本の中国観（十五）（二〇一八・九―二〇一九・八）

## 一　序

北朝鮮の金正恩朝鮮労働党委員長とアメリカのトランプ大統領の二回目の会談（二〇一九年二月二七日、二八日の両日、ヴェトナムの首都ハノイで行われた）はうまくいかず、その結果、北朝鮮はロシアや中国に接近した。二〇一九年六月下旬のG二〇が大阪で開催される一週間前の六月二〇日、中国の習近平国家主席は北朝鮮・平壌に到着し、二日間の訪問中、金正恩朝鮮労働党委員長と会談した。核の全面廃棄か部分廃棄かで北朝鮮とアメリカで考えが一致しなかったことに起因するのであろう。G二〇後の米朝サプライズ会談はトランプのイメージ戦略であろう。アメリカの二者択一的で、強圧的な態度は他国からも嫌悪されている。北朝鮮が核開発を本格的に行い始めたのは、一九八九年の米ソ冷戦終結後である。中国もロシアも、緩衝地帯としての北朝鮮の崩壊を望みはしない。日本は天安門事件以降、アメリカのチャイナ・ウオッチャー的視点から中国を見るのが常態化している。かつての「尊崇」という中国観は今の日本には存在しないと言っても過言ではない。こうした状況のなかで、この一年の日本の中国観について、日本で出版された書籍の中から考察したいと思う。

## 二　日本の中国観研究（二〇一八・九―二〇一九・八）

### Ⅰ　社会関連書籍（政治・経済を含む）考察

**楊継縄著　辻康吾編　現代中国研究会訳（二〇一九・一）『文化大革命五十年』岩波書店**

本書は楊継縄氏の（二〇一六）『天地翻覆―中国文化大革命史』香港・天地図書有限公司　を底本として、氏がそれに大幅な改訂を加えた新稿、そして『天地翻覆―中国文化大革命史』の「導論」部分に手を加えたものを合わせて、氏の文革論として、辻康吾氏が構成した書である（編者　あとがき　二三三頁）。

辻康吾氏は編者として、著者の提議した新しい文革認識に注目し、以下の三点について論評を加えている（同　二三四―二三六頁）。第一に、従来の論では文革を造反派（文革派）と実権派の抗争として、「加害者」としての前者の、「被害者」としての後者への迫害及び文物破壊として描いてきた（一九八一年の「建国以来の党の若干の歴史的問題についての決議」と同じ）が、本書の著者である楊氏は文革後、実権派＝官僚による特権独裁体制が全面的に復活、強大化し、それが現在中国であると文革後も視野に入れて考えている。第二に、文革時期の流血事件の凄まじさについて、公式では文革の犠牲者は死者四〇万人、被害者一億人とされているが、実際にはその数百倍の人々が犠牲になったことが明らかにされている。第三に、本書から得られた最大の教訓は、中国政治の本質は林彪が言ったと言われる「権があれば全てがある」（〝有权就有一切〟）という一言に尽きるということである。辻氏は文革を過去のこととしてではなく、現在中国との連続で捉えている。中国社会の矛盾の発露としての「文革」は、現在でも起こる可能性があると考えているようである。

本書の末尾は次のような言葉で終わっている。「権力の抑制均衡、そして資本を制御する制度を樹立することが社会の必然的要求である。その制度こそが立憲民主制度なのである」（二三〇頁）。世界の現状をみると、西型立憲民主制度が形式化し、国家、民主主義自体が富の圧倒的少数者への偏りに呼応して存亡の危機に瀕し、国家主義が台頭している現状で、「立憲民主制度」に解決を見出そうとするのは、果たして賢明であろうか。中国は、自らの平民発展時代と君主専制時代が併存していた（内藤湖南の説）宋代などの政治形態に学ぶべきではないだろうか。

**古畑康雄（二〇一九・二）『精日　加速度的に日本化する中国人の群像』講談社　講談社＋α新書**

古畑康雄氏は共同通信社編集局国際情報室次長。同社の中国語ニュースサイト「共同網」を企画・運営している（奥付による）。

中国の王毅《き》外相は二〇一八年三月の全国人民代表大会で〝精日〟ついて〝中国人的敗類〟（＝「中国人のクズ、売国奴」）と言った（まえがき　五頁）。しかし、古畑氏によると〝精日〟とは元来は、日本社会の礼節や文化を敬愛し、日本人的な生活を送りたいと考えている人々のことだったが、中国政府により「日本軍服を着て、日中戦争を日本の側に立って肯定する、中国人にあるまじき、ならず者」というような定義を下された言葉である（五六頁）。台湾の〝哈日〟には日本精神を持った「日本語世代」というバックボーンがあるが、中国の〝精日〟には「日本に対するネガティブなイメージが強い」（四一―四二頁）。

〝精日〟の語源は〝精趙〟というネット流行語で、それは「本来は趙家（魯迅の『阿Q正伝』の地方の名家「趙家」が出典）の人間ではないが、精神的には趙家の人間だと思っている人（＝阿Q）」のことで、〝权贵〟（特権階級エリート、いわゆる「赤い貴族」）を隠語で〝赵家人〟と呼ぶのが流行っている（五七頁）。〝精日〟とは「本来は日本人ではないが、精神的に自分を日本人と同一視している人」である（五七頁）。中国の社会、政治、文化の発展の必然的結果が〝精日〟であり（一〇九頁）、経済的に豊かな中国人ほど日本に対して好意的と言える（一一八頁）。

「中国」のネーション（国家［ステート］としての一体感、共通意識を持つための統合の精神的、人的要素）とは何か。〝精日〟は中国のネーションにとって一つの脅威となりうる。中国共産党を批判しない限り、アニメ、スポーツ、ライフスタイルなどの点で日本に親近感を持つ「マイルドな精日」は問題ないであろうが、自分を日本人と同一視して共産党政権下の中国への帰属意識を持たない「ハードな精日」（七三―七四頁）は中国共産党によって批判されるであろう。そもそも「中国」のネーションとは何か、常にそのことが問われている。したがって、中国共産党は一貫してアナーキズム（無政府主義）を排斥し続けている。とはいうものの、中国の根底には〝大一统〟（統一を尊ぶ）とアナーキズム（無政府主義）が錯綜しているのである。中国の多様性の尊重はアナーキズム（無政府主義）の尊重へ結びついていく可能性が大きい。

**藤村幸義　雷海涛　編（二〇一九・四）『飛躍するチャイナ・イノベーション―中国ビジネス成功のアイデア一〇〇』中央経済社**

本書は日本日中関係学会（会長：宮本雄二　元中国大使）の中に設けられている「中国ビジネス事情学会」での議論をベースにしたもの（はじめに　V）で、藤村氏は拓殖大学名誉教授、元日本経済新聞論説委員、雷氏は桜美林大学教授、元東芝中国室長である。現実の日本と中国のビジネスにかかわっていた人たちが作った本である。

中国は「一帯一路」戦略のように積極的に「面」を作っていこうとするが、日本は「点」にこだわり、「点」に問題があると納得できず、しっかりした事前調査と詳細な計画書がないと動き出さない（四七頁）。中国経済は第一段階＝一九七八年末にスタートした改革開放政策を試行錯誤しながらも一歩一歩進めていった時期、第二段階＝二〇〇一年のＷＴＯ（世界貿易機関）加盟をきっかけに、一気に高度成長の道を突っ走った時期、第三段階＝二〇一〇年代からで中国人の生活水準が高まっていくが、経済成長率は減速し、以前のような高度成長は期待できない――という三段階を経てきている（一五九頁）。世界の経済大国となった中国に対する米国の警戒心が高まり、米中間での経済摩擦が一気に激化しているが、それはかつての日本が米国から受けた仕打ちと同じで、日本は経済成長を果たして世界第二位の経済大国となった一九七〇年代以降に米国からの標的になり、繊維、自動車、ハイテクなど多くの分野で日米経済摩擦を引き起こされて、結果、度重なる攻撃に耐えきれず、長期にわたる経済停滞の局面に入ってしまう。

日本の輸出入総額の相手国は二〇〇七年に中国が米国を抜いてトップに躍り出て、それから二〇一七年までの一〇年間、中国は一貫してトップの座を占めて、中国との関係が重要であることは誰もが認めざるを得ない。「米国追従」だけでは日本の国益を損ねてしまうから、ほかの国ともバランスよく付き合っていく必要があり（一六二頁）、中国を無視することはできない。日本は「中国市場観」を大きく変えてしかるべきなのに、現実は、日本企業が競争力、優位性を有していた一九九〇年代の中国市場観が今でも日本には根強く残っている（四八頁）。「上から目線」から抜け切れない日本（はじめに　Ⅲ）は東京オリンピック後の内需の落ち込みを考えて、巨大化していく中国市場を抜きにして、日本の将来像を描きにくいのではないか（はじめに　Ⅴ）と本書は言う。

まず、中国の現実を知ることから始めて、日本と中国の相違点、類似点を比較文化学的に探求していく必要がある。日本は外国をランキング付けして、上のランキングの国のことしか考えない（それも勝手な思い込みの像）きらいがあるが、それでは今後の世界で上手くやっていけないであろう。

## Ⅱ　語学・文学・歴史・哲学関連書籍考察

### 余華著　飯塚容《ゆとり》訳（二〇一九・一）『活《い》きる』中央公論新社　中公文庫

本書は『活きる』（二〇〇二年二月　角川書店刊）に中島京子氏の解説を加え、文庫化したものである。（奥付けの前頁の記載による。）余華氏は一九六〇年、杭州生まれ。伝統的なリアリズムの枠組みを打ち壊した新しさと実験性が小説にあったので、同時期に登場した若手作家、蘇童、格非らとともに「先鋒派」と呼ばれた。（訳者あとがき　三一六―三一七頁。）

『活きる』は余華の長編第二作目で、一九九三年に上梓され、翌年には張芸謀監督によって映画化、同年、カンヌ国際映画祭で審査員特別賞と主演男優賞を受賞している。（「解説」　中島京子　三二三頁。）本作品は日中戦争後から国共内戦、中華人民共和国建国、毛沢東の大躍進、文化大革命を時代背景として、主人公の大地主の息子、福貴《フークイ》が若いころの放蕩三昧から博打で土地を巻き上げられ、借りた五畝《ムー》の土地で農業を行い、妻の家珍《チャーチェン》、愛娘の（口と耳が不自由な）鳳霞《フォンシャ》、息子の有慶《ヨウチン》、孫の苦根《クーケン》に病気や医療ミスで先立たれてもなお生き続ける姿を活写した小説である。中島氏は「解説」で「『活きる』という小説には、ある種の諦念というか達観のようなものと思い出に支えられた、突き抜けた明るさが描かれる」（同　三二八頁）と作家的な鋭敏な感性でこの小説の本質を言いあてている。それは中国人の極貧層の中にも存在するであろう「静かな明るさ」（同　三二八頁）をこの小説の中に感じ取っている中島氏の言辞であり、日本の中国観としては、中国民衆の持つ底知れぬバイタリティーへの「尊崇」の念を表していると言っても過言ではないであろう。

**李軼《いつ》倫（二〇一九・二）『ちょこっと中国語翻訳　ネイティブらしく表現するコツ』白水社**

本書は著者が白水社ウェブサイトに連載した「ちょこっと中国語翻訳」を編みなおし、加筆したもので、簡単そうで意外と訳しにくい日常会話などを課題にして、読者から訳文の投稿を募り、それを添削・解説したものである（はじめに）。

全体は六章に分かれ、第一章　取捨選択し補足する　第二章　発想の違いを考慮する　などを内容としている。第二章　解説四　では、日本語は「うれしい、さびしい、くやしい」など、そのままの気持ちを表現するのに対して、中国語は「あなたがやさしい（だからうれしい）」／「これから行けなくなっちゃう（だからさびしい）」／「「たった一点差で負けた（だからくやしい）」など、その気持ちにさせた原因についてコメントする傾向があるようだ（四三頁）と述べている。このことは、日本語と比べて、中国語の表現が使役表現を多用することを想起させる。

第五章　原文にとらわれすぎない　の　解説三　では、「（宝くじに）当たったら人生変わっちゃいそうだね」→〝要是中了，肯定会改变人生啊。〟（二二六―二二九頁）の例を挙げ、日本語が断定を避けた言い方（「そうだ」）なのに、中国語は〝肯定〟（きっと、必ず）という断定の意味を表す副詞を使用することを述べている。これなど中国語表現に比べての、日本語の婉曲表現の多用という類型の一つとして括れるものの一つであろう。

ダイレクトな気持ちを表現する（日）のに対して、原因を述べることに重点を置く（中）、婉曲表現（日）より断定する表現を好む（中）などの類型・カテゴリーの下位分類として、上記の表現をとらえる、その他の日中語の表現もある種のカテゴリーの下位分類として位置付ければ、本書はもっと斬新な日中対照表現論となるであろう。日本語表現と対応する中国語表現の類型を、一つの上位概念の下に位置付けるということである。例えば、日本語の受身表現は中国語の①〝被〟表現②主客転換③存在句表現④〝举行〟型表現などと対応する。この「対応」は直接、表現が対応しない場合も含めての「対応」という概念である。受身は日本語の受身が中国語ではどのように表現されるのかといった視点から説明されるべきであるというのが、私の考えである。日本語と中国語の受身を別々に説明しても対照表現にはならない。勘違いしている人には注意されたい。

**宇野精一（二〇一九・三）『孟子　全訳注』講談社　講談社学術文庫**

本書は一九七三年に集英社より刊行された『全釈漢文大系　第二巻　孟子』から抜粋し文庫化したものである。（奥付の前頁の記載による。）本書の「解説」の三　孟子に関する評論　では吉田松陰の『孔孟余話』を引用して、松陰が程伊川や張横渠《おうきょ》の本然と気質とに分けて論ずる性説が学問的・論理的に優れていることを承認した上で「程張は議論上のことにて、孟子は事実上の教なり。孟子の人を教る、始終人の性善を引起すことを主とす。」「程張に至りては、孟子を後立にして、荀卿・揚雄・韓愈の徒と難を構るのみ。其説愈備りてその実愈疎なり。故に孟子の書を読者、真に心を斯に留め議論に渉らず、只事実を学ぶべし」としていることを「まことに孟子の立場をよく理解したものと思う」と高く評価している（四八九―四九〇頁）。

吉田松陰の『孔孟余話』について福本イズムや『日本ルネッサンス史論』で有名な福本和夫は「孔子孟子の言説や行動ないし態度からは、「君、君たらずといえども、臣は臣たらざるべからず。父、父たらずといえども、子は子たらざるべからず」ということはとうてい演えきしがたい。それは儒教を根本理念において歪曲することによってのみ可能である。」、かの陽明学者の大塩平八郎も大いに孝を強調しても忠孝一致論、忠孝不二論ではなく「むしろ、君君たらざれば、臣は臣たらずとも可なり、とはっきり割切っていたにちがいない。ここに松陰との顕著な相違がある。それゆえ、日本ではじめて、このような演えきというか、拡張解釈というか、いや端的に最もわかりやすくいうならば、儒教の歪曲をあえてすることによって、絶対主義理念の芽生を育成培養したものが、じつに松陰の松下村塾における『孔孟余話』であったといえる。」（福本和夫（昭和四二）七六八頁）と述べている。日本での『孟子』の解釈といってもさまざまである。

**河上麻由子（二〇一九・三）『古代日中関係史―倭の五王から遣唐使以降まで』中央公論新社　中公新書**

歴史学の中で、対外関係史は本流をなしたことがないが、①仏教がアジアの関係をどのようにとり結んだか②古代の王権を取り巻く政治状況――に注目したのが本書である（二四五頁）。六〇七年、小野妹子を使者として「日出処の天子」が記された著名な書状が隋皇帝煬帝に送られる。『隋書』東夷伝、倭国の条である。河上氏は「日出処」「日没処」の従来の理解（「日の出の勢いの国」対「夕日の沈む国」）は太平洋戦争から戦後も多く支持されたものであるが、近年、東野浩之氏によって『大智度論』という経論《きょうろん》（筆者注：仏の教えを記した「経」とその注釈の「論」）が「日出処」「日没処」の出典であり、「単に東西を意味する表現にすぎないことが証明された」と述べている（七六―七七頁）。「日出処天子」「日没処天子」の「天子」については、従来の中華思想上の（ただ一人の）意味ではなく、『金光明経』の「天子」の意味の如く「諸天に守護され、三十三天から徳を分与された国王」（複数）と解するべきである（八九頁）と言う。煬帝が倭国の書状の形式が問題（「書を致す」は私信に多く用いられた文書形式だった（七九―八〇頁））で、倭王が「天子」を自称するのは仏教後進国の王のくせに不遜であると不快感を表したのは、当然であった（八九―八九頁）と解釈している。

「聖徳太子」「遣隋使」「外交」「国家の面子」「対等」などの語、概念が時代や国策によって変貌してきたことが本書によって、理解できる。「中国」という概念、イメージも、日本のある首相の下では、「油断ならない、『民主主義』『自由主義』とは異なる異質な国家」というもののようである。防衛費の増大はそのことを如実に反映している（二〇一九年四月現在）。

**村井章介（平成三一・三）『古琉球　海洋アジアの輝ける王国』ＫＡＤＯＫＡＷＡ　角川選書　六一六**

村井章介氏は日本中世史、東アジア文化交流史専攻の東京大学名誉教授。史料を読み解き、その向こうを透視する中から出てくる古琉球史の面白さを記述したのが本書である（二四頁）。「古琉球」とは「沖縄学の父」伊波普猷《いはふゆう》（柳田国男の弟子）が造ったことばで、一六〇九年（日本慶長一四年・明万暦三七年）に薩摩島津氏に征服される以前の琉球を指す（九頁）。古琉球はヤマトの影響のおよぶ限界的地域であると同時に、それ自身が独自に中国、朝鮮、東南アジア、そしてヤマトと関係を結び、新たな関係性＝地域を作り出した存在で、村井氏は「海洋アジア」と呼んでいる（一九頁）。琉球の国家としての存立を支える軸は明との朝貢―回賜の関係にあって、日本が十年一貢であったのに対し、琉球は一年一貢で、一四七五年に二年一貢とされたが、他の諸国に比して群を抜く進貢回数を誇り、それは海禁体制を布く明が、自国商人に頼らず、海外産品を入手するために、琉球という国家に貿易会社のような位置づけを与えていた結果だ（一八三頁）と村井氏は述べている。琉球は、明・日本・朝鮮との関係だけでなく、対外貿易港那覇を起点とする交易ルートはシャム・パレンバン・ジャワ・マラッカ・スマトラ・パタニ・安南・スンダなどの南アジア諸国に延びていて、これらの国から買い付けた胡椒・蘇木等の産物を明に朝貢として搬入し、回賜として得た磁器等の中国特産品をこれらの国々に運ぶ中継貿易こそ琉球の最大収入源だった（一八七頁）。

ここ数年、村井氏の古琉球研究は①視覚的資料とりわけ絵地図の活用②ジェンダー史の導入という二つの新しい方向を模索しつつある（あとがき　四一三頁）。

中世のヤマト人について、村井氏は次のような深い認識を記している。「中世のヤマト人は天皇の清浄な身体を究極の中心に、それを内裏、洛中、畿内、日本国、境界が順に包み込み、外に行くほどケガレの度合いが強まる、といった世界像を持っていた。この浄―穢の同心円において、異域の住人は、国内の被差別民と同じケガレにまみれた存在とされる。だが、蔑みは恐れの裏返し、夷人はまた超自然的な力のもちぬしだ。この側面を肉づけしたものが「鬼」である」（六一頁）。

「日本」の中国観は「古琉球」＝「海洋アジア」の中国観を含むことによって、より豊かなものになる。「国家」が西洋近代の産物であることを本書の裏返しとして認識できる。

## Ⅲ　文化・比較文化関連書籍考察

**福永光司（二〇一八・九）『道教と日本文化〔新装版〕』人文書院**

比較文化には影響関係を主とするものと、それに拘泥しないものがあるが、前者が主流で、本書も道教の日本への影響を探求した書である。福永氏は道教研究の第一人者で、従来、中国が「神のない文明」とされていたことに対して、異議を唱え、「神のある文明」の具体例として道教をクローズアップした。

昊天《こうてん》上帝、略して上帝は中国古代思想史で否定する方向として、孔子を始祖とする儒家があり、反対の有神論としては墨家があって（四四―四六頁）、孟子は墨家を目の敵にして攻撃したが、孟子の儒学と漢代以後の儒教との大きな転換点となった董仲舒の「天人合一論」は墨子の「天志」の理論と同じ構造をとり、上帝の「義」「意志」に沿えば賞、沿わなければ罰というものになった（四七―四八頁）と福永氏は言う。

福永氏の述べる道教の日本への影響として①岡倉天心の道教と②『荘子』の「庖丁《ほうてい》」（養生主篇）は注意をひく。岡倉天心は道教を唯物的道教と哲学的道教に分けて、前者は仏教から礼拝や儀式を取り入れたが、後者は「些事」も「大事」と同様に重要と考え、「茶道」も「変装した道教」であるとして、哲学的道教を重視した（一七四—一七七頁）。有名な「アジアは一つである」という『東洋の理想』の冒頭の一句は現実の「多」が「道」においては「斉しい」（二八五頁）という意味であると福永氏は言う。

『荘子』の「庖丁」の喩えは〝技〟より以上のもの、すなわち〝道〟の体得（二〇三頁）を示唆しているのであり、日本の茶道、書道、柔道、相撲道、修験道も老荘の「技を根底から支え、技を技として生かすものは道である」（「道は技より進めり」（『荘子』養生主篇））という技能の哲学に基づく（二四九頁）。

道教は仏教が流布した日本では重んじられず、また戦前は、天皇崇拝の根源が中国由来のものであっては都合が悪い（「天皇」という言葉自体、「天皇大帝」＝道教の神学における最高神という道教の言葉である）こと及び西洋崇拝（＝東洋蔑視）から研究するのがはばかられたが、現在では研究が盛んで、その背景として、神秘的なものへの憧憬のエトスが根底にあるように思われる。

**彭丹（二〇一八・一〇）『いにしえの恋歌　和歌と漢詩の世界』筑摩書房　筑摩選書　〇一六六**

和歌と漢詩は、後者を土台として前者が生まれたが、前者には恋歌が多く、後者には恋歌が少ない、両者は相通じながら、和歌は漢詩と異なる独自の世界を創りあげてきた、その和歌の独自の世界を漢詩との比較において探求したのが本書である（まえがき　一七頁）。

『詩経』「関雎《じょ》」は正しき夫婦の恋の勧めという大義名分を背負わされた恋歌（三六頁）である。中国では治国平天下の政治、文学が重んじられたが、日本では①女性の地位が高かったこと②平和であったこと——等により、天皇は「好色」（常に相手を新たにし、即興で恋歌を詠むという条件を満たしつつ、恋に情熱を燃やすこと（四五頁））を重んじ、恋歌を詠み、『新古今集』などの勅撰和歌集を作った（四九頁）。

彭丹氏は一三世紀以降、異民族の元の統治によって、漢文化はその流れを大きく変え、和と漢の文化はそこから枝分かれしていったから、本書では一三世紀以前の詩歌に的を絞って探求する（二六二頁）と言う。

和歌が漢詩と異なる独自の世界を創りあげてきた方法の一つとして、村田珠光の「和漢の境《さかい》を紛《まぎ》らかす事」を援用し、和物・唐物に拘泥しないところから「わび」が生まれたように、和歌と漢詩も同様に、葛藤の中から和歌の世界に「もののあはれ」が現出した（二六五頁）と言う。和歌と漢詩の不滅の生命力の源は「人間の寂しさ」であるとする（二六五頁）彭丹氏には大陸中国での苛酷な思い出（深く高い文化が政治によって踏みにじられた思い出）が根底にあるようだ。氏は異国で「和漢の境を紛らかす事」を行っている、自らを相対化する眼を持つ比較文化学者である。

**小林忠（二〇一八・一一）『日本水墨画全史』講談社　講談社学術文庫**

奥付によると、本書はぺりかん社より一九九一年、一九九二年に刊行された『墨絵の譜―日本の水墨画家たち』全二巻を改題し、合本にして文庫化したものである。

二四人の日本の水墨画家を取り上げ論じているが、日中比較文化学的視点の論述もみられる。黙菴霊淵《もくあんれいえん》は「本朝最初の水墨画家」である。その「四睡図」は三人と虎の一団を描いているが、夢の中の世界のようにとらえどころがなく、中国の水墨画のように「物体の質量や空間の深浅が」「説得的に表現されている」（四七頁）ということがない。「日本文人画の祖」である玉畹梵芳《ぎょくえんぼんぽう》の絵は「平面的で装飾性に流れやすく、軽薄なほどに新しさを好む傾向」があるが、それは中国人の「伝統を重んじ、しかも現実から離れようとしない強固な保守的な体質がもたらした作画上の規範」＝南斉謝赫《かく》の〝画之六法〟―とは異なるものである（五六―五七頁）。村田珠光（一四二三―一五〇二）は「和漢の境をまぎらかす」ことを重視したが、それは一五世紀末葉から一六世紀初頭にかけての文化史的状況の特質であり、連歌、能楽、立花、水墨画はその体現であった（一〇〇―一〇一頁）。相阿弥も「和漢の境をまぎらかす」努力をした水墨画家であるが、さらに一歩を進めて、「『和』に居直り、『我』を表そうとすれば、相阿弥の水墨画はそのまま長谷川等伯の『松林図屏風』へ直接につながっていくだろう」（一〇六頁）と小林氏は述べている。

「中国の理詰めの水墨画はその急所をついに日本人はつかめなかったようだ。叙事的な文章を苦手として抒情的な詩を得意としたこの国の人は、墨おだやかに筆軽く、半島の人とこれだけは違って、淡白と清麗、そして時に豪奢、放胆の美質を愛してきた。」（四七二頁）と小林氏は日本の水墨画を総括している。やはり日本は感性文化ということであろうか。

## 別冊炎《ほのお》芸術（二〇一八・一二）『天目　てのひらの宇宙』阿部出版

福建建窯《けんよう》の黒釉茶碗の中で最も評価の高いのは曜変（漆黒の釉の上に銀色に輝く星のような斑紋が浮き出し、そのまわりに虹色の光彩があらわれた黒釉茶碗）で、日本で国宝に指定されている陶磁器一四点のうち、三点が曜変であるのは、日本人がこの焼き物にいかに魅せられてきたかを物語っているが、中国にはなく、日本にのみ残っている（二八頁）。このことについて、法政大学の彭丹氏が著書（二〇一二）『中国と茶碗と日本と』小学館で、曜変は中国では不吉の兆しとされて忌み嫌われ、窯から出るとすぐに壊されてしまったために中国には存在せず、日本にある曜変は壊されそうになったものを救い出した者から貿易商人の手を経て日本に運ばれたのではないかという斬新な説を示した（二九頁）が、近年、中国で曜変の破片が発見され（二〇〇九年　杭州出土　三〇頁　下写真）、彭丹氏の説は成り立たなくなってしまった（二九頁）。

中国では喫茶法の変化（点茶＝大きな茶碗で粉状の茶に湯を注いで攪拌する方法　から　泡茶＝茶葉に湯を注ぐ方法　への転換）によって一四世紀を境に黒釉茶碗の生産が急速に衰えたが、日本ではそれ以後も古い喫茶法である点茶と黒釉茶碗の流行が続いた（三一頁）。柳田国男の言語周圏論を彷彿とさせる文化的事実である。日本はなぜ点茶を残したのか。古いものを残して失うことなしに、新しいものを迎え入れる不二一元論《アドヴィティズム》の精神が日本にはあると言ったのは岡倉天心（『東洋の理想』「理想の範囲」の章）であった。

**武藤秀太郎（二〇一九・二）『「抗日」中国の起源　五四運動と日本』筑摩書房　筑摩選書　〇一七一**

中国では「近代」と「現代」を区切る一大転換点として五四運動を位置づけ、毛沢東は（一九四〇）「新民主主義論」で「中国ブルジョア民主革命」は五四運動を境に担い手がプチ・ブルジョアジーとブルジョアジー（有産階級）からプロレタリアート（無産階級）へ変化したと言っている（一六―一七頁）。竹内好は毛沢東の「新民主主義論」を基本的に踏襲し、デューイの五四運動論に準拠して、「内発的」な五四運動と「外発的」な明治維新という図式を（一九六二）「方法としてのアジア」で提出している（四五―四六頁）。それは日本人の、「尊崇」の中国観＝自己卑下、自虐の日本観であった。

「反日」と「親日」（「親日」は中国では貶義語である）、「反日」と「哈日」（日本尊崇派）は二項対立的概念で、著者武藤氏は採らない。著者は「抗日」と「知日」を共存しうるものとしてとらえ（五二―五三頁）、それら二つをキーワードにして、中国人の日本観を読み解いていく（五三頁）。「抗日」は①侵略の歴史を直視せず、領土を不当に占拠する日本人②日本に媚びる裏切り者の中国人③不当な日本に怒りを爆発させる中国人の若者――という三つの要素によって成り立っている（二八頁）。ブルース・リーの（一九七二）『ドラゴン　怒りの鉄拳』も「抗日」映画であった（二四頁）。

五四運動と大正デモクラシー運動は密接不可分につながりあっていて、国家の枠組みを超えたトランスナショナルな思想運動（intellectual movement）であった（二〇頁）。明治維新後、日本が初等教育の充実に力を注いだのに対して、中国では清末の教育体制は高等・大学教育の充実が図られた（九三頁）。中国の教育体制の充実や中国人留学生支援に東京帝大の服部宇之吉や服部の妻（秋瑾の面倒を見た）が尽力している（一三八—一四三頁）。

二〇世紀初頭に日本人教師も中国に渡り、一九〇六年のピーク時には五〇〇〜六〇〇人がお雇い外国人として中国で教え、一時、中国の教育分野でのお雇い外国人の座をほぼ独占した（一四一—一四六頁）。もっとも、内容面や暴力など一部、問題日本人教師もいた。

吉野作造は五四運動と日本の関係で無視できない人物で、袁世凱の息子、克定の家庭教師をして、一九〇六年の初めから約三年間、中国に滞在した（二一六頁）。吉野は五四運動の際、中国人留学生を献身的に支援したが、それは吉野に留学生の動機への強い共感があったからである（二五三頁）。

本書は、五四運動の担い手を生み出した中国高等教育機関の成り立ちと日本との関係にスポットライトをあてた書である。ほかに、朝鮮の三一運動や中国国民党、軍閥、商工業者など、さまざまな観点から五四運動を描くことが可能であり、著者は本書が呼び水となって、一〇〇周年を迎える五四運動の研究が活発になることを願っている（あとがき　二八九頁）。

本書は、日本と中国の人の往来を視野に入れて、中国人の日本観を明らかにすることを目論んだ、五四運動についての比較文化学的な書である。国際化時代の研究とは、こうしたものが中心になるのが本来の姿であろう。細かい「分析」だけではなく「総合」を視野に入れた研究が必要である。

**堀井佳代子（二〇一九・二）『平安前期対外姿勢の研究』臨川書店**

本書は他国への意識・外交そのものに対する意識を「対外姿勢」と呼び、一貫して朝廷の立場を中心に据えて検討し、外交文書・外交に関する儀礼を素材として、具体的な対外姿勢を抽出し、その変化から平安時代前期の外交の変化を捉える（一五頁）日本の中国観の書である。

第一部第一章では従来、弘仁年間＝嵯峨朝の外交について、桓武朝の外交方針を継承したものと評価される傾向にあり、渤海使と文運を競ったことが独立して取り上げられることが多かったが、国書・儀式を通してみると、渤海使を積極的に儀式に参加させ、それまでの朝貢国ではなく、文化的な側面を強調した新たな渤海観が生じており、それは嵯峨朝の唐風化政策と連関していると考えられ、弘仁年間を過ぎると、渤海使の文化的側面はそれほど重視されなくなり、それがその後の対外関係に大きく関係したと述べている（四三頁）。

弘仁九年（八一八）の新礼導入は非常に重要な画期で、これまで明確に分けられていた官人と使節とを同一の秩序で遇する志向を持っており、それは中華思想とは全く異なる方向性を示している（一一二頁）。奈良時代の方がある側面では唐の影響をより強く受けていて、平安時代初期には唐最新の儀礼に近づけるよりも、それより以前の経書に倣おうとする側面が見える（二〇五頁）。唐風化政策イコール唐との交渉が積極的に行われるのではなく、唐風門号等の制定という嵯峨朝の政策が当時「漢風」と呼ばれていて、経書を通じて儒教への理解が格段に深まり、中華―蕃国という、日本が唐や新羅・渤海等と現実の対外関係の中でこれまで取り結んできたものとは異なる、多様な二国間関係―『春秋』に見える王・諸侯など―の存在に目が向けられるようになり、それが現実の対外関係にもある程度生かされるようになり、これが唐風化政策が対外姿勢に及ぼした影響の一つである（二六二頁）と著者は言う。

平安時代前期を通じて唐風化が行われるとされるが、嵯峨天皇のもとで行われた唐風化政策はそれとは区別されるべきで、この時期はそれまでの伝統を大胆に破壊することによって、結果として次の時代の新たな政策・制度を準備する媒介となった時期と位置付けられる（二六二頁）と著者は本書の結論をまとめている。

一般に唐風化を推進した嵯峨天皇というイメージは本書によって従来とは異なったものとなり、むしろ経書を通じた儒教理解によって、日本と他国の関係も中華―蕃国から多様な二国間関係の存在に目が向けられるようになり、それが唐風化政策が対外姿勢に及ぼした影響の一つである（二六二頁）と言う著者は従来の「唐風化政策」観念の常識に挑戦している。それは従来、いわゆる狭義の文化に関わるとされていた礼制をはじめとする事象を、国制の問題として捉え直して理解した（一四頁）著者の慧眼の賜物であると言えよう。平安前期日本の中国観について、従来の「唐風化政策」の観念を再検討した新たな書であろう。既成観念の再検討には従来の説をとる既成の権威ある勢力からの反発もあるのは当然だから、力ある後援者がいなければ、新説は葬り去られるのが学問の世界の常道である。学問と言っても権威や権力と離れたところに存在するものではない。著者はそうした後援者に恵まれているのであろう。さもなければ、学会全体に既成観念再検討の観念が主流となっているから、こうした説が認められるのであろう。

**王敏（二〇一九・四）『平和の実践叢書　二―嵐山の周恩来　―日本忘れまじ―』三和書籍**

日中比較文化学者、王敏氏の本書の眼目は一九一九年四月四日、五日の両日、周恩来が京都の嵐山を逍遥し「雨中嵐山」「雨后嵐山」の二詩を作ったことについてのフィールドワークと推定を述べた第一章「雨中嵐山」の誘い、

第二章「雨中嵐山」の逍遥考　にある。

一九一九年四月六日は清明節（中国では祖先祭祀の日）で、四月四日、周恩来は偶然、日本の禹王・角倉了以の銅像に嵐山の亀山公園で遭遇し、さらに大悲閣千光寺（黄檗宗の寺。日本の禹王・角倉了以の木造が安置されている。）の存在を知った。禹王への敬虔な気持ちをつのらせてもう一度、翌日、嵐山へ来ようという気持ちが周恩来の心に自然に生まれたのであろう（七一頁）、翌四月五日の嵐山逍遥の目的は祖先祭祀と禹王を祀ることでもあった（七九頁）と王敏氏は推定する。

嵐山のフィールドワークの結果、周恩来は一九一九年四月四日、京福電鉄嵐山駅下車の後、天竜寺、亀山公園（現在、南口の近くに周恩来総理記念詩碑（正面に周恩来の「雨中嵐山」が刻まれている）があり、詩碑の近くに角倉了以（一五五四―一六一四）の銅像が立っている）と桂川右岸を遊覧し、翌四月五日の二日目、渡月橋を渡り、大悲閣千光寺まで登った（四三頁）と王敏氏は推定する。

嵐山京福電鉄の古刹、名刹の漢字の並ぶ駅名（ex・鳴滝《なるたき》、帷子ノ辻《かたびらのつじ》、鹿王院《ろくおういん》等）に漢字圏の人間ならその美しい音色（発音）に魅せられる。二〇一八年に八〇〇万人の中国人旅行者が訪日した背景に、こうした永久に衰えない京都の「漢字風」の魅力が根本にあると信じる（八五頁）と王敏氏は言う。「漢字」で考える中国人。「漢字」と「カナ」の使い分けの日本人。

周恩来の四月五日の二作の詩作のうち、「雨中嵐山」の最後の部分〝人间的万象真理，愈求愈模糊。—模糊中偶然見着一点光明，真愈觉娇妍〟（世のもろもろの真理は求めるほどに模糊とするも—模糊の中にたまさかに一点の光明を見出せば真にいよいよなまめかし）（三四頁）の〝娇妍〟の日本語訳「なまめかし」では意味が色っぽい感じとなり、適切でない。日本語としては「あでやかだ」ぐらいが適訳ではないだろうか。その前の部分の〝潇潇雨，霧蒙浓，一线阳光穿云出，愈见愈娇妍〟（雨潇潇として霧深く陽の光雲間より射していよいよなまめかし）（三四―三五頁）とある「なまめかし」も「あでやか」にしたほうが適切であろう。

蛇足ながら、筆者は一九七八年の周恩来総理記念詩碑建立に中国語の通訳補助として参加した。孫平化氏の流暢な日本語と柔和な笑顔が今も印象に残っている。

## Ⅳ　その他の書籍考察

### E・シャヴァンヌ　菊地章太（二〇一九・六）『泰山—中国人の信仰』平凡社　東洋文庫　八九五

本書はエドヴァール・シャヴァンヌ著（一九一〇）『泰山―中国人の信仰に関する試論』のうち、第一章「泰山の信仰」第二章「泰山の史跡」第六章「泰山の民族」及び「結論」を訳出したものである（凡例　一　による）。

著者のシャヴァンヌは一八六五年一〇月五日にフランスのリヨンに生まれ、国立東洋語学校（現フランス国立東洋言語文化学院）の教授であったコルディェの勧めで中国史の研究を行い、一八八九年からフランス公使館員として四年の間、北京に滞在し、そのおり、司馬遷の『史記』の全巻の翻訳に着手して、最初に「封禅書《ほうぜん》」を訳し、ついで漢代画像石の研究を公刊している（二九〇―二九一頁）。一九〇七年、シャヴァンヌは華北調査旅行を行い、その主要目的は一、漢代画像石の研究二、北魏仏教石窟の研究三、唐代陵墓彫刻の研究　であったが、本書の泰山信仰の考察を漢代画像石や北魏仏教石窟、唐代陵墓彫刻の考察に先駆け、堂々たる研究書として完成している（訳者　解説　二九四―二九七頁）。

元来、泰山は一自然神で、それは本質的に自然とのつながりを重んじた宗教である道教的な信仰に属する神であったが、唐代の六、七世紀に仏教の影響で道教は因果応報的な心の領域にかかわるものを取り入れるようになり、一つは城隍《こう》神という都市を守護する神の信仰へ、もう一つは死者の魂を迎え入れる泰山の信仰という二つの方向へと展開した（三六―三七頁）。泰山の山頂と山麓で行われた封禅のまつりについては史書にも幾たびか記されてきており、「封」のまつりは天に向けられ、「禅」のまつりは大地に向けられていて（三八頁）、『史記』の秦の始皇帝の二八年（BC二一九）の条にも「始皇帝は泰山の山頂にいたり、石を立ててみずからの徳をたたえ、封のまつりを成しとげたことを告げた」（三九―四〇頁）とある。封禅のまつりは前漢の武帝に始まり（BC一一〇）、後漢の光武帝、唐の玄宗、則天武后も行っている（四〇―四一頁）。封禅のまつりの最も重要な目的は王朝の完成を天と地の神に告げることであった（四三頁）。つまり、封禅のまつりは自らの「皇帝」としての地位を天下と天に告げる象徴的、かつ具体的行為であったと言えよう。こうした歴史を踏まえた象徴的、かつ具体的行為は中国的であると言ってよいであろう。

**村田右富実《みぎふみ》（二〇一九・六）『令和と万葉集』西日本出版社**

本書は「令和」新年号と「典拠」の関係について書かれた本である。首相官邸発表では「令和」は「万葉集の梅の花の歌、三十二首の序文の「初春の令月にして　気淑《よ》く風和《やわら》ぎ　梅は鏡前の粉を披《ひら》き　蘭は珮後《はいご》の香を薫《かおら》す」から引用したもの」（一四頁）としているが、マスコミ報道は①「初めて国書から採られた年号だ」といったもの（首相官邸発表はその立場）②「『万葉集』から採られたといっても、もとをたどれば中国文学じゃないか」といったもの――という大きく二つの流れに分かれていた（一頁）。①は日本の小中華主義の主張②は中国尊崇や引用淵源追及の立場からの主張であろう。村田氏は「令和」と、『万葉集』や『文選』（筆者注：張衡『帰田賦』などが収められている）などとの関係を明らかにし、本書をきっかけとして『万葉集』に興味を持つ人が増えることを『万葉集』研究者として嬉しく思うと述べている（三頁）。

「令和」の【典拠】（村田氏は全体の枠組の典拠と部分的、直接的典拠を分けて、後者を【典拠】と表記している。）は天平元年（七二九年）の長屋王の変の翌、天平二年（七三〇年）、大伴旅人によって開催された梅花宴《ばいかのえん》に関連した「梅花の歌三十二首併せて序」（＝以下、「梅花歌の序」と記す）であり（五一―五四頁）、その中の「時に初春の令月にして気淑く風和ぐ」が「令和」の出所であるが、その【典拠】は張衡『帰田賦』の「於是、仲春令月、時和気清」（是に、仲春の令月にして、時和し気清し）であり、「梅花歌の序」の全体的枠組の典拠は王羲之の『蘭亭序』であると言う（八〇―八三頁）。「梅花歌の序」は詩序（漢詩集などの序文）を文章の枠組にしつつ、状況的に類似する『蘭亭序』の表現を用いて、数多くの【典拠】を駆使して組み立てられていて（＝換骨奪胎して）、その【典拠】の一つが『帰田賦』であると村田氏は言う（一〇四頁）。

現代はオリジナリティを非常に重視するが、奈良時代の教養は【典拠】のある文章を書くことにあり、多様な【典拠】は友人との感覚共有のためにあったと言ってもよい（一一五―一二二頁）。『帰田賦』は「梅花歌の序」のたくさんある【典拠】の一つに過ぎず、『帰田賦』が政治家として失敗し、田舎に帰ろうという内容の文章で、陶淵明の「帰去来の辞」の先駆けとなる作品であろうと、典拠を持った表現は時間の経過とともに、その表現に典拠があったことすらわからなくなり、それが典拠のあるべき姿なのであるから問題はなく（一二二頁、一二一頁）内容にこだわる必要はないと村田氏は述べている。

本書は文章の形式における伝統（日本の奈良時代や、そのもととなる中国の伝統）と「元号という政治」（三五頁）の関係を明瞭に説明した、日本の小中華主義と中国尊崇の両方を立てた、調和志向の「令和」についての本である。図らずして、そこに日本の中国観（尊崇、小中華主義）が顕現している。

## 三　結語

日本の中国観は大きくは「尊崇」「脅威」「小中華主義」の三つに分けられるが、「小中華主義」は時代の趨勢で支持されたこともあったことを河上（二〇一九・三）は教えてくれる。「尊崇」にしろ、微妙な差が生じて、日本的なものが生まれてきたことは彭丹（二〇一八・一〇）小林（二〇一八・一二）別冊炎芸術（二〇一八・一二）によって知ることができる。「脅威」の念の反対が軽侮の念であろうことは藤村　雷（二〇一九・四）を通して理解できる。日本の中国観の考察は、日本自体を自覚して知ることに通じている。異文化理解という手あかのついた言葉も自文化理解と一組にすることによってリメイクされるのと同じである。

〔引用文献・参考文献〕
（1）福永光司（二〇一八・九）『道教と日本文化〔新装版〕』人文書院
（2）彭丹（二〇一八・一〇）『いにしえの恋歌　和歌と漢詩の世界』筑摩書房　筑摩選書　〇一六六
（3）小林忠（二〇一八・一二）『日本水墨画全史』講談社　講談社学術文庫
（4）別冊炎芸術（二〇一八・一二）『天目　てのひらの宇宙』阿部出版
（5）楊継縄著　辻康吾編　現代中国研究会訳（二〇一九・一）『文化大革命五十年』岩波書店
（6）古畑康雄（二〇一九・一）『精日　加速度的に日本化する中国人の群像』講談社　講談社＋α新書
（7）余華著　飯塚容訳（二〇一九・一）『活きる』中央公論新社　中公文庫

（8）武藤秀太郎（二〇一九・二）『「抗日」中国の起源　五四運動と日本』筑摩書房　筑摩選書　〇一七一

（9）李軼倫（二〇一九・二）『ちょこっと中国語翻訳　ネイティブらしく表現するコツ』白水社

（10）宇野精一（二〇一九・三）『孟子　全訳注』講談社　講談社学術文庫

（11）堀井佳代子（二〇一九・二）『平安前期対外姿勢の研究』臨川書店

（12）河上麻由子（二〇一九・三）『古代日中関係史―倭の五王から遣唐使以降まで』中央公論新社　中公新書

（13）王敏（二〇一九・四）『平和の実践叢書二　嵐山の周恩来　―日本忘れまじ―』三和書籍

（14）藤村幸義　雷海涛　編（二〇一九・四）『飛躍するチャイナ・イノベーション―中国ビジネス成功のアイデア一〇〇』中央経済社

（15）E・シャヴァンヌ　菊地章太（二〇一九・六）『泰山―中国人の信仰』平凡社　東洋文庫　八九五

（16）村田右富実（二〇一九・六）『令和と万葉集』西日本出版社

（17）福本和夫（昭和四二）『日本ルネッサンス史論』東西書房

（18）藤田昌志（二〇一〇）『日本の中国観―最近在日本出版中国関連書籍報告―（〇四・九―〇九・八）』朋友書店

（19）藤田昌志（二〇一五）『日本の中国観Ⅱ―比較文化学的考察―』晃洋書房

（20）藤田昌志（二〇一八）『比較文化学―日本・中国・世界―』朋友書店

（21）藤田昌志（二〇〇七）『日中対照表現論』白帝社

（22）藤田昌志（二〇一七）『日中対照表現論Ⅱ―事例研究を中心として―』朋友書店

# 日本の中国観（十六）（二〇一九・九―二〇二〇・八）

## 一　序

二〇一九年九月二六日、孔鉉佑駐日大使は、同国の建国七〇周年を記念して東京都内で開かれたレセプションであいさつし、「二〇一九年は日本の令和元年でもあり、両国関係は歴史の新たなスタートラインに就いている。両国各界が歴史的チャンスを逃さず、中日関係をより高い水準へ発展させるよう希望する」と強調した。習近平国家主席が来春国賓として訪日できるよう努力しているとも述べた。（時事ドットコムニュース「日中関係「より高い水準へ」＝建国七〇周年式典で中国大使」二〇一九年九月二六日　ネット記事閲覧。）同年一二月以降、中国湖北省武漢市で発病した病原体不明の肺炎患者は、後にそれが新型のコロナウイルスによるものと判明し、全世界に蔓延していった。

習近平国家主席の訪日は、天安門事件後の天皇訪中のように、二〇一九年―二〇二〇年香港民主化デモ（二〇一九年三月から香港で継続して行われているデモ活動。二〇一九年逃亡犯条例改正案に反対するデモが発端となり、一〇月時点では「五大要求」の達成を要求する反政府デモとなっている。二〇二〇年二月七日　ウィキペディア閲覧。／二〇二〇年八月一二日、一〇日に逮捕された民主派メディアグループ創業者の黎智英（ジミー・ライ）氏が保釈された。一〇日逮捕された一〇人は周庭（アグネス・チョウ）氏や黎智英（ジミー・ライ）氏を含め全員保釈された。二〇二〇年八月二六日、抗議デモに参加したとして、民主派議員二人（林卓廷議員と許智峯議員）を含む一六人が新たに逮捕された。二〇二〇年九月二十九日　ウィキペディア閲覧。）による中国イメージのダメージを挽回することに利用されるのではないかとの「反中」主義者の批判、懸念もあったが、コロナ禍の影響が大きく、延期されている。

北朝鮮の核廃棄も遅々として進まない。北朝鮮が核開発を本格的に行い始めたのは、一九八九年の米ソ冷戦終結後である。中国もロシアも緩衝地帯としての北朝鮮の崩壊を望みはしないであろう。日本は天安門事件以降、アメリカのチャイナ・ウオッチャー的視点から中国を見るのが常態化している。かつての「尊崇」という中国観は日本には存在しないと言っても過言ではない。こうした状況のなかで、今年も日本の中国観を、日本で出版された書籍の中から考察したいと思う。

## 二　日本の中国観（二〇一九・九―二〇二〇・八）

### Ⅰ　社会関連書籍（政治・経済を含む）考察

**峯村健司（二〇一九・九）『潜入中国　厳戒現場に迫った特派員の二〇〇〇日』朝日新聞出版　朝日新書七三二**

朝日新聞の中国報道について「親中国的」だという批判は根強く、その淵源は一九六〇年代の文化革命期に、中国当局が「反中報道」と批判し各国の特派員を次々と国外追放する中で、朝日新聞は当時の社長が「歴史の目撃者になるべきだ」として、追放されるような記事を書かないよう北京特派員に指示し、中国当局に都合の悪いことは書かず、北京に残り続けたのが尾を引いているのだろうと峯村氏は言う（あとがき　二三八頁）。

では、峯村氏のスタンスはどのようなものか。サイバー攻撃を仕掛けているとニューヨークタイムズが名指しで報じた山東藍翔高級技工学校の通信施設に侵入し、男子警備員に「ここで何をしている！」と詰め寄られたり（五八頁）、上海の「空母島」の敷地に入ろうとする工場労働者に「空母建設は順調ですか」とたずね「お前、どこのスパイだ。身分証を見せろ」と言われたり（一一六頁）、二〇一〇年五月三日遼寧省の港町で金正日総書記の写真を無許可で撮り、警察官に拘束されたり、二〇〇七年から六年間の特派員としての中国勤務で二〇回、中国当局に拘束されているから、中国の政治文化を無視して、リスクがあってもスクープを取ろうとする、以前の朝日新聞の「親中」報道記者とは真逆の報道姿勢であろう。「親中」も「反中」も必要ではない。中国の政治文化を知り、日本は日本としての報道姿勢を確立すべきであろう。欧米ジャーナリズムの真似をしても解決はない。欧米ジャーナリズムの報道姿勢は国家、政府と対立し、批判することにある。朝日新聞が戦前、日清・日露戦争以来、戦争をあおる報道をし、戦後、左翼的姿勢で報道してきて、今は右顧左眄しているのではないか、と懸念するのは私一人ではないであろう。

**大島隆（二〇一九・一〇）『芝園団地に住んでいます　―住人の半分が外国人になったとき何が起きるか』明石書店**

本書は社会学や文化人類学の調査方法のひとつで、参与という手段で、目的である観察を行う「参与観察」ではなく、自らの家族が暮らす米国社会の変容（当時、トランプの抬頭）に危機感をいだいている著者がベトナム系アメリカ人の元妻との間にできたマイノリティとして生きる子を持つ親として、外国人との共生社会の在り方を切実な課題とし（あとがき　二二九頁）中国人を主とする外国人住民が過半数を超える埼玉県の芝園団地に引っ越して、生活した記録である。

芝園団地に一九九〇年代に外国人住民が増え始めたのは、外国人が日本の賃貸住宅に入居困難な時代に、ＵＲ賃貸住宅だけは一定の経済的条件を満たせば外国人でも入居できる、数少ない物件だったからである（一三一―一三二頁）。

外国人の多くを占める芝園団地の中国人の多くは「技人国」（技術・人文知識・国際業務）という在留資格で日本にやって来るがその多くはＩＴ技術者である（一四二頁）。

日本では「日が暮れたら子供は家に帰る」という習慣があるが、中国では夜の公園や広場で過ごす習慣があり（一七二頁）、日本人住民とのトラブルの種になることも多い。

日本政府は「移民政策を取らない」と二〇一九年現在、言うが、現実に、芝園団地には長期滞在して日本に永住する意思や資格を持つ「移民」がいて（二四三―二四四頁）、同化主義や多文化主義ではない、多様性を生かして交流を重視するインターカルチュラリズム（カナダのケベックで行われている）に著者は注目している（一八八―一八九頁）。

かつての先住日本人だけで元気で仲良くやっていた、彼らのプリズムを通して見える世界＝「ディープストーリー」（一九九―二〇〇頁）は現在では通用せず、新住人の中国人と共存するだけではなく「共生」していくには「同じ芝園団地の住民」という、日本人と外国人共通の「帰属意識」が不可欠の要素であり、「いままで日本人だけで共有していた「私たちの団地」という意識に代わる新しい「私たちの団地」という意識」（二一四頁）が必要だと大島氏は言う。

古参先住者と後から来た新参者の軋轢はいつでも問題になる。多様性や社会的公正という観点から、多数派の側にいる人々の教育に携わる米国の専門家ダイアン・グッドマンは日本人住人の「ここは私たちの団地だ」という意識は「文化の問題であると同時にパワー（権力）の問題でもある」と言い、文化の問題は違いの理解、その違いとどう折り合いをつけていくかの問題でパワーの問題ほど難しくないと言う（二〇四頁）。更にグッドマンは「パワーの問題とはここは誰の団地なのか、誰の土地なのか、誰の国なのかといったものです。それは『特権』意識につながるものです」（二〇四頁）と述べている。現代はグローバル化と国民国家の「ずれ」が生じつつある時代で、まだ両方の調和をはかる新しいシステムや国民国家に代わるシステムが生まれているわけではなく、難しい過度期にある（二一六―二一七頁）と著者は言う。「所有」や「所属」「帰属」について考え直す必要がある時代に我々は生きている。国民国家の「国民」は共通の「ネーション」を意味し、それは「国家」というハードを支える「一体感」「共通意識」である。領土、領空、領海といったハード面だけでなく、「国民」というソフト面の再考が必要とされる時代に我々は生きている。

**益尾知佐子（二〇一九・一二）『中国の行動原理　国内潮流が決める国際関係』中央公論新社　中公新書　二五六八**

人間交流によって国家間関係が平和になるといった楽観的立場を本書は取っておらず（二九一頁）中国の対外行動原理を中国国内の視点から分析していく（まえがき　iv）。中国の伝統的社会を「外婚制共同体家族」ととらえ、重要なのは、中国の社会構造は家父長を頂点とし、家父長のバイオリズムによって組織の動き方に波が生じることである（一二頁）と言う。

毛沢東は通常の国益計算に基づけば、参戦するはずのない朝鮮戦争にイデオロギーと安全保障を重視して中国人民義勇軍を送る決定を下した（一〇八―一〇九頁）。鄧小平は①計画経済によっては人民の生活が向上しないこと②中国には皇帝の強い政治的権威の下、比較的自由に商工業が発達した長い歴史があったこと――により、中国国内では不自然に思われないことから、中国共産党の統治と市場経済を組み合わせる奇妙なキメラ体制を採用して（一四四頁）、中国は目覚ましい経済発展をした。

穏健でまじめな印象の胡錦濤には、就任前から「弱腰」との批判があり、総書記となった後、軍の拒否により二年間、中央軍事委員会の主席に就任できなかった。胡錦濤政権は鄧小平時代の最後の政権だったが、生命力を失った〝皇帝〟は中国政治に求められる凝集力を持ちえなかった（一六八頁）。胡錦濤は「弱腰」との批判を払拭し、毅然とした対外政策をとる必要性に迫られ、二〇〇六年夏、国家主権と安全保障の擁護という新たな外交目標の提唱と並行して、中国海監総隊の増強を許可し、国家海洋局の提案に沿う形で、管轄海域の統治体制を固めた（二六五頁）。その結果、尖閣諸島をめぐる日中間の緊張は今日、日々、マスコミに報道される様相を呈していく。

習近平は胡錦濤政権の国内凝集力の乏しさを危機と捉え、自分の下に強権的に権力を集中しているが、人々に畏怖されることで国内凝集力を高め、国家を統治していこうとする方法は、完全に中国の伝統に則している、「一帯一路」も自らの国内的権威付けのために立ち上げたという側面を持つ（一七〇頁）と著者は言う。

党中央と地方政府の関係では、地方政府間に中央の歓心を得るための激しい競争関係があり、地方政府は中央の提議した方向性を「社会的潮流」として拡大する加速器として機能している（二一六―二一七頁）。

各方面の権力を自分に集中させた習近平は自分の目がより届きやすい中央軍事委員会に中国海警局の指揮権を置き、国家海洋局を解体し、一組織の決断で中国全体が流されることのないよう予防策をとった（二六七頁）。

本書は中国の伝統的支配形態と現在の連続性に注目し、〝皇帝〟と国内、地方の関係から中国の対外行動原理を分析する、歴史的・共時的に、時間的・空間的に中国をとらえようとする優れた日本の中国論の一書である。

**蔡昉著　丸川知雄監訳・解説　伊藤亜聖・藤井大輔・三竝康平訳（二〇一九・一二）『現代中国経済入門　人口ボーナスから改革ボーナスへ』東京大学出版会**

本書は一九七〇年代末に始まった改革開放から今日に至る中国経済の発展と将来の展望を骨太に描いたものである（解説　二三三頁）。

アーサー・ルイスは一九五四年に発表した論文で、発展途上国経済を農業セクターと近代セクターに分け、発展途上国では、二つのセクターの併存する「二重経済」の状況が現れるとした（二八—二九頁）。農業セクターでは資本と土地に対して労働が過剰であるため、労働の限界生産性は大変低く、時にゼロであったり、マイナスであったりする一方、近代セクターは賃金が労働の限界生産性と等しい水準で決定される産業である（二八頁）。

中国は二〇〇四年に「ルイスの転換点」＝農村の余剰労働力が完全に枯渇した時点（二三五頁）を、二〇一〇年に人口ボーナスの転換点という二つの転換点を超えている（七八頁）。

ルイス的な二重経済発展がうまくいくためには、一、農業セクターにいる間は生産性が低いが、近代セクターに移るだけで高い生産性を発揮できるような労働力が存在しなくてはならない（二四一頁）。二、余剰労働力が農業セクターにある程度、貯まるように、移動に対する障壁がなければならず、中国ではその役割を戸籍制度が果たしてきた（同）。三、余剰労働力が適正に伸びていく必要がある（二四二頁）。——という三つの条件がそろう必要がある（二四一頁）。

上流のダムの水（＝農業セクターの余剰労働力）は、当初から貯まっていたものが放水されたというのではなく、「改革開放の時期を通じて、二〇一〇年に人口ボーナスが消失するまでたえず上流からダムに水が流れ込み続けたのである。このため中国は優に三〇年以上にわたって二重経済発展を続けることができた」（解説　二四二頁）。

余剰労働力は、「一九九一年までは主に農村の労働年齢人口が農業で必要とする労働力を上回って伸びることによって供給され、一九九一年以降も第一次産業の就業者が緩やかに減っていったので、労働年齢人口が増加するのにつれて緩やかに増えていった」（同）。

農村の労働人口が「盲流」となって都市を襲って、貧農が都市に押し寄せたというテレビ等マスコミでなされた報道が虚偽であることが、これらの個所を読むことによって、理解できる。繰り返せば、「農村の労働力が農業の成長に必要とされる水準を上回って増えた分が第二次産業や第三次産業に流れてきたのである」（同）。農村はどんどん貧しくなり、都市はますます豊かになるというのは、嘘であったことがわかる。

## Ⅱ　語学・文学・歴史・哲学関連書籍考察

### 植村善博＋治水神・禹王研究会（二〇一九・九）『禹王と治水の地域史』古今書院

堯帝が禹《う》の父である鯀《こん》に黄河の治水を命じたが、鯀は成果を上げられず殺される。鯀の子、禹は父の失敗に学び、黄河を治め国土を開き、舜帝から帝位を譲られ、夏王朝をひらき、聖人君子の模範とされている（一三頁）。浙江省紹興市では一九三八年以降、途絶えていた大禹祭礼を一九九五年復活させ、二〇〇七年から国家級公祭として毎年、大規模に挙行している（七頁）。

日本における最古の禹王遺跡は京都鴨川の五条橋中島、現在の東山区松原橋東詰付近である（二〇頁）。かつて、このあたりに禹王廟、法城寺、（安倍）晴明塚などがあり、五条中島は鴨川洪水によって水害を受けやすい地域であったことから禹廟ができたと思われ、一五世紀後期、水害常襲地に住む河岸の賤民らによって禹王が治水神として信仰されたことは確実だろう（二一―二二頁）と著者は言う。

京都御所の「禹戒酒防微図」は徳川綱吉時代に小御所に配置されたが、一七〇九年（宝永六）宝永度造営を指揮した綱吉の儒教志向が強く反映したと考えられる（一一九―一二〇頁）。

日本本土では基層的に「治水神・禹王信仰」が支配的で、近世以降、河川流域を中心に広く受容されていき、沖縄では「琉球禹王碑文化圏」、台湾では「水仙尊王信仰圏」、朝鮮では「朝鮮禹王地名文化圏」、現代中国では模範的人間像禹として「社会英雄大禹文化圏」が形成されている（一四三―一四四頁）。著者はそれが東アジアの禹王文化圏であるとしている。歴史的、文化的にみると、「禹」王一つをとってみてもこれだけの広がりと深さがあることに驚きを禁じ得ない。

**井沢元彦（二〇一九・九）『逆説の世界史　一　古代エジプトと中華帝国の興廃』小学館　小学館文庫**

本書は、二〇一四年四月一日に小学館より刊行された同名の単行本を加筆・修正し、文庫化したものである（奥付、前ページ記載による）。本書の第二章　中国文明の力量と停滞　で井沢氏は朱子学の根本原理である「孝を守れ」という思想は現代中国にも生きていて（二八二頁）、「孝」が絡むと、たちまち私的義務が公的義務より優先されるのが中国であり、欧米のように「公的義務は私的義務に優先する」という考えがあり、権力者がそれを実行するかどうかが問題になるのとは異なる（二八四頁）と言う。

朱子学は「忠」より「孝」を重視するが、徳川家康はブレーンの学者に命じて「孝」と「忠」を同等に重視する形に朱子学を改変させた（三一七頁）。孔子になく朱子学以後の儒教に明確にあるのが独善性と排他性で（三三三頁）、日本の場合も朱子学によって日本独自の神道を強化したが、朱子学の毒に染まって独善的・排他的要素も受け継いでしまった（三二四頁）と井沢氏は述べている。

「士農工商」は朱子学によって強化された儒教文明独特の身分制度（二六八頁）であり、科挙に合格したエリートの「士」が民衆（「農工商」）を教え導くという考えが中国人にはあり、商人蔑視は儒教文明最大の欠点の一つであり（二七三頁）、明王朝を「近代以前、最高の人類文明の一つ」と評価する井沢氏も「この明でも商人蔑視は例外ではなく、「朝貢貿易」しか行われなかった（二七〇頁）と言う。

「海」と「天皇」の存在が、朝鮮半島にはなく日本にだけあるもので、それが中華体制の中で独立の道を行くことを可能ならしめた（三〇八頁）。

井沢氏は中国の長所を一つも述べていない。朝貢体制も厳しい場合だけではなく緩やかな場合もあり、朝鮮に対して基本的に「属国自主」を認めていたことをどう考えているのであろうか。朱子学批判に終始しているが、朱子学が東アジア知識人の共通基盤を形成したことにも注意するべきであろう。

**エズラ・F・ヴォーゲル著　増尾知佐子訳（二〇一九・一二）『日中関係史―一五〇〇年の交流から読むアジアの未来―』日本経済新聞出版社**

本書は（一九七九）『ジャパン・アズ・ナンバーワン』（二〇一三）『現代中国の父　鄧小平』でベストセラーとなった（前者は日本で、後者は中国で）書の著者であるエズラ・F・ヴォーゲル（日本語、中国語に堪能）が「日中関係について一冊書いて、両国の人たちが関係を再構築するための手助けをしたい」（訳者　あとがき　六一三頁）との思いから著した書である。

本書では三つの時期に焦点を当てているが、それは①日本が中国から文明の基礎を取り入れた六〇〇年から八三六年②中国が日本から学んだ一八九五年から一九三七年③日中間の協力が進展した一九七二年から一九九二年（とりわけ中国が一九七八年に改革開放に乗り出すと、日本は中国の近代化を全面的に支援した）――の三つの時期である（まえがき七頁）。

本書の構成は時系列になっているが、第五章から第七章は例外で、この三つの章では一八九五年から一九三七年までの時期について、違った角度から説明しており、この時期は日本が戦争に突き進んでいく時期で、とても重要であるが多様性に富んでいるため三つの章に分割することにした（同）と著者は述べている。

著者の思いは日本人の中国理解と中国人の日本理解を促進することであり、どちらか一方の歴史観に偏してはいない。日本人はかつて中国を尊崇していたが、「豊臣秀吉の軍勢が朝鮮で中国の軍勢を何度か打ち負かすと、日本の中国に対する畏敬の気持ちは低下した」（五九頁）と日本の中国観についての総合的な記述をしている。

日清戦争については、中国の日本軽侮の念について述べ（一六〇頁）、金玉均（キムオッキュン）の暗殺と東学党の乱がなければ戦争を回避できたであろうという日中両国の学者の認識の共同点を述べ（同）、清国が日本の朝鮮近代化促進策を日本のやりたいことは「自分の経済的利益を拡大することであって、朝鮮の穀物を格安で手に入れたいだけだ」（一六四頁）と考え、一八九四年六月、清が朝鮮問題解決の後の日本の撤退という日本案を拒否した時、日本は戦争に踏み切る準備を完成させていて、七月二五日、豊島沖海戦が発生した（一六四―一六五頁）と明晰に記述している。日清戦争のち、清国は日本に学ぶことを始め、多くの留学生を日本に送った。

中国では、日本との国交正常化は一握りの指導者たちによって決められたことから、また、日中戦争の歴史を検証することはまずなかったことから、日中関係が悪化すると、大衆との乖離が表面化していった（四三〇―四三一頁）。日本には日中戦争による中国への贖罪の意識があり、中国の被害への最善の方法は、「中国の産業の発展と生活水準の向上を支援すること」（四四三―四四四頁）だと日本の実業家の多くは考えた。一九七九年から一九九九年にかけて、中国に対する二国間援助の約五六％は日本が拠出し、無償資金協力、技術援助、円借款を三つの柱とする援助を日本は行い（四四九頁）、更に直接援助だけではなく、オーストラリアに資金を投与して石炭や鉄鉱石の採掘を支援し、中国に低価格で供給できるようにした（同）。

日本人は個人レベルで日本の侵略行為をもっと知る努力をしてよいはずだし、中国は一八九五年から一九三七年にかけて、また一九七八年以後に自国が日本から何を学んだかを自国の学生にもっと教えたほうがよい（五三四頁）とヴォーゲル氏は言う。

**與那覇潤（二〇二〇・二）『荒れ野の六十年―東アジア世界の歴史地政学―』勉誠出版**

科挙に合格して有力官僚になった者や彼と父系血縁の繋がる親類縁者（宗族）が台頭して居住地域の支配者に成り上がるが、科挙官僚制の地位は世襲制ではないため、当該官僚が死去すると、縁者たる郷紳《きょうしん》も没落した（五五頁）近世中国。近世中国では、同時代の西洋になかった身分制からの解放と職業選択の自由（たとえば科挙合格者の家に奴僕として仕える自由）があったと著者は言う（五五―五六頁）。

内藤湖南について、著者は、湖南の『新支那論』の停滞する中国という時評は、『支那論』以来の「近世論という独自の史論においては、決して〈西洋化の未達成〉ではなく、むしろ西洋や日本よりもより先にある未来の原像として（筆者注：中国は）見出されていた」（一二三頁）とし、湖南が中国を日本や西欧の先にある未来としてまなざそうとしていた歴史感覚は今日なお意味があると評価している（一六六頁）。

日本の軍や警察が併合の過程および武断統治下の朝鮮で行ったことは、朝鮮の徳治的な警察文化や反乱者に対しても王権が大義を説いて宣諭する朝鮮の文治の伝統に対して、剥き出しの暴力による懲罰的弾圧であり、それは士大夫階層の朱子学的道徳ではなく、もっぱら戦士身分の「御武威」によって国民統合を達成した、徳川時代の日本近世へ回帰したかのようであった（二七二頁）。

日清間に正式の国交はなく、日朝関係も通信使の来航を、日本側は「朝貢」（朝鮮の臣従）、朝鮮側は「巡視」（日本に対する監視）と把握するなど、相互の認識が食い違ったものだったが、そのような解釈の併存を許容する外交秩序が国際紛争の発生を予防していた（二七九頁）と著者は考えている。

日本人は、江戸後期から幕末維新にかけて「進行」した「儒教化」を、日本古来の伝統、ないし（全く逆の）モダナイゼーション＝西洋化のプロセスだと勘違いしてきたとする、小島毅（二〇〇七）『靖国史観』を衝撃的な歴史像であるとする（三二八頁）著者は、日本は中国よりかなり遅れて「中国化」しつつあると考えているようである。

**荒川清秀（二〇二〇・二）『漢語の謎―日本語と中国語のあいだ―』筑摩書房　ちくま新書一四七八**

本書は中国語のわからない日本人読者向けの「漢字を入り口として、日本（語）と中国（語）が見えてくる本」（二六二頁）である。

第三章では日本人がつくった漢字の典型として「半島」「回帰線」といった地理学用語を取り上げているが、「半島」＝「半分の島」（オランダ語　halfeiland）の逐語訳であり、日本人が言語に沿った逐語訳を好むという点が顕れているという（一一二頁、二五〇頁）。「半島」は日清戦争（一八九四）の後、いったん獲得した「遼東半島」を仏露独の三国干渉によって中国へ返還するあたりで、中国の新聞や文書で話題になり、多く使われることで日本語から中国語へ入っていった（二五〇頁）。ことばの歴史では、歴史上の事件がことばの定義に影響を与えることがある（同）。

この他、日本でつくられ中国へ渡っていった漢語（ｅｘ・「文明」「文化」「義務」等）、中国で漢語がつくられるときのメカニズム（ｅｘ・「熱帯」）などを考え、氏の論が陳述されている。

「日中同形語」の研究は日中を問わず、昔から盛んだが、多くは日中でどういう意味が違うか、それを記すだけで終わっていた現状を見て、荒川氏は単にどう違うかを記述するだけではいけないのではないかと思うようになり、違いの原因、どうやってそのことばができたか、更にはそのことばがいかに相手の国へ伝わったかを証明しなければ、知識も浅薄なものになると思うようになり（二四三頁）語の語源的、交渉史的研究を始めたという。共時的研究一辺倒に対する通時的研究の重要性の主張である。

従来の論では、一般に近代以前、日中言葉の交流は中国から日本へという一方的なものであったが、日清戦争以後、日本から多くの漢語（ｅｘ・「社会」「経済」「会社」「権利」「科学」「範疇」等）が中国へ入っていったとされるが、荒川氏は「ここ三十年来の研究で単に日本から中国へだけでなく、中国でできた漢語が日本を経て再び中国へ里帰りしていることがわかってきた」（二四一頁）と厳密な意味で「文明」「文化」などの例を挙げている。荒川氏は日本語と中国語の違いについての素朴な疑問を緻密な文献学的研究によって、「学問」にまで高める稀有な人であるが、緻密な説明の文章がややわかりにくいのが難である。

**落合淳思（二〇二〇・七）『漢字の構造―古代中国の社会と文化―』筑摩書房　中央公論新社　中公選書　一〇八**

十九世紀末の甲骨文字の発見をきっかけとして、近代科学としての字源研究が始められるようになり、王国維・羅振玉らの初期甲骨文字研究者の後、戦後の日本では、加藤常賢氏が一九七〇年に字源事典として『漢字の起源』を公刊したが、字音の重視が特徴で、字音の共通点から字源を分析した（四八頁）。これに続く藤堂明保氏は、同じく字音を重視したが、上古音を復元し、そのうえで字源研究を行ったのが特徴で、一九七八年に『学研漢和大辞典』

を公刊した（同）。

白川静氏は、字形を中心に研究し、字形の組み合わせから分析する方法を提示し、一九八四年に『字統』を出版した（同）。

加藤常賢『漢字の起源』は、字音と字源の関係づけがあまりに強引だったり、無根拠だったりすることが多く（四九頁）、藤堂『学研漢和大辞典』は、各グループに属する文字がすべて同じ「イメージ」を共有しているという前提で分析を進めており、結果的に非科学的な手法であった（同）と落合氏は言う。白川静『字統』は、字形からの分析を中心としたことが特徴であるが、呪術的な要素を重視しすぎたことが大きな問題で、社会的合理性が欠けていたと言える（五〇一頁）。

「印」は、座った人の形（右側部分）とそれを捕らえる手の形（左側部分）から成り、捕らえられた人を跪かせた様子を表している。後代に、捕虜を押さえつけることからの引伸義で、押しつけて使う印章（印鑑）の意味に使われるようになった（二四九頁）。「民」も奴隷に関係する文字で、目とそれをつぶすための道具を持った手から成る、殷代に奴隷の逃亡防止のために目をつぶすことの様子を表したのが字形の元の意味である（二五一頁）。

男尊女子に限らず、軍事制度や階層差別など負の側面も含めて社会は形成されてきたのであり、文字はその歴史の中で作られたのであって、字体構造自体が人間社会の記録である、歴史から「悪いもの」や文字の「悪い成り立ち」をなくすことなどできるはずがない、なくそうとするなら「印」や「民」など多くの文字が使えなくなってしまう（あとがき　三〇八―三〇九頁）と落合氏は言う。

「真理の探究」を価値観とは関係なく行うことが必要で、文字の成り立ちを知ることは、歴史の清濁を知ることでもあり、そして人間社会の複雑さや多様性を理解することにもなるはずである（あとがき　三〇九頁）。もっとも、学問は権威や権力と必ずしも無縁ではなくそれらと無関係ではないことを意識し「自覚的」に学問、研究を行う必要があるであろう。

## Ⅲ　文化・比較文化関連書籍考察

### 福村国春（二〇一九・九）『中国史の見方がわかる中国史入門』ベレ出版

本書は中国の歴史を学ぶ入門書であり学習書である（はじめに　五頁）が一八の「中国の見方」を提示し、中国史の各時代を比較するとともに全体を総合的にとらえているから、比較文化の書でもある。「中国の見方」とは「漢民族支配」か「異民族支配」か、「統一の時代」か、「分裂の時代」か、「徳治」か「法治」か、「集権」（安定）か「分権」（宦官・外戚地方勢力）か、中国の統治は「農民反乱」で崩壊する、「農耕民族」か「遊牧民族」か、中国の統治は「エリート」が行い、「大衆」が覆す――などである。

「「徳治」か「法治」か」（中国の見方　六　等）では秦の始皇帝の「法治」と、漢の武帝の儒学を官学とする徳治主義と法治主義に基づく中央集権体制（郡県制による中央集権体制）（四七―五二頁、七八―八〇頁）について例として述べている。「中国の統治は「エリート」が行い、「大衆」が覆す」（中国の見方一三）では、宋代、皇帝を頂点とする科挙官僚が「エリート」、農民が「大衆」、現在の中国で言えば、共産党総書記を頂点とする共産党員が「エリート」、そして人民が「大衆」（一七五―一七六頁）で、中国の行く末を決定するのは常に「農民反乱」（中国の見方　九）、すなわち「大衆」である（一七六頁）と言う。

中国史の特殊性は法治と徳治の二つの政治主義を持つことであり、士大夫という「エリート」が「大衆」を支配、指導するが、「大衆」が時に（農民）「反乱」し、覆すことがあると本書は言っているようである。それに、「集権」

（安定）か「分権」（宦官・外戚地方勢力）か、「漢民族支配」か「異民族支配」か、「農耕民族」か「遊牧民族」か、を加えれば、中国のおおよそは理解できる。自由と民主という西洋の概念が中国でどれだけ有効であるかは「エリート」である支配、指導層がどれだけそれを受容するかにもかかっている。中国は「皇帝」の存在した国なのだから。

中国史の魅力は当事者ではないところにあり、日本的な情緒を排して考えることができるように思う（三三一頁）と著者は述べているが、果たしてそうであろうか。「日本の中国観」から自由でありうるのだろうか。筆者は甚だ疑問に感じる。

**遠藤耕太郎（二〇二〇・六）『万葉集の起源─東アジアに息づく抒情の系譜』中央公論新社　中公新書　二五三九**

本書は「万葉和歌の基層には、東アジアに広がる声の歌がある。そういう声の歌との連続と飛躍を具体的にイメージすることによって『万葉集』は日本人だけでなく、東アジアに暮らす人々にとっても、大切な古典であることが明らかにできればよい」（はじめに　v）とあるように、万葉集の基層にある東アジアの歌、具体的には中国雲南の少数民族の、恋歌を掛け合う歌垣的習俗や喪葬儀礼での、死者を送る歌と死者を呼び戻す哭《な》き歌の調査（同　vi）報告である。（遠藤氏は一九九七年から中国雲南の少数民族の村で、彼らの歌文化の調査を続けている。）

日本の貴族文化確立の中で、歌垣歌→貴族の恋歌への飛躍と喪葬歌→宮廷挽歌への飛躍があったが、貴族の恋歌も宮廷挽歌も声に出して歌われるという不変の部分がある（二七二頁）。

『万葉集』が漢字文化圏に暮らす人々の大切な古典であると遠藤氏が述べることには①中華王朝辺境の人々が、漢字や中華王朝の思想、文学を受容することによって、自民族の歌を文字の歌として再創造していくという広がりの中に『万葉集』はあるという側面②漢字によって再創造された『万葉集』の恋歌や挽歌が、その基層に歌掛け歌や喪葬歌という東アジアに共通した歌の文化を継承しているという側面（二八六頁）という二つの側面がある。中心文化の受容の際の、辺境文化の「再創造」（＝文字の歌）と地域（東アジア）の基層文化の「継承」（＝声の歌文化）という、文化接触のプロトタイプを提示している。

「終わりに」で「一歩間違えたら死ぬなと思ったことが何回かある」（二八九頁）と遠藤氏は述べている。転落する危険のある洞穴の実地調査、合わない、独特のにおいのする油を使った食べ物、下痢が止まらず、腹を捩《よじ》るほどの痛みの中で行われた調査（二八九―二九〇頁）にもかかわらず、「私が雲南少数民族の人々に感じるのは、憧れと懐かしさである」（二九一頁）と述べる遠藤氏は、フィールドワークの、立派な研究者であるとともに、比較文化学の研究者でもある。

## Ⅳ　その他の書籍考察

**岡本隆司・石川禎治・高嶋航編訳（二〇二〇・八）『梁啓超文集』岩波書店　岩波文庫　青234―1**

梁啓超は一九一二年二月、革命派の国民党と対立する共和党に入党したが、共和党が勢力をうまく伸ばせず、国会議員選挙に大敗すると、袁世凱の下で進歩党を組織して、熊希齢内閣の司法長官となり、以後一九一〇年代を通じて政治家・閣僚として活動し、その立場は、政権を掌握した「北洋軍閥」を支持するものだったので、以後の中国で梁啓超の評価は低く、無視され続けてきた（解説　五二七頁）。しかし、梁は一九一五年、袁世凱の帝政運動に反対し、第三革命の口火を切り、蔡鍔とともに袁世凱を討つべく護国軍を組織し、そのため袁世凱は、翌年、帝政のとりやめを宣言し、まもなく「逝去」する（解説　五二七頁）。

一九〇二年一一月『新小説』創刊号掲載の「小説と群治の関係」は夙に有名で、「一国の民、道徳、宗教、政治、風俗、学芸、人心、人格を新しくするには、一国の小説を新しくしなければならない」という主張は、政治変革などにおける小説の力、効用を信じるもので、極めて中国的であるが、それはまた、梁啓超が、日本の政治小説、柴四郎の『佳人之奇遇』の中国語訳を短時日のうちに成し遂げたことと大いに関係があり、当時の日本の漢文調文章は助詞をとれば、中国語に容易に直訳でき、「日本語を読めるだけでよければ数日で一応でき、数か月あれば、十分である」（一二七頁）という、誤謬に満ちた日本語学習法を梁は述べることになった。ましてや、現在の漢文力のない両国民間では「筆談による相互意思疎通」は、不可能である。

本書では、「自由」「共和」「革命」「進化」「公理」など政治・体制にかかわる中国語の基本語彙は「近代漢語」とでもいうべき西洋語を翻訳した和製漢語を経由してできたもので、一九世紀最末期から一九二〇年代にかけて形成の始まる「現代漢語」の基礎もそこから出来上がったのであり、その原動力として働いたのが梁啓超の日本文の習得と活用で、日本人の「漢文訓読」を逆転させた「和文漢読」が大きな寄与をなし、安直な日本語習得法をはびこらせたそしりは免れないものの、それが当時に果たした歴史的な役割の重大さも看過できない（3　日本文を学ぶ利益【解説】二二四頁）と梁啓超の「和文漢読」法に一定の評価を与えている。

梁啓超は中国革命に与することが少なかったから不当にしか評価されてこなかった（解説　五一八頁）。例えば、司馬遼太郎は、一九八〇年代初めの文章で、梁啓超は、「いまとなれば「保皇」（皇帝制を残すこと）という面がつよく印象されるだけの存在になり、なんの影響もこんにちにあたえていない。さらには、思想というほどには、その論文は現実的・便宜主義的で普遍性にとぼしい」（司馬遼太郎（一九八八）『街道をゆく　21　神戸・横浜散歩、芸備の道』朝日文庫）と述べている（同）。「解説」はそれを批判し、「中国伝統文明全体が近代にパラダイム転換する歴史過程において、比肩する者のないほどの役割を、かれは演じ」「清末民国初年の青年知識人で、その影響を受けなかった者はない、といわれるのも、決して誇張ではない」と梁を評価し、また、そこには日本の存在が大きくかかわっていて、日本の歴史・運命にも少なからぬ影響を及ぼしたのであるから「今日の日本人がみなおさなければならない歴史人物なのである」（解説　五一九頁）と梁啓超を高く評価している。

勝海舟は「康有為と梁啓超」で、康有為と梁啓超の二人に「日本はアナタ方の思つたやうな善政の国ではない、支那には支那の長所がある。ソレを発展させなさいと言つてやつた」（勝海舟／江藤淳・松浦玲編（二〇〇〇）『氷川清話』講談社　講談社学術文庫　一四五頁）と述べている。本書は、実証主義全盛時代の現代の梁啓超再評価の書であろうか。訳文が和語と漢語のバランスを意識することに「自覚」的であれば、更によかったと感じる。梁啓超の言っていることが、今から見て新鮮味があるかどうかということも考えさせられる。私は『新青年』を読むのに似た感覚を持った。

## 三　結語

大島隆（二〇一九・一〇）は、現在日本の団地の一状況を活写していて、興味深い。国民国家の「国民」は共通の「ネーション」を意味し、それは「国家」というハードを支える「一体感」「共通意識」であるが、領土、領空、領海といったハード面だけでなく、「国民」というソフト面の再考が必要とされる時代に我々は生きている（再録）。同じ団地について、悪い面だけを書いている本もあるが、そうした種類のものは取り上げない。蔡昉著　丸川知雄監訳・解説　伊藤亜聖・藤井大輔・三竝康平訳（二〇一九・一二）は農村の労働人口が「盲流」となって都市を襲って、貧農が都市に押し寄せたというテレビ等マスコミでなされた報道が虚偽であることが、理解できる。「農村の労働力が農業の成長に必要とされる水準を上回って増えた分が第二次産業や第三次産業に流れてきたのであ」り、農村はどんどん貧しくなり、都市はますます豊かになるというマスコミによって流されたイメージが、一面的であることを教えてくれる。日本のマスコミの、とりわけテレビ報道は、恣意的で、中国の暗黒面、否定面を中心にしたものが多いのは、コリア報道とよく似ている。

〔引用文献・参考文献〕


(1) 峯村健司（二〇一九・九）『潜入中国　厳戒現場に迫った特派員の二〇〇〇日』朝日新聞出版　朝日新書七三二
(2) 植村善博＋治水神・禹王研究会（二〇一九・九）『禹王と治水の地域史』古今書院
(3) 福村国春（二〇一九・九）『中国史の見方がわかる中国史入門』ベレ出版
(4) 井沢元彦（二〇一九・九）『逆説の世界史　一　古代エジプトと中華帝国の興廃』小学館　小学館文庫
(5) 大島隆（二〇一九・一〇）『芝園団地に住んでいます　—住人の半分が外国人になったとき何が起きるか』明石書店
(6) 益尾知佐子（二〇一九・一二）『中国の行動原理　国内潮流が決める国際関係』中央公論新社　中公新書　二五六八
(7) 蔡昉著　丸川知雄監訳・解説　伊藤亜聖・藤井大輔・三竝康平訳（二〇一九・一二）『現代中国経済入門　人口ボーナスから改革ボーナスへ』東京大学出版会
(8) エズラ・F・ヴォーゲル著　増尾知佐子訳（二〇一九・一二）『日中関係史—一五〇〇年の交流から読むアジアの未来—』日本経済新聞出版社
(9) 與那覇潤（二〇二〇・一）『荒れ野の六十年—東アジア世界の歴史地政学—』勉誠出版
(10) 荒川清秀（二〇二〇・二）『漢語の謎—日本語と中国語のあいだ—』筑摩書房　ちくま新書　一四七八
(11) 遠藤耕太郎（二〇二〇・六）『万葉集の起源—東アジアに息づく抒情の系譜』中央公論新社　中公新書　二五三九
(12) 落合淳思（二〇二〇・七）『漢字の構造—古代中国の社会と文化—』筑摩書房　中央公論新社　中公選書　一〇八
(13) 岡本隆司・石川禎治・高嶋航編訳（二〇二〇・八）『梁啓超文集』岩波書店　岩波文庫　青234—1

(14) 藤田昌志（二〇一〇）『日本の中国観―最近在日本出版中国関連書籍報告―（〇四・九―〇九・八）』朋友書店
(15) 藤田昌志（二〇一五）『日本の中国観Ⅱ―比較文化学的考察―』晃洋書房
(16) 藤田昌志（二〇一八）『比較文化学―日本・中国・世界―』朋友書店
(17) 藤田昌志（二〇〇七）『日中対照表現論』白帝社
(18) 藤田昌志（二〇一三）『日本語と中国語の誤用例研究』朋友書店
(19) 藤田昌志（二〇一七）『日中対照表現論Ⅱ―事例研究を中心として―』朋友書店
(20) 司馬遼太郎（一九八八）『街道をゆく　21　神戸・横浜散歩、芸備の道』朝日新聞出版　朝日文庫
(21) 勝海舟／江藤淳・松浦玲編（二〇〇〇）『氷川清話』講談社　講談社学術文庫

# 日本の中国観（十七）（二〇二〇・九―二〇二一・八）

## 一　序

安倍首相は二〇二〇年九月に退任した。次の菅義偉首相が安倍首相と同様に、順調に日米関係を続けられるかはわからない。トランプ政権下で日本は多額の兵器を買わされ不満が募っていたが、トランプは選挙で負け、バイデンが新大統領となった。菅義偉首相は二〇二一年四月一六日、米首都ワシントンのホワイトハウス（White House）で、ジョー・バイデン大統領と会談した。バイデン大統領は「私たちはインド太平洋地域で重要な二つの民主主義国家だ」と指摘。菅首相は「自由や民主主義、人権という普遍的価値で結ばれた日米同盟はインド太平洋地域と世界の平和、安定、繁栄の礎で、重要性はかつてないほど高まっている」と応じた。首相は「『自由で開かれたインド太平洋』の実現に向けた協力や地域のさまざまな課題、新型コロナウイルス、気候変動など国際社会に共通する課題に対応するため、じっくり議論して連携を確認したい」とも述べた。首相は一五日に米中西部インディアナ州インディアナポリスで起きた銃撃事件の犠牲者への弔意も表明した。（毎日新聞 二〇二一年四月一七日 〇九：一八 ネット記事閲覧。）

二〇二一年六月一一日から一三日までイギリス南西部のコーンウォールで三日間開催されたG7サミットは一三日、一連の日程を終え、討議の成果を取りまとめた首脳宣言を発表した。「コロナと中国」が主要議題で、G7の復活が求められた。首脳宣言では、来年までに新型コロナウイルスの感染を終息させるため、途上国などにワクチン一〇億回分に相当する支援を行うとしている。また中国の海洋進出などに深刻な懸念を表明し、台湾海峡の平和と安定の重要性に初めて言及したほか、東京オリンピック・パラリンピック開催への支持が盛り込まれた。（NHKウェッブニュース　二〇二一年六月一四日〇四：三三　ネット記事閲覧。）また、首脳宣言では、中国の巨大経済圏構想「一帯一路」への対抗を念頭に、途上国のインフラ整備に向けた具体的な支援の方策を検討するため、タスクフォースを設立し、ことしの秋に報告を求めるとしている（同）。アメリカ・イギリス・カナダは中国への強硬策を、ドイツ・フランス・イタリアは経済関係から温厚策をと、温度差がある。日本は基本的にアメリカ追従で、強硬策寄りであるのはいつものとおりである。もっとも、アメリカは単なる「アメリカ追従」ではなく、日本の「同盟国」としての具体的な行動を期待しているようである。招待国として、インド・オーストラリアが参加したのは、二〇一七年一二月、トランプ大統領の「国家安全保障戦略（National Security Strategy：NSS）」文書の踏襲であろう。菅義偉首相も二〇二一年四月一六日の、右の発言を確認した形だ。中国包囲網は築かれるであろうか。途上国のインフラ整備に向けた具体的な　支援策も、一九四七年のアメリカのマーシャルプランが米ソ対立、冷戦の始まりの象徴的支援策であったことを想起すると、いたずらな対立は、不毛な結果しか生まないであろう。「自由で開かれたインド太平洋戦略（Free and Open Indo- Pacific Strategy：FOIP）」が、「対中国包囲網」と同義なだけでは、中国の反発は必至であろう。G7中の、六月一二日、昨年一二月に無許可集会を扇動したとして禁錮一〇か月の刑を受けた香港の民主活動家、周庭さんが出所したが、無言のままであった。

二〇二一年七月一日、中国共産党は、北京天安門広場で、中国共産党創建一〇〇年記念の祝賀大会を開き、七万人が参加した。習近平総書記（国家主席）は、グレーの中山服（人民服）姿で天安門の楼上から演説し、「小康社会」全面達成を宣言し、我々をいじめ、抑圧し、奴隷にしようとする外部勢力を中国人民は絶対に許さず、そうしようと妄想する者は、「十四億人の血と肉でできた鋼鉄の長城に頭をぶつけ血を流すだろう」と述べた。また、台湾統一は党の歴史的任務であり、香港で国家安全法制を着実に実行し、中央の全面的な管轄統治権を実行する（京都新聞　朝刊【北京共同】二〇二一年七月一、二、三日　閲覧。）と述べている。中国にとって、経済発展は国内安定の上で至上命令であるから、「一帯一路」政策等は堅持し、政治は中国共産党の指導・支配のもとに、世界一流の軍隊を実現し、国家主権を守る、他国には内政干渉させないというのが中国の基本的な立ち位置であろう。今後、欧米・日本の「人権」「自由」「民主主義」と中国の関係が、対立に基づくのか、協調に基づくのか、世界の安定の上で必須の課題である。「小康」は「大同」へ向かうべきである。「大同」は区別、差別のない、道徳が中心となる社会である。

以下、この一年間、日本で出版された中国関連書籍によって、今年度も、日本の中国観を考察してみたい。

## 二　日本の中国観研究（二〇一七・九―二〇一八・八）

### Ⅰ　社会関連書籍（政治・経済を含む）考察

**六四回顧録編集委員会（二〇二〇・一〇）『証言　天安門事件を目撃した日本人たち「一九八九年六月四日」に何が起きたのか―』ミネルヴァ書房**

大半、大企業や大手マスコミで働いていた人々が、中国の北京で一九八四年「六・四事件」に遭遇した際の自らと周りの状況を回顧した本。中国不可知論（人口は膨大、歴史も古く事情は複雑八八頁）や社会主義＝中国への根本的疑問（一四〇頁）などが述べられているが、主流は、六・四事件後、「権威主義的資本主義の固定化」（二一四頁）が継続し、今後もさらに継続するだろう、それは許せないという西側の「自由と民主主義」の立場からの論で、いわゆるチャイナ・ウォッチャー的視点が顕著である。日本の中国観は、日清戦争以来、自分のことは棚に上げて、中国をどうこう言う点では、不変なのではないかと思いたくなるものが多い。

六・四事件の背景には、一〇年余りに及ぶ「社会主義的市場経済」の導入で生まれた貧富の格差とともに、党・政府官僚の「官倒（官僚ブローカー）」の跋扈への不満の蔓延（二七七頁）やゴルバチョフ訪中（五月一五日～一八日）と当時の世界的「民主化」の潮流がある。

習近平時代に入って以降、崩壊の兆しが見えない党支配を前に、皇帝政治文化＝強大な権力者と一部エリート官僚による精鋭政治に慣れ親しんだ中国人は、西欧型「民主」とは異なる価値観を受容するといった解釈や、中国の権威主義体制は、民主化への過度期にはならず、永続するといった分析が広がりつつあるように見える（解題　二八八頁）が、「六・四事件」の五〇日間、中国人は、世界的な潮流の中で、「民主と自由」を追い求めていた（同）とする。現在、日本の基本的中国観の一つを本書は代表している。そのあとを、「中国社会の長期に及ぶ変遷周期は、一個人のライフスパンでは測り知れないのかもしれない」（同）と続けるのは、本書が日本的な、偏しないことを採る、中国不可知論的チャイナ・ウォッチャーの視点に立つことを象徴的に物語っているのではないだろうか。

**張雲（二〇二〇・一二）『日中相互不信の構造』東京大学出版会**

本書は、日・中・米という三カ国関係の視点から、日中関係を日本語・中国語・英語の日中関係文献を通して再検討している。また、日本の知識エリートの対中認知（第3章、第6章。日本→中国）、二〇〇〇年からの中国の対日外交政策の知的基礎（第2章。中国→日本）と両国の相手国への考察を両方、相対的に行っているのは新しい視点であり、比較文化学的である。

日中誤認識形成の仕組みの原因は、自国と米国との関係を良好にすることで、相手国の潜在的脅威を管理できる（八九頁）と認識してきたことにあり（同）、二〇一〇年の漁船衝突事件の際も、解決のための外交努力は、当事者の日中間ではなく、日米間と米中間で行われており、真のゲームは後者で行われた（一五三頁）。

日中間の相互戦略軽視は、冷戦下に始まったわけではなく、第一回目は、日清戦争の時に、第二回目は第二次世界大戦中に起こり、第二回目の時、日本は中国を欧米と戦うための経済的後方基地とし、日本の対中認識はほとんど傲慢と軽蔑の念で占められていた。中国の蒋介石も国内に〝攘外必先安内〟を呼びかけており、真の脅威は、日本ではなく共産党として、日中両国は真剣に相手国の研究をしたことがなかった（二八六頁）。米中関係と異なり、日中関係では、理論・戦略研究と地域研究が著しく乖離していると張雲氏は言う（二九〇頁）。過去のイデオロギー・党派性の対立に起因するのであろうか。二〇一六年以降、日中関係は急速に改善してきた（二九八頁）と言うが、一般の意識には、その実感がない。やはり、米中関係の「米側」（勝手に日本が創り出している米側の中国像）につくのが、日本の立ち位置だからであろう。

**副島隆彦（二〇二一・二）『アメリカ争乱に動揺しながらも中国の世界支配は進む』ビジネス社**

副島隆彦は「アジア人どうし戦わず」を標語として掲げる（六六頁）。このことは一貫している。十年前、中国を見下し、バカにして「貧乏な国、貧乏な国」と蔑んでいた人々が、この五年で態度を変えて最近は「中国が日本を占領する、乗っ取る」と言い始めた。自分たちの中国イメージを変更して少しも不思議と思わないとこの人は歯に衣着せずにそれら中国蔑視論、中国脅威論を批判する（二二四—二二五頁）。

現在、アメリカでは、中国敵視が高まり、アメリカで暮らす多くの中国人がスパイだとみなされる状況下で、アメリカへの大きな幻滅が中国人の間で急激に広がっているが、それは一九一九年、山東半島の領有権を主張し、居座った日本への批判が五四運動で高まったのと非常によく似ている（四五—四七頁）と副島氏は言う。

習近平氏は、汚れた江沢民率いる上海閥（もともと、習氏が属していた）と自由と民主主義を追い求める共青団の李克強氏らとのバランスを取りながら、政権を運営している（二〇〇頁）。習近平氏は権力のトップの座に就くと、腐敗一掃を目標に、汚れまくっていた共産党の大幹部たちを六万人くらい処分したが、そのトップは上海閥につながる周永康で、周永康が政法委員会という公安警察を率いて恐ろしい人民弾圧を行って、中国国民から本当に嫌われていたのを、習近平氏は二〇一五年、無期懲役にし、中国民衆は喜んだ（七三—七四頁）。それによって、習近平氏は権力基盤を固めることができた（七六頁）。

この本のタイトルである『アメリカ争乱に動揺しながらも中国の世界支配は進む』とは「世界支配」（筆者注：比喩的に、中国が世界で一番になることを言っている。）には、一党独裁体制では無理で、それは習近平氏もわかっており、中国は民主政治に梶《かじ》を切るしかなく、二〇二四年に中国がデモクラシー体制への移行を実行に移すと副島氏は言う（二〇八頁）。今の李克強首相を中心とする勢力は、中国共産党から出て行って、中国民主党を作り、野党となり下野して、自分たちの国民政党を作り、それから五年くらいで普通選挙が導入されれば、李克強氏たちは中国の民衆、庶民思いであるから必ず、政権を取る（二〇八頁）と副島氏は予測する。こうした中国の将来予測をする人を寡聞にして、ほかに知らない。硬直した中国「独裁政治」全面否定論とは異なる、ユニークで、明るい展望の中国論である。

**安田峰俊（二〇二一・五）『八九六四　完全版　天安門事件から香港デモへ』KADOKAWA　角川新書K―358**

安田峰俊氏は一九八二年生まれのルポライターで、本書の元の単行本（二〇一八）『八九六四　「天安門事件」は再び起きるか』ＫＡＤＯＫＡＷＡ　で二〇一八年に第五回城山三郎賞、二〇一九年に大宅壮一ノンフィクション賞を受賞している。一九八九年六月四日の天安門事件について（「独裁国家中国」の）中国当局が「悪」で、民主化運動が「善」であるという「紋切り型」のメッセージではなく、当事者十数人の目から見た天安門事件の姿と、その後の彼らの生きざまを述べている（三六頁）のが受賞に結びついたであろうことは想像に難くない。

一九八九年の天安門事件は、かつての日本人が漢字や伝達文化のイメージから中国に抱いていた素朴な敬意や親近感、中国の若者の純粋さへのあこがれといった感情を色あせさせた、最初のきっかけであった（二四三頁）。香港には、現在、自分を「中国人」としてより「香港人」として考える者も多い（二四三頁）が、「反中国」の動機から天安門追悼運動に参加していた者は、近年、香港の民主化を唱えるべきだという考えに推移していた（二四二頁）。

「逃れる者、忘れる者、寝返る者、あくまでも戦う者、かつて三〇年まえの八九六四の後、デモの参加者たちは、さまざまな人生の選択肢を突き付けられ、やむを得ず、各人なりの答えを選ばざるを得なかった。いま、香港の若者たちもまた、同じ問いに直面しようとしている」（三八三頁）という言辞で安田氏は本書を終わっている。

Ⅱ　語学・文学・歴史・哲学関連書籍考察

**臼井勝美（二〇二〇・九）『満州事変　戦争と外交と』講談社　講談社学術文庫2626**

本書は一九七四年に中公新書として刊行されたものである。満州事変、上海事変という二つの戦争を対象としているが、東北地方における戦争である満州事変は、中国北洋軍閥時代の軍閥戦の性格を多分に持ち、上海事変は、新しい民族的抵抗戦のタイプをつくりあげた（あとがき　二一五頁）。満州事変が日本軍の些少な損害で、広大な東北地域を支配しえた一因は「張学良軍閥の自己保存への打算と、学良配下の小軍閥の裏切り」（同）であり、それは蒋介石国民党政府についても言えることで、「日本の侵略に対し軍閥的発想が優先された」（同）のである。これに対して、上海事変は、民族的抵抗が、局地的にであれ、形成され、日本軍の多大なる損害と撤退は、「この中国の新しい抵抗戦のため（同）」であると臼井氏は述べている。

五年後の、一九三七年、盧溝橋事件勃発の際には、満州事変タイプをとるか、上海事変タイプをとるかの判断が全面戦争展開への大きな分岐点となり、軍を含めた日本の支配層は、いわゆる「一撃論」をとった、それは満州事変タイプを予想し期待したからであるが、現実は上海事変タイプの戦争となり、日本は中国から全面撤退するという敗北を経験しなければならなかった（あとがき　二一五―二一六頁）。臼井氏はこの二つの戦争論は試論の段階を出ないと言うが、新しい民族的抵抗戦に注目しているのは、歴史の事実に即している。

満州では、満鉄の不振による在留邦人の危機感が深刻になり、万宝山事件、中村大尉殺害事件などの突発的事件が緊張を高めたが、問題の本質は「国権回復を呼号する中国ナショナリズムが満蒙をも包括するかたちで日本への対決を深めた点であった」（三九頁）から、日本の敗北は、中国の民族的抵抗、中国ナショナリズムを、日本が極端に軽視、蔑視した結果であろう。

関東軍の実力行使を歓迎した奉天の二万数千人の在留邦人。それと対照的に、九・一八直後、列車に満載されて恐怖の奉天を離れ、平津地方へ逃れた約一万人の中国人（五九頁）。日本人の熱狂の乱舞を「水のやうに冷か」に見守っている四〇万人の奉天の中国人（一〇三頁）。最も悲惨な運命をたどった者に、鉄道沿線や撫順付近で農耕に従事していた朝鮮人農民がいる（同）。

一九三二年三月五日の『朝日新聞』の論説は、注目すべき点、「日本の軍事行動の意図が、イギリス人やアメリカ人が推察するような中国本土の征服の念にかられたものでなく、打算的な欧米人の理解しえない「日本のプレステッジ」に基づくとした点」を含んでいるが、「日本のプレステッジ」とは「軍の威信、ひいては日本の威信」と解釈することができようと臼井氏は述べている（二〇一頁）。ここに、日本のアジア主義の一端が象徴的に表現されていると言えよう。

**小森陽一（二〇二〇・九）『読み直し文学講座　夏目漱石『心』を読み直す　病と人間、コロナウイルス禍のもとで』かもがわ出版**

夏目漱石の『心』という小説を、日清戦争が大日本帝国と日本人の生活をどのように変質させたかという視点から読み解いた（あとがき　一一四頁）のが本書である。

日清・日露戦争で感染した傷病兵が腸チフスを日本国内に持ち帰り、『心』の「先生」（東京帝大出身。東京帝大は日清戦争まで、唯一の帝国大学。）の両親も相次いで腸チフスで死去する（六六頁）。父親の財産をすべて現金に換えて銀行に預け、日清戦争公債とともに受け継いだ「先生」は働く必要のない利子生活者（＝高等遊民）となる。日清戦争軍人遺族の未亡人とその娘の家に下宿した「先生」は、生活の更なる安定（軍人恩給と銀行利子だけではおぼつかず、下宿屋をしていた。）を求め、「先生」と娘の結婚を望む未亡人の希望もあって、娘と結婚する。しかし、「先生」は、同郷の幼馴染の「K」の娘への「恋愛」感情を「精神的に向上心のないものは馬鹿だ」と言い放ち、否定し（一〇七頁）、「K」はそれを苦にして自殺する。「先生」は自らが「K」を自殺に追いやったと自責の念に駆られ、鎌倉海水浴場で沖へ泳いで行き、自殺した（と思われる）。

小森氏は、「先生」の利子生活を可能にする前提条件として、日清戦争における高額の日清戦争公債の利子を挙げ（八一頁）、日清戦争で莫大な戦争賠償金（三億テール。当時で五億円。日清戦争の時の一円は今の一万円。当時の五億円は、現在では五兆円に相当する。）、及び三国干渉による領土返還の見返りとしての清国からの収入を得た日本人は「戦争をすると儲かる」という考えを持ってしまった（八一—八二頁）と述べている。合計五億テール（筆者注：現在価格で八兆四千億円。）、日清戦争で儲けた大日本帝国はその金で、京都帝国大学を創り（一八九七年）、金本位制に参入し（一八九七年）、夏目漱石は、文教予算が増えた、そのおかげで、第一回官費留学生としてロンドンに留学した（八二—八三頁）。

日清戦争を日本近代の戦争の起点とし、重要視することの必要性は、他の識者からも指摘されつつある。従来は日露戦争の陰に隠れて、日清戦争の重要性は看過されていたきらいがある。日清戦争によって、日本の中国観は「頑迷固陋」の中国から、「国家形成能力のない中国」へと内実が変化した。（筆者注：松本三之介氏（二〇一一）による。）日清戦争は、日本近代の、日本の中国観の分水嶺である。時代と文学の関係を論ずる研究手法は、清水多吉氏や前田愛氏と通じるものがある。文学は総合的に、比較文化学的に社会との関係で論じるべきである。分析的、タコつぼ的な従来の研究手法は、国際化時代には、時代にそぐわない古いものとなっている。小森陽一氏の弟子、孫軍悦による、（二〇二一・二）『現代中国と日本文学の翻訳』青弓社刊　も、同様の、日本文学と現代中国の関係を不可分なものとする、新しい文学研究の書である。

**上野誠（二〇二〇・九）『万葉集講義　最古の歌集の素顔』中央公論新社　中公新書2608**

本書は『万葉集』が「素朴でおおらかな歌々を集めた歌集である」ということを打破することを主張している（三頁）。上野氏によると、『万葉集』は東アジア漢字文化圏の辺境の歌集であり（二一頁）、多くは宮中の中で発達した歌々である（六〇頁）が、律令国家形成期の文学であることから、高い儒教的倫理規範が求められ、公平無私の心を持って「士」として生きることが求められた律令官人の文学としての側面が『万葉集』には見受けられる（八六頁）。『万葉集』には「歴史」「四季」「地理」「発想・技巧」という四つの分類志向があった（一七八頁）が、『古今和歌集』以降のやまと歌は「あや」（＝文学）を求める文学となり、花鳥風月の四季への関心がやまと歌の世界の中心となっていった（一八〇頁）。

日本は「漢字」の学習によって東アジア漢字文化圏に組み入れられたが、日本語の歌には①五世紀以前の人々が口から耳、耳から口へ歌い継いでいた日本語の歌々②中国の『文選』という書物――という二つの淵源があり（二一八頁）、『文選』が選ばれたのは、中国で群を抜いて権威のある「集」であったからであり（二二一頁）、『文選』を学ぶことは、中国の古典の総体に触れることであり（二二四頁）、『万葉集』及び日本の古典は、中国の詩文集『文選』を踏まえて作られていたものである（二二六頁）。

中国文化が日本という島国に入って日本化が始まったのであり、政治制度、文化も同じで、日本は翻訳文化と改良文化の大国で、導入したものの翻訳と改良にこそ、日本文化の創造性がある（二二八頁）と上野氏は言う。

東アジアの漢字文化圏の一員となることは、日本の生き残り戦略上、必要不可欠な選択で、現在のグローバリズムの波と同じで、グローバル化への大きな「同調重圧」が働くことになる（二三〇頁）。「同調重圧」が強くなるほど、ローカル化への同調重圧（＝日本回帰志向）も強くなっていく（二三〇頁）。『万葉集』ができた時代は、政治などのすべての機構を隋唐から学んだ時代で、律令官人は「古＝中国」「今＝日本、私」という軸で、やまと歌を作ろうとし、『万葉集』の日本挽歌や倭歌は、漢詩を意識して作られた歌である（二三一頁）。明治の欧化時期の正岡子規の俳句、短歌の革新運動（万葉集の重視）、岡倉天心の文化財保護と日本絵画の革新の指導・古代と日本の美術の礼賛、内村鑑三の武士道的キリスト教も「心のバランスをとろうとした」結果、日本回帰志向を持つにいたったのである（二三〇―二三二頁）。

上野氏が本書を世に問う理由は、次の一言に尽きると言う。「『万葉集』そのものが、東アジア漢字文化圏の同調重圧の中でもがき苦しんだ先祖の文学であったということを、少しでも多くの人々に知ってほしかったからである」（二三四頁）。歴史は繰り返す。対外指向と対内指向は本来、一体のものであった。

### 日中対照言語学会編（二〇二〇・一〇）『日本語と中国語の副詞』白帝社

本書は、日中対照言語学会が数年に一回、刊行している、六冊目の特集号である（まえがき・i）。言語研究で扱われるテーマは、アスペクト、可能表現、ヴォイス、モダリティなどの汎言語的に論ずることができるものと、補語のような各言語ごとに異なる枠組みが存在するものがある（同）。

品詞は、各言語ごとに考えるべきものの一つである。日本語、中国語どちらにもあるからといって、同じ品詞に属するとされる個別の語をそのまま比べてしまうと、比べ方によっては混乱が生じてしまう。それを避けるには、一方の言語のある語句で表される内容が、他方の言語でどのように表されるか（表されないか）を見るなり、使用される場所や意味、機能により取り上げるべき範囲を限った考察をするなりしなければならない（まえがき　ii）。

本論文集は、副詞について、連用修飾語という単一の機能を両言語で持つ、その内実の複雑さ、「必ず」との共起の関係からの副詞「必ず」の説明、「たしかに」、オノマトペなどのある特定の副詞・連用修飾語の意味・用法・効果を追求する研究、〝一点儿〟〝有点儿〟の違いを調べる中で、他の副詞との共起の有無を調べる論文などが収められている。拙稿「副詞加訳（日→中）論」も収録していただいている。一方の言語（日）で表されない副詞が他方の言語（中）で表される場合の、頻度数ランキングと典型例について論じたものである。

日本語と中国語の対照研究は、両言語を平等、対等に見るために、重要な言語研究である。日中対照言語研究の進展によって、日本語教育、中国語教育は現在、行われているものから、より知的で、内容の深い教育、母語との関係を意識して行う外国語教育に姿を変えていくことであろう。

**中村隆文（二〇二一・一）『世界がわかる比較思想史入門』筑摩書房　ちくま新書　一五四四**

本書で古今東西の思想を学ぶ意義は、自分や相手を理解するための枠組み（フレーム）を多種多様で柔軟性を備えたフレームにし、「あの人はなぜそう考えるのか?」「あの人はなぜあんな言い方をするのか?」と問いかけ、いろんな角度から（自らや自らと異なるものを）理解することにある（はじめに　一五頁）。単純な認識フレーム（「〇〇人は〇〇だ」等）ではなく、多種多様で柔軟性を備えたフレームを持つために、比較思想史を学ぶのだと言う。結構なことである。従来の分析的学問では、「日本」や「中国」の、更に狭い分野しか扱わないから、フレームの多様性、柔軟性を持つのは、グローバル時代には必要なことである。

**第4章　中国思想**　では、中国思想の特徴を①「天」の思想②「道」の思想③中華思想――に見出し（一二一頁）、世界の中心的文化圏（中華）では、天命を授かった君主（天子）が天下（現実）を治める（同）。中国の「天」（非人格的実体としての「天」）の思想は、日本にも痕跡が見られるが、日本の「天」の思想は、日本古来の神様・仏様が「天」から監視されているというもので、中国の、非人格的な実在としての「天」とはニュアンスが異なる（一一二頁）。

朱熹の「性即理」においては、心静かな状態の「性」が崩れると「情」になり、更に「欲」になって理に適った道から外れることになる。「自然の本性（本然）こそが天理であり、情に流され、欲に溺れないために、自分自身を知り、自身を制御できるよう学問を治めることを推奨する（一三六頁）。明代の儒者であり、陽明学の開祖である王陽明は、南京の儒学者（心学）、陸象山の唱えた「心即理」を継承したが「心即理」は、朱熹の「性即理」へのアンチテーゼであり、自身について深く知ること（致良知）を説き、更に「知行合一」の実践主義を説く（一三六―一三七頁）。陽明学は科挙に合格するようなエリートだけでなく、市井の一般人も日々の実践によって「理」を極められるとし、朱子学をエリート主義的な差別主義と批判した（一三七頁）。

**第5章　日本思想**　では「日本文化の根幹は、神道と仏教だ」というのは、間違いではないが、日本には多種多様な神々・宗教・思想が混在し、本地垂迹の下、日本の神々は「仏」の変わり身として人々に信仰され続け（一四八―一四九頁）、日本の儒学も石田梅岩『都鄙問答』に見られるのように、中国の朱子学で「欲」の存在として商人が蔑視されがちだったのと異なり、「士農工商ともに天の一物なり。天の二つの道あらんや」（『都鄙問答』巻二）というように、商人も天下を構成する一部分であり、大きな道に沿った形で天下泰平に貢献できる存在である（一六二―一六四頁）と日本的展開を遂げた。「官」と「民」が断絶していた中国とは異なる、日本社会の在り方がうかがい知れる。

「わび」「さび」「幽玄」なども日本独自の精神性をよく示すものである（一六九―一七一頁）として取り上げ、説明している。

広い意味での「比較」は優劣をつけけるためではなく、多種多様で柔軟性を備えたフレームを持つために行うと言えるであろう。

**孫軍悦（二〇二一・二）『現代中国と日本文学の翻訳　テクストと社会の相互形成史』青弓社**

「現代中国」と「日本文学」を密接不可分なものと考える本書（まえがき　一六頁）は、総合的という点で、比較文化学的な書でもある。現代文学の範疇だけにとどまっていない。

日本人と中国人の「連帯の共闘」を一九五〇年代から六〇年代の「日中友好」の底流にあったものと考える著者の孫軍悦氏は、清水美和氏や横山宏章氏の、「加害者としての少数の日本帝国主義者」と「被害者としての多数の日本人民」の区分を単に、毛沢東や周恩来の「外交戦略」とみなす観点を、新たな関係性を日本と築こうとする中国政府と民衆の並々ならぬ意志を「無視」するものであると否定する（八四頁）。

一九八〇年代の、「推理小説」という名による、かつての（一九二〇年代的な「探偵小説」の）換骨奪胎（一七八頁）は「階級性」と異なる新たな文学批評基準の模索（一七四頁）であり、曹操の「文学」概念の、儒教のそれからの換骨奪胎を想起させる。歴史は繰り返す。

「翻訳」を「他者を語ることによる自己構築」（まえがき　一六頁）と考える筆者は、「連帯」「よりよい生を希求する人間同士の強い絆」を重視し、「翻訳」をその契機ととらえる。日本では中国の文学と政治の関係が単純化されていて、政治に従属してプロパガンダになるか、政治に抵抗して出版禁止になるか、あたかも文学の運命がこの二つしかないように考えられがちで（三五二頁）、すべての問題をいわゆる「全体主義的一党独裁」の政治体制に固有のものと考え、「異形の大国」としての「中国像」に固執する言説が回避し続けているのは、むしろ「他者に映し出される自己像ではないだろうか」（三五三頁）と言う。孫氏のこの言辞は、現在の日本の中国観の一つ＝偏狭な、決めつけの中国観への厳しい批判となっている。

「翻訳」を二つの言語能力を持つ主体による「同義語」の「同定作業」として捉えるより、作者が言おうとするものに対する訳者のそのつどの「解釈」として理解したほうが翻訳の実態にはるかに近い（三二二頁）と著者は言うが、翻訳のすべてが「同義語」の同定作業という、一対一の対応とその同定作業＝直訳で成り立っているわけではない。フロイト流の夢作業に倣い、翻訳作業を原テキストがほかの言語に「転移」する過程ではなく、無意識的欲望が原テクストの上に「転移」する過程として考え、「翻訳」テクストを隠蔽された欲望の表出として、抑圧されたメッセージを伝える媒介として捉える（三三五頁）のは、すべての翻訳作業、翻訳テクストをそう捉えるのなら、スラヴォイ・ジジェク（二〇〇〇）『イデオロギーの崇高な対象』の牽強付会とのそしりを免れないであろう。言語がロングとパロールの両面を持つことを考えるべきである。翻訳論は、言語学・外国語学と文学の思想論・翻訳論の両方の視野を持って、比較文化学的に行われなければ、狭小な理論のあてはめに終始することになり、大方の理解は得られないであろう。

## Ⅲ　文化・比較文化関連書籍考察

**廣部泉（二〇二〇・九）『黄禍論　百年の系譜』講談社　講談社選書メチエ　七三四**

日本の中国観と中国の日本観はペアであるが、欧米の「黄色人種」（日本人、中国人等）観と「黄色人種」の欧米観もペアである。本書は、欧米の「黄色人種」観の典型の一つである黄禍論の歴史と現在の展望（アメリカ黄禍論の再実現の可能性）等について述べている。

一八九〇年代半ば、ドイツ皇帝ヴィルヘルム二世が唱えた黄禍論は大きな影響を与え（一六頁）、ヨーロッパ文脈の黄禍論となったが、それがアメリカ東海岸に伝わり、カリフォルニアのゴールドラッシュに端を発した中国移民のカリフォルニアへの流入が契機になって、排日運動と相まって、アメリカ的黄禍論が作り出されている（二一、四七頁）。

それら黄禍論は、日清、日露戦争による日本台頭への不安・反発によって増幅されたが、一九二四年には、アメリカで「排日移民法」が制定され、「帰化不能外国人」＝実際は日本人の移民、が禁止された。それは一八八二年の中国からの移民を禁止する中国人排斥法を踏襲するものであった（七〇頁）。日本では、黄禍論に対して、対抗措置として、近衛篤麿の「同人種同盟」（欧米列強に対抗して、日本と中国が同盟するべしという）が設立され、反米的アジア主義団体が設立された（七八頁）。もっとも当時の日本政府は反米的アジア主義団体を支援することはなかった。

黄禍論とは、著者によると、日本人や中国人といったいわゆる「黄色人種」という異質な存在がその数の多さでもって、白人国である欧米列強に脅威を与えるという考え方（七頁）である。この五〇年を見ると、日本経済の発展による一九八九年のソニーのコロンビア映画買収や三菱地所がロックフェラーセンターの支配権を握ったことなど（二九八頁）は、アメリカ的黄禍論を引き起こした。

日本経済の退潮とともに、「ジャパンパッシング」（日本素通り。欧米の政府や起業が日本への関心がないこと。）と言われ始め（二一一頁）、日本の国力が低下した結果、日本脅威論退潮傾向の中で、二〇〇一年九月一一日、米国国務省などへのテロ攻撃である同時多発テロが起こっている。アメリカの敵は日本からテロへとシフトした感がある。

二〇〇九年、鳩山由紀夫首相の「東アジア共同体論」や岡田克也外相のアメリカ排除発言にアメリカ国務省キャンベル次官補は懸念を表明した（二一七頁）が、それは長きにわたって息づいてきた黄禍論の流れの中にあると言える（二二〇頁）と著者は言う。

戦争に巻き込まれかねないという従来の日米同盟の危険性は、トランプ大統領の出現によってアメリカが日本有事の際に助けてくれないかもしれないという根本的危惧を日本側に生じさせ、その対抗手段として①核武装②日中同盟論が出てくるかもしれない（二三二頁）と著者は述べている。著者は「二一世紀に入り、アメリカは、一九世紀に誕生した黄禍論の亡霊という恐怖を自らの手で現実のものとしてしまうかもしれない」（二三一頁）という言葉で本書を終わっている。アメリカの中国バッシングは、大統領によって内実に幅が生じるようである。

**吉野裕子（二〇二一・四）『陰陽五行と日本の民俗』新版　人文書院**

本書は、吉野裕子氏の『陰陽五行思想からみた日本の祭り―伊勢神道祭祀・大嘗祭を中心にして』（昭和五三年　弘文堂刊　全集第三巻所収）の第二のテーマである「古来、日本の為政者は中国にならい、順当な四季の推移の祈求に熱心であった。自然の移り変わりに対する人為的の促し、それが日本の祭りと歳時風俗のきめてになっている場合が非常に多い。同時に災害に対する呪術にも、五行の法則が到る処に使われている」という副主題を前面に据え、改めてテーマとしたものである（序　一―二頁）。従来、注目されなかった陰陽五行による民俗の考察を行うのが本書の特徴である。

もちろん、日本民俗の中には陰陽五行よりはるかに古い原始信仰や種々の要素が混在しているが、従来の視点に全く欠如していた陰陽五行を複雑多岐にわたる日本の民俗の中から、あえて抽出して考察した結果が本書である（序二頁）。

印象的なものをいくつか挙げよう。『禮記』月令の中の〝磔〟を「犬の磔《はりつけ》」と解した著者は「木気の春を無事に迎えるために、木気を害《そこな》う金気を剋《こく》する方法として金畜《きんちく》の犬を都城の門に磔にするという残酷さは、日本民俗にはないものであった。しかし日本人は、その原理は忠実に受け入れ、それよりはるかに温和で、手近な手段によって同一効果を狙うのである」（おわりに　二九五―二九六頁）として、「つまり犬と同様に金気とされる豆とか穀類、及びそれらからつくられる豆腐とか餅などが火で焼かれたり、外に投げ出されたりして剋されるのである」（二九六頁）（＝「火剋金」）と述べている。

災害に対する呪術では、陰陽五行において「風」は木気に還元されるから「金剋木」の理により、金気で風神を剋するのであると述べ（二九六頁）、鎌（＝金気。手近で大きさも程よいことと、蛇＝風＝木気は金気の「鎌」に当然、負けるので、「鎌」が風を撃つのに最適の呪物と考えられた結果であろう（一五〇―一五一頁））に「血がついている」（風切鎌。風が強く吹いてくると、草切鎌を屋根の上とか竿先に縛りつける習俗。東北から中国地方に広く分布する。こうすると風は弱ると伝えられていた（一四五頁）。）というというのは、蛇を風に見立てている証拠であって、「風としての蛇と、金気の鎌との死闘」ということであろうとしている（一五一頁）。

その他、「鯰《なまず》」（＝地震を起こすと考えられていたもの。鯰は破壊とその後の建設、繁栄の両義性を持っていた。）への耐震呪術について、陰陽五行から次のように考察している。木火土金水の五字は貌・視・思・言・聴で、「思」は中央の土気に配当され、「鯰」の「念」は「思うこと」であるから、「鯰」は土気である（一一三頁）。鹿島大神は日本の東端、常陸の神で雷神でもあり、陰陽五行で「東」の方位、鹿島大神も「雷」もいずれも木気であり、土気の鯰は鹿島神に一たまりもなく負ける（＝木剋土）。瓢箪《ひょうたん》も木気で、鯰絵（＝鯰を鎮める絵）は「木剋土」（鹿島大神と瓢箪の木気で鯰の土気を押さえる＝陰陽五行による耐震呪術）ということになる（一一二―一一三頁）。（また、土気は「土生金」の理で、金気、、つまり黄金を生み出す。鯰絵の「世直し鯰」が、大量の大判小判を口や腹から吐き出しているのは、この「土生金」の理に拠っている。（一一六頁）今日に残る鯰絵の中で多く見られるのは、鹿島大神によって「要石《かなめいし》」で取り押さえられる鯰であるが、石＝金気で「金剋木」の理で、木気の地震神（鹿島大神、タケミカツチノ神は雷神として聞こえている）は「石」によって鎮められるのである。「石」から、織田信長によって安土城の基礎に埋められた「蛇石《へびいし》」を想起する。「蛇石」も耐震呪術ではないかと私は想像をたくましくする。大徳寺退蔵院、如拙作、国宝「瓢鯰図」も瓢箪＝木気で鯰＝土気を捕まえようとする（＝木剋土）陰陽五行による耐震呪術ではないだろうか。

　黄色及び赤色の呪術（稲荷信仰と黄色）（二〇七—二〇八頁）。中国の『説文《せつもん》』（一二一年後漢、許慎撰）に狐に三徳ありとし、その第一項に「其色中和」とあって、徳の第一に狐の色＝黄色が挙げられている。黄色は陰陽五行で、木火土金水のうち、「土気」を象徴し、徳性は「円満」。『説文《せつもん》』の「中和」とは土徳＝円満のことである。よって、狐は毛が黄色くて円満、その故に尊いということになる。

　黄色の狐信仰は、中国の唐初以来、隆盛を極めたが、その背景には、中国農村で五行の中の土気が尊崇されたこと、全身、黄色の狐は土気象徴の化身として信仰の対象となった。狐信仰は豊穣の神「稲荷」として顕現する。稲荷を土気象徴の狐神と捉えれば、赤い鳥居、赤い幟《のぼり》、赤飯、油揚げは「火生土」の理によって、黄色の狐神を生み出す「火」の赤色ということになる。油揚げは同色の故を以って狐を扶ける力がある（二〇七頁）。

　「二月初午《はつうま》」という祭日は、二月は木気、午は火気で、この日は「木生火」「火生土」の「相生」の理によって、土気の狐神顕現にもっともふさわしい日ということになる。その日は京都伏見稲荷神社の祭日で、京都では二月初午のころに間引き菜である「畑菜」の「炊いたん」（煮物）を食べる風習がある。菜の花のおひたしに代わる、春の訪れを告げる、春の息吹を実食する風習であろう。

過去の日本文化理解には、当時の人々の信じていた陰陽五行の中国哲学の理解が必須であり、そうした比較文化的理解なしには、形骸の踏襲による表層的理解しかできないであろう。近代主義は、過去の理解を迷信で片づけたが、アメリカ流拝金主義が地球温暖化の元凶であることを考えた時、過去に謙虚に学ぶ姿勢が必要であろう。それは過去の「再認識」であり、近代批判に通じる、もっとも確かな方途である。

## Ⅳ　その他の書籍考察

**八幡和郎（二〇一一・四）『日本人のための日中韓興亡史』さくら舎**

八幡和郎氏は元通産省、国土庁勤務。四六歳で退官し、現在、徳島文理大学大学院教授を務めるかたわら作家、評論家として活躍中。（本書奥付の「著者略歴」による。）

本書は、日中間の「通史」であるが、主張の根拠となる論文、書が注の形で挙げられていないので、論評がしにくい。中国や韓国についての評論物はこうした本が多い。

イギリスから通称を要求されたとき、清の乾隆帝が「地大物博」（土地が広く物が豊か）であるから貿易は必要ないと言ったのは象徴的で、明や清は中華思想ゆえに、海外から積極的に何かを学ぼうという姿勢が乏しい（二一三頁）と言う。こうした乱暴な主観的な論を述べるから、最近はテレビで見かけることがめったにないのであろうか。ある言辞と主観的「姿勢」を関係づけるには、慎重さが必要である。

「朝鮮政府では大院君と閔妃《ミンビ》が清国と日本をそれぞれバックにつけて対立し、壬午軍乱、甲申政変、甲午農民戦争が起こる過程で、大院君が清国→日本、閔妃は日本→清国と組む相手が変わるなど、国益より自分の権力を優先する愚行をくり返した」（二九〇頁）。こうした既述の仕方もデリカシーに欠ける。たとえ正しいとしても「愚行」などの表現は余計であろう。

江戸時代は暗黒時代だと理解している（二五一頁）と言い、【江戸時代の不都合な真実ベスト10】を挙げているが、⑥教育レベルが低く識字率が高いというのも嘘では「識字率が高いというのは、中国や朝鮮で数千字の漢字ができる率より、日本で仮名ができる率が高いというだけである。」（二五三頁）と言い、「庶民が学べる中高等機関もなかった」（同）と言うのは、従来の寺小屋教育の真実（＝読み書きそろばん。読み書きはひらがな、カタカナのみ。）の姿を物語っているのかもしれない。

日中国交回復後の日本外交の展開については、アジア諸国の経済発展を助けて平和を維持し、日本に対する感情を改善し、市場として活用していこうとすることであった（三〇七頁）と述べているのは正しいであろう。「しかし、アメリカの自国の利益優先、中国の予想以上に速い成長と覇権主義、韓国の客観的な国益でなく情緒的な反日・反米も混乱要因である」（三〇八頁）と述べるのは、正しいとしても相手の反発を買うものの言い様である。日中韓では、相手の文化、政治文化についての無知に基づく発言が無用の齟齬をきたすことが多い事実に注意すべきであろう。

**天児慧《あまこさとし》（二〇二一・五）『中国の歴史11　巨龍の胎動　毛沢東と鄧小平』講談社　講談社学術文庫　二六六一**

単なる歴史ではない、中国社会の行く末に思いを馳せた書である。

著者、天児氏は鄧小平時代と習近平時代の違いを大きく三つにまとめている。第一に、鄧小平は「先富起来」＝先富論（先に豊かになれる者から豊かになるという論）という「格差是認」政策をとり、習近平は改革開放を堅持しつつも、徹底した腐敗撲滅、「共同富裕」、グリーン社会の実現で「美しい中国」の建設を呼びかけている（四四〇頁）。第二に、鄧小平は「韜光養晦」政策を堅持した、が習近平はその政策を放棄し、軍事力を増強し、主権に絡む問題や影響力の拡大に関しては、積極的に主張し行動する「大国外交」を展開した。第三に、鄧小平時代の近代化政策は、西欧化モデルの実現で、天安門事件以後は開発独裁を採ってきたが、大枠では西欧モデルを追求していた。これに対して、習近平時代は、中国独自の発展モデルを提示しているように見える。政治と経済は別としているようである（四四〇―四四一頁）。

中国は経済的に世界第二位になっても、「政治的自由、市民的自由は未だに厳しく制限され、共産党批判は許されず、習近平への服従も「伝統的な皇帝」を思い起こさせるほどに強要されていて」「まさに「変わって変わりにくい中国」そのものといえよう」（四四四頁）と天児氏は総括している。

対立を受け止めながらも共益増大・相互理解重視の考え方をする人々は米国、欧州にもいるから米中超大国の主義主張に翻弄されない第三勢力の結集が求められていて、バイデンの志向は基本的に協調的であるとし、米中対立の中で日本が「股裂き」状態になるのを避けるためには、日本の経済界に日中経済の共益増大を通した人々の相互理解、信頼をつくることを著者は期待している（四三一頁）。

**深田萌絵《もえ》（二〇二一・五）『ソーシャルメディアと経済戦争』扶桑社　扶桑社新書　三七七**

深田萌絵（本名・浅田麻衣子）氏はＩＴビジネスアナリスト。本書は、青幇（チンパン）と台湾、中国の関係から現在の世界を論評する異色の中国論である。

青幇は中国の秘密結社の一つで、もともとは、大運河の漕運労働者の自営団体だったが、アヘン戦争へ清王朝を引きずり込み、アヘン戦争後の上海租界で麻薬、売春、兵器の密売を行い、警察機構を牛耳り、英仏米日政府に対して、諜報活動の情報を提供し、その名を馳せた（二七―二八頁）。

浙江省・江蘇省出身の宋嘉澍（チャーリー宋）とその三人娘（長女靄齢《あいれい》は孔子の末裔の富豪と、次女の慶齢は孫文と、末娘の美齢は蒋介石と結婚した）は日中戦争中、欧米諸国の同情を買い、多額の支援金や物資を引き出したが、蒋介石を資金的に支える彼ら財閥を「浙江財閥」と日本メディアは呼び、その背後にいるのは、青幇の末裔であった（二四―二五頁）。彼ら青幇は、戦後、中国大陸から台湾に渡り、現在、台湾系ＩＴ企業群として、世界各国を舞台に活躍している（二四頁）。

中国人や華僑は、宗族主義で、国家や主張よりも家の繁栄を第一にし、家の繁栄とは、「金が儲かる」ことで、「支配層が儲けさせてくれないなら、外国人と組んで倒してしまえ」というのが中国の官僚と「幇」の発想であり、官僚は敵国と結託して、王朝を倒して、官僚システムを残してきたのが中国の歴史だと言う（一五四頁）。

中国の兵器用のＦＧＢＡチップの調達は台湾から、デジタル人民元用のチップも台湾企業、日本の軍事技術企業の買収も台湾企業経由で、さんざん台湾を抜け穴として使っている中国が台湾に対して武力行使するのか？という疑問が残り、むしろ「香港化」を心配すべきだ（二一二頁）と深田氏は言う。香港の若者に仕事があり、ビジネスがあり、戦うだけの資金があれば、香港の政治的大陸化は行われず、彼らに戦う「資金」がなくなったのは、若者の「低賃金問題」や「ビジネスに参入させない」という仕組みがあったためだ（二六七頁）と深田氏は述べている。

グローバリストは日本の中小企業をつぶし、若者を派遣労働に押しやり、グローバル大企業による支配構造を作り上げようとしている（二六七頁）という深田氏の現状認識は、身につまされるものがある。そのグローバリストに中国も入れている（八四―八五頁）から、深田氏の論は新たな、そしてリアルな中国脅威論（＝最悪のシナリオ）でもあると言えよう。

## 三　結語

張雲（二〇二〇・一二）は、二〇一〇年の尖閣諸島沖漁船衝突事件の際も、解決のための外交努力は、当事者の日中間ではなく、日米間と米中間で行われており、真のゲームは後者で行われたことを明らかにし、日中間の相互戦略軽視は、冷戦下に始まったわけではなく、第一回目は、日清戦争の時に、第二回目は第二次世界大戦中に起こり、第二回目の時、日本は中国を欧米と戦うための経済的後方基地とし、日本の対中認識はほとんど傲慢と軽蔑の念で占められていたとしている。小森陽一（二〇二〇・九）は、夏目漱石の『心』という小説を、日清戦争が大日本帝国と日本人の生活をどのように変質させたかという視点から読み解いた（あとがき　一一四頁）書である。時代と文学の関係を論ずる研究手法は、清水多吉氏や前田愛氏と通じるものがある。文学は総合的に、比較文化学的に社会との関係で論じるべきである。孫軍悦（二〇二一・二）は、日本では中国の文学と政治の関係が単純化されていて、政治に従属してプロパガンダになるか、政治に抵抗して出版禁止になるか、あたかも文学の運命がこの二つしかないように考えられがちで、すべての問題をいわゆる「全体主義的一党独裁」の政治体制に固有のものと考え、「異形の大国」としての「中国像」に固執する言説が回避し続けているのは、むしろ「他者に映し出される自己像ではないだろうか」と言う。孫氏のこの言辞は、現在の日本の中国観の一つ＝偏狭な、決めつけの中国観への厳しい批判となっている。

吉野裕子（二〇二一・四）は、従来、注目されなかった陰陽五行による民俗の考察を行い、それが本書の特徴となっている。『禮記』月令の中の〝磔〟を「犬の磔《はりつけ》」と解した著者は「木気の春を無事に迎えるために、木気を害《そこな》う金気を剋《こく》する方法として金畜《きんちく》の犬を都城の門に磔にするという残酷さは、日本民俗にはないものであった。しかし日本人は、その原理は忠実に受け入れ、それよりはるかに温和で、手近な手段によって同一効果を狙うのである」（おわりに　二九五―二九六頁）として、「つまり犬と同様に金気とされる豆とか穀類、及びそれらからつくられる豆腐とか餅などが火で焼かれたり、外に投げ出されたりして剋されるのである」（二九六頁）（＝「火剋金」）と述べている。

過去の日本文化理解には、当時の人々の信じていた陰陽五行の中国哲学の理解が必須であり、そうした比較文化的理解なしには、表層的理解しかできないであろう。近代主義は、過去の不可解な事実を迷信で片づけたが、アメリカ流拝金主義が地球温暖化の元凶であることを考えた時、過去に謙虚に学ぶ姿勢が必要であろう。八幡和郎（二〇二一・四）は、日中国交回復後の日本外交の展開については、アジア諸国の経済発展を助けて平和を維持し、日本に対する感情を改善し、市場として活用していこうとすることであったと述べているのは正しいであろう。「しかし、アメリカの自国の利益優先、中国の予想以上に速い成長と覇権主義、韓国の客観的な国益でなく情緒的な反日・反米も混乱要因である」と述べるのは、間違いではないとしても相手の反発を買うものの言い様である。日中韓では、相手の文化、政治文化についての無知に基づく発言が無用の齟齬をきたすことが多い事実に注意すべきであろう。


〔引用文献・参考文献〕

（1）六四回顧録編集委員会（二〇二〇・一〇）『証言　天安門事件を目撃した日本人たち「一九八九年六月四日」に何が起きたのか―』ミネルヴァ書房

（2）臼井勝美（二〇二〇・九）『満州事変　戦争と外交と』講談社　講談社学術文庫２６２６

（3）小森陽一（二〇二〇・九）『読み直し文学講座　夏目漱石『心』を読み直す　病と人間、コロナウイルス禍のもとで』かもがわ出版

（4）上野誠（二〇二〇・九）『万葉集講義　最古の歌集の素顔』中央公論新社　中公新書２６０８
（5）廣部泉（二〇二〇・九）『黄禍論　百年の系譜』講談社　講談社選書メチエ　七三四
（6）日中対照言語学会編（二〇二〇・一〇）『日本語と中国語の副詞』白帝社
（7）張雲（二〇二〇・一二）『日中相互不信の構造』東京大学出版会
（8）中村隆文（二〇二一・一）『世界がわかる比較思想史入門』筑摩書房　ちくま新書　一五四四
（9）孫軍悦（二〇二一・二）『現代中国と日本文学の翻訳　テクストと社会の相互形成史』青弓社
（10）副島隆彦（二〇二一・二）『アメリカ争乱に動揺しながらも中国の世界支配は進む』ビジネス社
（11）吉野裕子（二〇二一・四）『陰陽五行と日本の民俗』新版　人文書院
（12）八幡和郎（二〇二一・四）『日本人のための日中韓興亡史』さくら舎
（13）安田峰俊（二〇二一・五）『八九六四　完全版　天安門事件から香港デモへ』ＫＡＤＯＫＡＷＡ　角川新書Ｋ―３５８
（14）天児慧（二〇二一・五）『中国の歴史11　巨龍の胎動　毛沢東と鄧小平』講談社　講談社学術文庫
（15）深田萌絵（二〇二一・五）『ソーシャルメディアと経済戦争』扶桑社　扶桑社新書　三七七
（16）藤田昌志（二〇一〇）『日本の中国観―最近在日本出版中国関連書籍報告―（〇四・九―〇九・八）』朋友書店
（17）藤田昌志（二〇一五）『日本の中国観Ⅱ―比較文化学的考察―』晃洋書房
（18）藤田昌志（二〇一八）『比較文化学―日本・中国・世界―』朋友書店
（19）藤田昌志（二〇〇七）『日中対照表現論』白帝社
（20）藤田昌志（二〇一三）『日本語と中国語の誤用例研究』朋友書店
（21）藤田昌志（二〇一七）『日中対照表現論Ⅱ―事例研究を中心として―』朋友書店

# あとがき

すでに**はじめに**で述べたように、日本の中国観の本も、本書で三冊目になる。

平成（一九八九年）は、ベルリンの壁の崩壊と冷戦の終決、日本では自民党の一党優位体制の終わりで始まったが、中国では天安門事件が一九八九年六月四日に起こった。天安門事件は、日本の中国研究にも大きな影響を与え、事件以後、研究者はチャイナ・ウォッチャーが席巻するようになったし、日本の一般的ムードとして、政治的に遅れた国、共産党の「独裁国家」中国という対中イメージが主流となった。今でも、マスコミの基本的立ち位置はそうである。一九九一年のバブル崩壊とそれとは対照的な中国の経済発展は日本に中国脅威論と歴史修正主義を生じさせ、中国も経済成長とともに、日本からの投資、技術、専門家のアドバイスに依存するだけではなく、アメリカやヨーロッパ、東南アジアとの関係も視野に入れるようになった。

二〇一〇年に中国は世界第二位の経済大国になったが、九月には日本と中国の間で、尖閣諸島沖漁船衝突事件（以下、漁船衝突事件）が起こり、日中関係は外交上、世論上の対立が顕著になった。

二〇一一年、アメリカは「リバランス」政策によって南シナ海問題に公的に介入するようになったし、日本では、現在、経済的に大国となった中国が韜光養晦《とうこうようかい》路線からアメリカと覇権を争う軍事大国路線に転換したことを前提とするテレビ・マスコミ報道一色であるが、社会的には、ダイバシティー（多様性）の尊重と言いながら、政治的には、中国報道が覇権主義、独裁主義国家中国という一面性で統一されているのは、日清戦争、第二次世界大戦中の日本の対中観を彷彿とさせ、薄ら寒い気がする。それは、二〇一〇年の漁船衝突事件、二〇一三年の中国の東アジア防空識別圏設定発表、二〇一五年から二〇一六年の中国と一部アセアン諸国との南シナ海の領土をめぐる緊張、二〇一九年から二〇二〇年の香港の民主派と親中派の闘争などに一貫していて、日本の中国観を通時的、共時的に考察、研究してきた私には、「共産党独裁国家」中国の「野蛮さ」という暗黙の前提自体が、日清戦争以来の日本の中国観の踏襲と思えてしまう。二〇一〇年漁船衝突事件の際も、日中双方は胸襟を開いて話し合うことはなく、日中ともに、日本はアメリカの対中観、中国はアメリカの対日観に期待するという基本姿勢であった。

中国も「対日新思考」によって、日本への協調的な政策をとろうとしたことがあり、二〇〇八年五月の胡錦濤国家主席の日本公式訪問、二〇〇九年四月の温家宝首相日本国会演説は、その具体的サインであったが、日本国民、日本政府は盛り上がりのない、あいまいな対応しかしなかった。やはり、頼りになるのはアメリカだと、「根拠なく信を置く」のは、敗戦後七五年の日本人の通性のようである。上の者には従うという、江戸時代以来の日本人の通性は今も生きているようである。「自由」に確固たる「自分」を持って、「自己主張」するのがよいように言われるのは、高校、よくて大学までで、実社会では、一に（上司に）従順、二に能力――であると気づかない者に、出世はおぼつかない。大学も同様で、出世するには、上に従順でなければならない。

今や、アメリカの拝金主義は世界に流布し、三パーセントの富裕層が飽くなき富の所有を合法的に行っている。原子力発電問題も、気候変動問題も、拝金至上主義を批判、告発し、対策を講じなければ、解決に向かうことはない。ワシントン支局長を経た出世頭が牛耳る大手マスコミにそれを期待するのは、無理なことである。こうした認識を持つ者が増えるのは極めて重要である。

日本の中国観にしても、日清戦争を「ラーメン戦争」と言う高校生が減らない限り、日清戦争以来の日本の中国観が幅を利かせることであろう。福沢諭吉と勝海舟のどちらが日清戦争について、道義的態度をとったか、そういうことを知る必要がある。

二〇一六年六月、国民投票で、イギリスがEUを離脱、一〇月にはアメリカ大統領選でトランプが勝利し、二〇一七年、東アジアでは二月にマレーシアで北朝鮮金正男暗殺事件、二〇一八年五月文在寅韓国大統領就任、二〇一九年香港民主派が親中派に圧勝、二〇二〇年五月、アメリカで白人警官に拘束された黒人男性が警官の膝で首を押さえつけられて死亡、黒人差別問題浮上、二〇二〇年八月、香港民主活動家周庭氏逮捕、のち保釈、同年一二月に禁錮一〇カ月の実刑判決を受ける。このところ、「国民国家」の「国民」とは何か、「国家」とは何かが問われる事柄が相次いで起こっている。二〇一七年一二月、「国家安全保障戦略（National Security Strategy : NSS）」文書でロシア・中国を修正主義パワーと定義し、中国はインド・太平洋でアメリカの放逐を図っているとしたトランプ大統領と中国の米中対立も、二〇二一年一月、バイデン大統領の就任で今後の動向が注目されるが、アメリカの経済力に近づくとバッシングを受けるのは、過去の日本の例でも明らかである。アメリカの対中政策は厳しいものが続くであろう。理由は、アメリカの金もうけを脅かすからであると言ったら、言い過ぎであろうか。アメリカ漬けの日本は、どうするのだろうか。

タワーマンション、ビリオネアーの出現、富の偏在は加速化している。分配の不平等に鉄槌を下すのは誰か。中国の基本は「内憂外患」。極貧層の批判をかわすには、経済発展しかない。一帯一路構想もそこから出てきていると思う。人権、民主という国のブラック・ライブズ・マター、銃乱射事件の多発。中国には、官の思想と民の思想がある。民の思想から、中国残留孤児は生存できたし、魯迅はそれに期待し『野草』の「秋夜」や「影の告別」を書いた。日本にも内村鑑三の書いた『代表的日本人』のような人物もいた。『代表的日本人』の中にある「富は徳の結果」という言葉を想起する。今の日本には、そのかけらもない。金が「神」の時代である。戦後、アメリカが日本に教えた最大の事柄は物の豊かさが心の豊かさに通じるという幻想である。そして、物の豊かさを得るために金を得るほど人間は心も豊かになるという幻想を日本はアメリカから得た。しかし、金を得られる人間はごくわずかである。治安が悪くなるはずである。

日本の中国観を知ることは、世界を知ること。この本が、私の日本の中国観出版の区切りとなります。今後は、比較文化学的文章の執筆（ブログ等）の中で、日本の中国観について述べていきたいと思っています。本書によって、日本の中国観を通時的（歴史的）、共時的に理解し、よい面を伸ばし、悪い面を捨てることを「自覚」される方の増えることを祈ります。

最後に、朋友書店の土江洋宇社長、石坪満氏に感謝の意を表したいと思います。出版にあたっては、（二〇一〇）『日本の中国観―最近在日本出版中国関連書籍報告―（04・9―09・8）』以来、お世話になっています。アメリカ流拝金主義の瀰漫する日本で、京都大学の近くで、中国、東アジア関係の書店、出版社の牙城として、良心的な経営をされています。（中には一定数、著書が売れなければその一定数に満たない分を廃棄する、希望するなら、廃棄するうちの一〇〇冊を定価の半額で譲るというようなことをする書店もあります。その中で）さすが京都の書店、出版社と、私は、朋友書店で出版できることを誇りとしています。土江社長とは、一年に数度、電話で話すことしかありませんが、「君子の交わりは淡きこと水の如し」（『荘子』外篇　山木篇　第二十）とも言います。京都にはそうした関係がふさわしいようです。今後ともよろしくお願いいします。

二〇二二年二月一六日

京都御所《ごしょ》の近くの寓居にて

藤田昌志

# 初出一覧

・**解題（全体）** ……未発表。

**Ⅰ　通時的考察**

**日本の中国観　通時的考察　サマリー** ……未発表。

（拙著（二〇一五）『日本の中国観Ⅱ―比較文化学的考察―』晃洋書房刊　のⅠ　通時的考察　を一部分、簡素化し、注は主要なものを選択し本文の中に埋め込み（適宜、注の当該書の頁を付す）、文章もサマリーにして、簡略化した。詳しい元の注は、拙著（二〇一五）のⅠ　通時的考察　部分の注をご覧いただきたい。）

**Ⅱ　共時的考察**

・**解題**（**日本の中国観（十一）―日本の中国観（十七）**） ……未発表。

・日本の中国観（十一）（二〇一四・九―二〇一五・八）

……日本比較文化学会（二〇一六）『比較文化研究』NO．一二一　八七―九七頁にほぼ同じ内容のものを掲載。

・日本の中国観（十二）（二〇一五・九―二〇一六・八）

……日本比較文化学会（二〇一七）『比較文化研究』NO．一二六　八七―九六頁にほぼ同じ内容のものを掲載。

・日本の中国観（十三）（二〇一六・九―二〇一七・八）
……日本比較文化学会（二〇一八）『比較文化研究』NO．一三一　五一―六〇頁にほぼ同じ内容のものを掲載。
・日本の中国観（十四）（二〇一七・九―二〇一八・八）
……日本比較文化学会（二〇一九）『比較文化研究』NO．一三六　一一九―一三〇頁にほぼ同じ内容のものを掲載。
・日本の中国観（十五）（二〇一八・九―二〇一九・八）
……三重大学国際交流センター紀要　（二〇二〇）第一五号　一―一六頁にほぼ同じ内容のものを掲載。

原題「日本の中国観研究（十五）（二〇一八・九―二〇一九・八）―比較文化学的事例研究―」。
・日本の中国観（十六）（二〇一九・九―二〇二〇・八）　……未発表。
・日本の中国観（十七）（二〇二〇・九―二〇二一・八）　……未発表。

《著者紹介》

藤田昌志（ふじた　まさし）

**現職**：京都外国語大学大学院・愛知大学現代中国学部非常勤講師。
元三重大学地域人材教育開発機構准教授。

**専門**：日中対照表現論　（日中）比較文化学　日本論　中国論　日本語教育

1978年大阪外国語大学（現大阪大学）外国語学部中国語専攻卒業。1981年国立国語研究所日本語教育センター日本語教育長期専門研修生修了。1993年大阪市立大学大学院後期博士課程中国文学専攻単位取得満期退学。

**主要著書**：

『「独白文」15トピック（初級から中級へ）』（2002 にほんごの凡人社）。『初級バリエーション―会話編　聴解・発話編―（「独白文」の視点）』（2003　にほんごの凡人社）。『語彙　表現（中級レベル☆エッセンスⅠ）』（2004　にほんごの凡人社）。『語彙　表現（中級レベル☆エッセンスⅡ）』（2005　にほんごの凡人社）。『日中対照表現論　付：中国語を母語とする日本語学習者の誤用について』（2007　白帝社）。『日本語　語彙　表現（上級レベル☆エッセンスⅠ）』（2009　三重大学出版会）。『日本語　語彙　表現（上級レベル☆エッセンスⅡ）』（2009　三重大学出版会）。『日本の中国観－最近在日本出版中国関連書籍報告－（04.9-09.8）』（2010 朋友書店）。『明治・大正の日中文化論』（2011 三重大学出版会）。『日本の東アジア観』（2011 朋友書店）。『日本語と中国語の誤用例研究』（2013 朋友書店）。『日本の中国観Ⅱ－比較文化学的考察－』（2015 晃洋書房）。『明治・大正の日本論・中国論―比較文化学的研究―』（2016 勉誠出版）。『日中対照表現論Ⅱ―事例研究を中心として―』（2017 朋友書店）。『比較文化学―日本・中国・世界―』（2018 朋友書店）等。

日本の中国観Ⅲ
――比較文化学的研究――

2022年３月16日　初版第１刷発行

＊定価はカバーに表示してあります

著者の了解により検印省略

著　者　藤田昌志©
発行者　土江洋宇

発行所　株式会社　朋友書店
〒606-8311　京都市左京区吉田神楽岡町８
電　話　075(761)1285
E-mail：hoyu@hoyubook.co.jp

ISBN 978-4-89281-195-1 C3030　印刷・製本　株式会社図書印刷同朋舎